Terra e capitalismo
A questão agrária na Colômbia
1848-1853

Programa de Pós-Graduação em História Social
Universidade de São Paulo
Faculdade de Filosofia, Letras e Ciências Humanas
Departamento de História

Universidade de São Paulo
Reitora: Suely Vilela
Vice-Reitor: Franco Maria Lajolo
Faculdade de Filosofia, Letras e Ciências Humanas
Diretor: Gabriel Cohn
Vice-Diretora: Sandra Margarida Nitrini
Departamento de História
Chefe: Modesto Florenzano
Vice-Chefe: Maria Lígia Coelho Prado
Programa de pós-graduação em História Social
Coordenador: Horácio Gutierrez
Vice-Coordenadora: Marina de Mello e Souza

Cristiane Checchia

Terra e capitalismo
A questão agrária na Colômbia
1848-1853

Copyright © 2007 Cristiane Checchia

Edição: Joana Monteleone
Assistente editorial e capa: Clarissa Boraschi Maria
Imagem da Capa: *Arbol con epífitas* - Aquarela do espanhol
Edward Mark (1817-1895).
Projeto gráfico e diagramação: Guilherme Kroll Domingues
Revisão: Vivian Miwa Matsushita

Dados Internacionais de Catalogação na Publicação (CIP)
(Câmara Brasileira do Livro, SP, Brasil)
Checchia, Cristiane
      Terra e Capitalismo: A questão agrária na Colômbia,
1848-1853/Cristiane Checchia. -- São Paulo: Alameda, 2007

Bibliografia.
ISBN 978-85-98325-44-6

1. Capitalismo - América Latina 2. Colômbia - História 3. História social 4. Reforma - Colômbia 5. Terras - América Latina I.
Título

06-4817   CDD– 986.1052

Índice para catálogo sistemático:
1. Nova Granada: República : Legislação agrária: Reformas :
Colômbia : História Social - 986.1052

[2007]
Todos os direitos dessa edição reservados à
ALAMEDA CASA EDITORIAL
Rua Ministro Ferreira Alves, 108 - Perdizes
CEP 05009-060 - São Paulo - SP
Tel. (11) 3862-0850
www.alamedaeditorial.com.br

Para Gilberto e Rafael

Índice

Apresentação   9
Prefácio   11
Introdução   15

**I. A situação das terras em Nova Granada durante
o período colonial e nas primeiras décadas da República**   25

1. A situação das terras em Nova Granada
durante o período colonial   27
2. A passagem para o século XVIII
e as primeiras décadas da República   51

**II. Nova Granada na década de 1840:
pessimismo e grandes expectativas**   73

3. A expansão do capitalismo industrial   75
4. As reformas de meados do século XIX em Nova Granada   97

III. As leis de terras   131

5. Terrenos baldios, a grande polêmica   133
6. O parcelamento dos resguardos indígenas
e os terrenos de mão-morta   163

Conclusão   197
Anexo   205
Notas   207
Fontes Documentais   229
Bibliografia   239
Agradecimentos   251

Apresentação

A Série Teses tenciona colocar à disposição do leitor estudos significativos realizados no âmbito do Programa de Pós-Graduação em História Social da Universidade de São Paulo, resultantes da conclusão de trabalhos de mestrado e doutorado. Desde 1997, com o apoio da CAPES, numerosos textos já foram publicados.

Promover a divulgação de uma tese ou dissertação é sempre motivo de alegria e uma iniciativa importante em vários sentidos. Por um lado, é um registro da pluralidade de temas e enfoques que o Programa e seu corpo docente desenvolvem, bem como uma amostra da maturidade analítica alcançada por seus alunos. Mas, principalmente, a publicação representa para seus autores o coroamento de um longo percurso de leituras, pesquisa e escrita, e a possibilidade de colocar, em alguns casos pela primeira vez, os resultados de seu trabalho à disposição de um público amplo.

O livro ora apresentado revela um novo historiador com pleno domínio do seu ofício e permite que as suas reflexões sejam incorporadas aos debates em curso. Essa é também uma das funções da Série Teses, que tem como objetivo básico a difusão do conhecimento produzido na área da História.

Horacio Gutiérrez, Coordenador
Marina de Mello e Souza, Vice-Coordenadora

Prefácio

Parte da minha geração acadêmica se deu conta de que era, mais do que jamais imaginara, simultaneamente brasileira (ou argentina, ou colombiana ou uruguaia) e latino-americana por força de tormenta geradora de fugas e subseqüentes exílios em Cuba, no Chile até o golpe de 11 de setembro de 1973, ou em países europeus que então acolhiam de bom grado os perseguidos pelas ditaduras militares. Hoje, para a geração de Cristiane Checchia, a equação posta pela simultaneidade àquele tempo tão duramente revelada tem outro sentido: o de uma quase evidência.

A incompletude dessa evidência, nunca é demais insistir nesse ponto, está ancorada no contraponto entre a irrecusável sincronia do avanço da globalização no âmbito do que fora outrora a América Ibérica, e a empiria de cada resposta pontual expondo, na recusa das patologias causadas por ela, a persistência de sedimentações históricas particulares renitentes à dissolução na avassaladora torrente do mercado.

É esta a matriz da inquietação que resultou neste estudo revelador dos significados das reformas implementadas no final da década de 1840 numa República de Nova Granada que virá a conhecer-se por Colômbia, reformas que guardavam sugestivo paralelismo com outras em curso no Império brasileiro à mesma época. Calcada em consistente documentação e criterioso trato da historiografia pertinente, a narrativa deste livro conduz o leitor, principalmente aquele familiarizado com o que se dava no Brasil de meados do século XIX, à percepção de que a variável determinante das histórias nacionais latino-americanas, para além da natureza de produtos específicos e de seus respectivos mercados, ou dos instrumentos eventualmente manejados pelos agentes destas histórias para imporem suas vontades (ou resistirem a imposições indesejadas) ou, ainda, das interpretações e ideologias às quais os contemporâneos recorreram para conferir eficácia e legitimidade às suas

12 Cristiane Checchia

políticas em cada situação particular, residia na sustentada expansão planetária do capitalismo.

É este o eixo analítico que confere indiscutível atualidade a esta obra que o Programa de Pós Graduação em História Social do Departamento de História da Faculdade de Filosofia, Letras e Ciências Humanas da Universidade de São Paulo oferece ao público. Quanto ao seu mérito, o leitor saberá avaliá-lo e debitá-lo na conta da autora.

Quanto a mim, seu circunstancial orientador no mestrado, coube-me o privilégio de ter acompanhado mais este esforço da nova geração de historiadores brasileiros na direção do rompimento do círculo de giz que tolda a percepção do que há de comum numa trajetória latino-americana subjacente à diversidade que as canônicas histórias nacionais, mais que desdenhar, insistem em ignorar por completo.

István Jancsó
Professor do Instituto de Estudos Brasileiros da
Universidade de São Paulo (IEB-USP)

Quieren descaradamente apropriarse de nuestros terrenos, i destituirnos de lo que nos corresponde por derecho divino, por derecho natural, por derecho civil, por derecho nacional, por derecho de jentes i por todos los derechos que los hombres han establecido para vivir en sociedad.

No se nos oculta los males que se nos preparon, i si en tiempo no los evitamos, tendremos mucho que lamentar por guardar en silencio.

Indígenas do Resguardo de Natagaima, 1848

Introdução

O ano de 1850 estabelece um marco significativo na história da constituição do Estado brasileiro. Parte de nossa tradição historiográfica sublinhou 1850 como data que configura a superação efetiva de vários traços do passado colonial que haviam persistido após a declaração de Independência. A proibição da importação de escravos pela Lei Eusébio de Queiroz e a promulgação da Lei de Terras, primeira legislação agrária brasileira de longo alcance[1], são freqüentemente citadas como sinais dessa superação.

Para outro país, a República de Nova Granada, atual Colômbia, a passagem da primeira para a segunda metade do século XIX constitui igualmente uma baliza importante para a compreensão do processo de construção do Estado. A inserção, pela primeira vez em sua história, de um produto agrícola forte no mercado mundial, o tabaco, parecia então ser um passaporte do país ao tão esperado "progresso". Sob as diretrizes de um projeto de modernização nacional iniciado ainda durante o governo conservador de Cipriano Mosquera, e intensificado políticos do Partido Liberal que assumiram o poder em 1848, passavam a ser discutidas questões relativas a reformas fiscais, a abolição da escravidão, que seria aprovada em 1850, e a mudanças importantes na legislação sobre terras.

O objetivo que moveu este trabalho foi, dentre essas múltiplas reformas adotadas em Nova Granada durante os agitados anos do governo López, entre 1848 e 1853, analisar as mudanças relacionadas às reformas na legislação agrária. O fato de tais reformas terem ocorrido no mesmo período em que foi promulgada a Lei de Terras brasileira uniu-se à constatação de que mudanças nas leis agrárias foram implementadas cedo ou tarde também em vários outros países latino-americanos a partir da metade do século XIX, o que dava mostras de que a concomitância das datas, no caso brasileiro e colombiano, não era aleatória. Pelo

16 Cristiane Checchia

contrário, mostrava a conexão dessas mudanças ao movimento mais amplo de expansão do capitalismo industrial e à onda das reformas liberais que varreu a América Latina nesse período.

Além disso, o conhecimento dos diferentes interesses envolvidos na promulgação da Lei de Terras brasileira estimulou a formulação de outro problema para o caso colombiano: o que dizia respeito aos vínculos que poderiam ser traçados entre as novas leis agrárias e os diferentes projetos de Estado e concepções de sociedade apresentados pelos grupos da elite dirigente de Nova Granada.

O estudo de um período tão significativo à história colombiana no tocante ao problema agrário apresentou-se, assim, como uma análise particular de um fenômeno geral: a complexa tarefa de consolidação dos Estados nacionais latino-americanos em meados do século XIX. Quando se tem em vista as múltiplas variáveis desse processo – tanto os aspectos políticos e sociais internos a cada país, quanto a questão comum de (re)inserção de suas respectivas economias no novo contexto de expansão capitalista – a análise vertical de uma questão específica (a da terra) em um país (Nova Granada) torna possível a compreensão da dupla dimensão, de especificidade e de universalidade, das reformas liberais empreendidas no continente durante o século XIX.

Em outras palavras, este trabalho objetivou, para o caso de Nova Granada, relacionar os aspectos que decorrem de uma situação econômica compartilhada com outros países do continente e mesmo com outras regiões periféricas, aos aspectos econômicos, políticos e sociais que lhe são específicos. Fazem parte de todo o processo os diferentes interesses das elites locais, os quais revelam as particularidades que assumiram historicamente os processos de ocupação de terras e de constituição das propriedades territoriais em Nova Granada, bem como a relação fundamental estabelecida entre o Estado e essas mesmas elites; relação que teve nas reformas de legislação agrária um espaço para negociações e acertos.[2]

Dentre o objetivo mais amplo deste trabalho, ou seja, a análise das reformas na legislação agrária neogranadina, um enfoque privilegiado foi dado à questão indígena, já que as leis de 1848-53 dizem respeito fundamentalmente aos resguardos indígenas de várias regiões de Nova Granada[3].

Também mostrou-se fundamental o debate em torno dos terrenos baldios: herdados pela República após a independência da Coroa espanhola, foram motivo de discussão entre os políticos durante todo o século XIX, pois a passagem desses terrenos às mãos dos particulares parecia ser a solução para o sério problema da dívida pública e da ocupação das imensas áreas despovoadas do país. Ver-se-á neste trabalho como o sucesso do tabaco no mercado internacional trouxe elementos novos ao debate no início dos anos 1850.

Os terrenos de mão-morta, em propriedade da Igreja, também estarão na mira dos reformadores liberais de meados do século XIX. Contudo, a desamortização desses terrenos não aconteceu durante o período aqui enfocado e sim apenas alguns anos depois, em 1861. Os motivos para que isso tenha acontecido ficarão evidentes ao analisar-se o papel da Igreja nos acirrados conflitos políticos que a partir da década de 1840 dividiram os grupos que dariam origem aos partidos liberal e conservador.

* * *

Os marcos temporais inicial e final que definiram este estudo foram calcados respectivamente em 1848 e 1853, período que engloba a constituição oficial dos partidos liberal e conservador e que define o início e o fim do governo de José Hilário López. Há dificuldades conscientemente assumidas na escolha de tais marcos: seria possível pautar-se em uma baliza estritamente política para um trabalho voltado a um problema que se estende à esfera social e econômica? Em primeiro lugar, deve-se ter em conta os avanços que já há tempos foram incorporados aos estudos históricos que tomaram a voltar os olhos à política, já não de uma perspectiva factualista e rasa, mas buscando os vínculos da política com os aspectos sociais da qual é expressão. Em segundo lugar,

18   Cristiane Checchia

a longa polêmica historiográfica acerca das mudanças ocorridas entre 1848-1853 em Nova Granada evidencia por si só a excepcionalidade do período em questão.

Os efeitos das reformas liberais de 1850 em Nova Granada, em conjunto com o forte ritmo de expansão econômica despertado pela inserção do tabaco no mercado internacional, foram motivos de um dos mais intensos debates entre os historiadores colombianos, não apenas em relação ao seu maior ou menor impacto, mas também a respeito da natureza das transformações que tiveram lugar com as reformas.

Poder-se-ia dividir esse debate historiográfico em duas grandes linhas interpretativas: a primeira delas classifica o período de reformas como o de uma verdadeira *Revolução*; a segunda, em oposição, salienta o fato de que as reformas de 1850 não ultrapassaram o âmbito institucional e foram insuficientes para impulsionar mudanças significativas no país. Há autores ainda que transitam entre essas duas posições.

Mais recentemente, tem predominado a posição dos historiadores que põe em dúvida o rótulo revolucionário que se atribuía ao período de 1850, tanto porque as principais mudanças não foram tão abruptas (como ver-se-á para o caso da questão agrária), quanto porque o fôlego econômico dado pelo incremento exportador foi bastante curto e de menor impacto do que se supunha. Ainda que tenha dinamizado algumas relações monetárias e consolidado a importante via de comunicação do Magdalena, considera-se que tal avanço não foi suficiente para trazer reais transformações nas relações de produção no campo (as quais só viriam mais tarde com o crescimento das exportações do café, que se desenvolveu de forma bastante diferente).

Todo o problema sobre a avaliação que se faz do real impacto das reformas de 1850 torna-se, contudo, mais interessante quando à discussão historiográfica agregam-se os depoimentos dos que testemunharam o período. Os resultados decepcionantes em relação ao que se esperava do sucesso do tabaco no mercado europeu, por exemplo, ficam bem claros nas palavras do memorialista Medardo Rivas, escritas no final do século XIX:

> Arruinada la industria del tabaco por causas múltiples e imposibles de prever, la tierra caliente cayó en absoluto; las antes ricas y prósperas ciudades de Ambalema, Honda, etc., cayeron en ruina; las florecientes poblaciones como Urida, Purificación, El Guamo, Ibagué y Piedras, quedaron abandonadas; las valiosas haciendas de la orilla del Magdalena, llenas antes de cosecheros, caneyes y trabajadores, se convirtieron en pastales inmensos; donde antes reinaban la industria y el bullicio, y como si una maga maléfica hubiera tocado con vara funesta esas regiones, repentinamente sentaron sus reales la soledad y el abandono.[4]

Pode-se questionar o quão repentino foi o declínio das regiões citadas pelo autor, mas seu testemunho é muito significativo da impressão que se guardou *a posteriori* da ruína. Contudo, e esse é o ponto que se gostaria de ressaltar nesta introdução, lembre-se que do ponto de vista dos sujeitos históricos que implementaram as reformas, tais resultados nunca poderiam ter sido antecipados. Pelo contrário, ao final da década de 1840 e início dos anos 1850, apesar de poder-se ainda sentir na imprensa o mal-estar do atraso, havia a crença manifesta de que Nova Granada estava em vias de encontrar seu lugar no mapa das nações, como o rebento que nascia naquele momento em comunhão com os verdadeiros ideais do pensamento liberal. O impulso dado às reformas das leis de terras deve ser analisado como fruto desse momento de grandes expectativas, o qual, ainda que de curto fôlego, não é menos significativo.

Lembre-se que o período em foco é tanto mais importante quando ampliado o ângulo de observação: a efervescência gerada pelas revoluções liberais na Europa repercutia, de diferentes maneiras, é certo, no cenário político dos países latino-americanos. Para a elite política neogranadina, a Revolução européia de 1848 parecia aproximar o Velho e o Novo Mundo, formando uma comunidade internacional sob os auspícios das teorias econômicas livre-cambistas. Concorrendo com esses sentimentos, pesavam na visão dessa mesma minoria *criolla* as dificuldades em realizar tais aspirações de modernização e progresso em um país despovoado, com obstáculos fiscais, com um acesso extremamente difícil e custoso ao litoral e com habitantes que se apegavam a formas de consciência seculares, herdadas do regime espanhol: "1848 apresenta uma conjuntura em que se discutem e se encaram todos estes problemas".[5]

Apesar da relevância dos estudos que se dedicaram a esse período, o século XIX como um todo foi ainda pouco explorado pelos pesquisadores. Nas palavras do historiador Jesus Antonio Bejarano:

> paradoxalmente, talvez saibamos menos sobre a vida rural durante o século XIX do que o que conhecemos da colônia. O vazio que existe entre o fim desta e o começo da formação das fazendas cafeteiras, apenas começa a ser preenchido (...). De outro lado, as fontes são ainda mais escassas e duvidosas que para a época colonial.[6]

De fato, não foi raro encontrar na bibliografia colombiana referências ao "nosso desconhecido século XIX", sobre o qual poderiam ser citados alguns trabalhos de fôlego, mas que se mostram poucos quando comparados à vasta e consistente historiografia dedicada ao período colonial. Isso se explica em parte porque durante muito tempo foram os "vai e vens" institucionais da política que nortearam os estudiosos que se dedicaram aos novecentos. Os sucessivos fracassos econômicos antes do café também ajudam a explicar o pouco interesse sobre os aspectos sociais e econômicos das décadas que vão da Independência ao último quartel do século XIX. Esse quadro começou a mudar a partir da década de 1980, mas de todo modo ainda há muito a ser feito, a começar pela sistematização das fontes.

Para esta pesquisa, as principais fontes foram os textos das leis e projetos de lei sobre terrenos baldios e resguardos indígenas, as Atas das Câmaras de Representantes e do Senado, artigos e controvérsias publicados na imprensa e os Informes dos governadores de províncias ou de ministros (secretários).

Por meio das Atas das Câmaras e das discussões na imprensa foi possível rastrear os termos em que foram discutidos os projetos de lei apresentados e o teor da polêmica gerada entre a elite dirigente que estava a implementar as reformas. A imprensa neogranadina nesse período era de fato bastante dinâmica: espaço efetivo de formação da opinião pública, onde escreviam e debatiam as figuras políticas mais ilustres da época. Havia já elevado número de periódicos quase diários, tanto oficialistas (*Gaceta Oficial* e *Neogranadino*) quanto jornais explicitamente ligados a um dos dois partidos que disputavam a cena política, sem falar na infinidade de jornais e folhetos publicados por grupos específicos da sociedade (estudantes, sociedades de artesãos, religiosos etc.). Foram selecionados os principais periódicos publicados em Bogotá, capital do país, onde se faziam ouvir todas as opiniões correntes a respeito das reformas (*Gaceta Oficial, Neogranadino, El Día, La Civilización, El Nacional, El Siglo, El Aviso, La America*)[7].

Os informes dos governadores mostraram-se fonte preciosa de material para este trabalho, pois em seus relatórios anuais às Câmaras provinciais, eles explicitavam muito diretamente os problemas relativos aos terrenos de resguardos indígenas enfrentados em sua administração e sugeriam sempre as medidas que acreditavam necessárias para o estabelecimento da paz e do progresso de sua província. Por meio desses informes foi possível enxergar mais claramente o impacto diferenciado das reformas na legislação agrária em cada região. Os informes dos secretários de governo apresentados às Câmaras de representantes e do Senado têm caráter semelhante, funcionando como relatórios dos principais sucessos e problemas no exercício de suas funções. Nesses informes aparecem claramente não só a questão dos terrenos indígenas, como também o problema dos baldios.

Como fonte documental contou-se ainda com alguns relatos de viajantes que percorreram o território colombiano por volta de 1850, e com textos memorialistas de políticos colombianos que escreveram ao final do século XIX sobre o período em foco.

O trabalho foi organizado da seguinte maneira: primeiramente, uma exposição sobre a história da ocupação da terra na Colômbia. Isso porque as questões surgidas em meados do século XIX sobre a distribuição dos baldios, a dissolução dos resguardos e a extinção dos bens de mão-morta, fincam raízes nos séculos anteriores. Para entendê-las, sentiu-se a necessidade de um mergulho na história do período colonial e do período pós-independência (1820-1840). O resultado dessa pesquisa encontra-se na primeira parte do trabalho.[8]

Para compreender as reformas de meados do século e, dentre elas, as mudanças das leis agrárias, é preciso relacioná-las "à particular situação de isolamento e desarticulação da recém-nascida república no contexto internacional, assim como à heterogeneidade econômica e à desagregação política do espaço territorial interno"[9]. É esse o objetivo da segunda parte, que é aberta com uma breve discussão sobre as transformações do capitalismo industrial que se davam na Europa na passagem da primeira para a segunda metade do século XIX e como tais transformações repercutiram nos países da América Latina no que diz respeito à questão agrária. Após isso, analisa-se o panorama político e a economia em Nova Granada e os desafios que a elite dirigente se colocava, tanto para vencer os fracionamentos regionais internos, quanto para conquistar ao país um lugar respeitado no almejado mercado mundial. A leitura dessa segunda parte permitirá ao leitor brasileiro vislumbrar a importância e a complexidade dos conflitos políticos de meados do século XIX colombiano, em meio ao sucesso do tabaco no mercado europeu.

A terceira parte prossegue com a análise das reformas na legislação agrária em suas três vertentes: a distribuição de baldios, a divisão dos resguardos indígenas e a desamortização dos bens de mãos mortas. As discussões acerca da política de distribuição de baldios, problema para os legisladores e administradores neogranadinos desde o início da República, tiveram um capítulo interessantíssimo em meados do século XIX, quando foi proposto um projeto de lei pelo secretário da Fazenda José Murillo Toro. A apresentação desse projeto, em 1851, gerou discussões tanto no Senado quanto na imprensa, as quais revelam que, para além de um plano de distribuição de terras, discutia-se qual papel deveria ser assumido pelo Estado e qual a visão de sociedade que prevaleceria nas políticas governamentais.

Sobre as leis que procuravam regulamentar a divisão e adjuducação dos terrenos de resguardos indígenas, ver-se-á que havia certo consenso a respeito e que as leis votadas em 1850 representam o ápice de um longo processo de sucessivas reformas na legislação que regia esses bens. As leis, contudo, não mudam em si mesmas uma situação e sua execução depende de fatores que a legislação não pode criar nem controlar[10]. O impacto dessas leis, portanto, variou de acordo com as muito diversas realidades regionais do país.

Conclui-se esta terceira parte com uma breve análise das discussões acerca dos terrenos de mão morta, mostrando que apesar de não ter sido possível a desapropriação dos bens da Igreja nesse momento, os reformadores de meados do século XIX também tinham esses terrenos em sua mira. A falta de material, porém, fez com que esse último capítulo se limitasse mais a perguntas e hipóteses do que a conclusões.

Uma última observação: as citações de bibliografia em língua espanhola foram traduzidas pela autora. Optou-se por manter os documentos no idioma e grafia originais, quando em espanhol, pela vantagem inerente a isso e por não apresentarem dificuldade para a compreensão.

I.

A situação das terras em Nova Granada durante o período colonial e nas primeiras décadas da República

A situação das terras em Nova Granada durante o período colonial

No contexto iberoamericano, durante todo o período colonial e mais além, a terra constituiu o instrumento de produção de maior importância, junto com a força de trabalho extraída de índios e escravos negros. Foi sob o signo da concentração desse duplo pilar, terra e trabalho, que se moveu todo o aparato colonial, desde o momento da Conquista, com a concessão graciosa de terras e de direitos sobre a população nativa.

Se até boa parte do século XVI os primeiros colonizadores estiveram atentos sobretudo à possibilidade de exploração da mão-de-obra disponível, tendo boa parte das terras indígenas mais distantes dos núcleos urbanos sido salvaguardadas no século seguinte, daria-se a expropriação mais acentuada das terras das comunidades. Essa expropriação ocorreu de diversas maneiras, combinada com diferentes formas de coerção ao trabalho, durante todo o século XVII e século XVIII, período ao final do qual a política adotada com as reformas bourbônicas imprimiu novas perdas às populações indígenas.

O choque entre os europeus e as populações indígenas e o posterior processo de colonização sob o ponto de vista da disputa e da ocupação da terra em Nova Granada será o assunto deste capítulo. Tal análise mostra-se importante para a compreensão do processo de ocupação e expropriação das terras indígenas que se dará no século XIX, objetivo maior deste trabalho.[1] Tomando as palavras de Ciro Flamarion Cardoso:

> as violentas lutas de classes que denominamos habitualmente "reformas liberais", travadas no século XIX, e que deram origem às estruturas contemporâneas dos países da Indo-América – México, Guatemala, El Salvador, Colômbia, Equador, Peru, Bolívia... – são incompreensíveis sem referência a um elemento agrário

28 Cristiane Checchia

indígena e mestiço que remete, em maior ou menor medida, a realidades geradas no passado pré-colombiano, embora depois tenham sido profundamente transformadas e às vezes desfiguradas.[2]

No primeiro item deste capítulo, portanto, será feito um breve panorama da ocupação de Nova Granada pelos grupos que a habitavam antes da conquista. No segundo item, ver-se-á quais as discussões geradas na Espanha com a descoberta da América, no que concerne às implicações jurídicas da apropriação pela Coroa espanhola de terras previamente habitadas. A resolução dessas questões jurídicas do outro lado do Atlântico, no entanto, tiveram uma influência limitada sobre a ocupação e distribuição das terras que se operou na prática, e é disso que trataremos no terceiro item do capítulo. A análise da questão das terras durante o período colonial ficaria, contudo, incompleta, se não se tivesse em vista o outro pilar que estrutura o sistema econômico iberoamericano colonial: o trabalho. Portanto, serão traçadas as relações entre a apropriação das terras indígenas e o sistema de *encomiendas* e *repartimientos*, tendo em vista as diferentes estratégias da Coroa e dos colonos para administrar o uso da terra e a exploração do trabalho.

Populações indígenas e região colombiana antes da Conquista

Ao tratar das transformações concernentes à forma de ocupação da terra com a chegada dos espanhóis ao continente, não se pretende fazer uma contraposição simplista entre a *lenda negra* e uma idéia idílica de um passado róseo americano. Procura-se, isto sim, responder por que a questão da terra é fundamental para compreender a desestruturação do mundo indígena ao mesmo tempo em que se consolidava a ordem colonial em Nova Granada.

No momento em que os europeus chegaram a América, as populações que ocupavam o continente poderiam ser divididas, no tangente à estruturação política e social, entre sociedades que se encontravam organizadas de maneira estatal (mundo mexica, inca, chibcha) e sociedades a que hoje os antropólogos chamam segmentadas.

Na região que constituiria o Novo Reino de Granada, os estudos mais recentes calculam que a população era composta por cerca de três milhões de habitantes, espalhados pela costa do Caribe, pelas três cadeias de cordilheiras e seus respectivos vales que atravessam a região central de norte a sul, pelo altiplano central e pela região amazônica.

Havia grande diversidade cultural entre as sociedades dessas diferentes áreas. Algumas delas eram compostas por grupos nômades ou semi-nômades, enquanto outras haviam desenvolvido técnicas avançadas de agricultura em terraços e irrigação, e haviam se sedentarizado.

No momento da Conquista, os chibchas que habitavam as savanas[3] dos rios Bogotá e Chicamocho (no altiplano central), também conhecidos como muíscas, constituíam o grupo étno-cultural mais importante com que os espanhóis se depararam, do ponto de vista demográfico e de área de influência. Embora não tenham deixado vestígios arqueológicos do tipo arquitetural e não tenham desenvolvido escrita, é possível conhecê-los em parte por meio de outros vestígios de arqueologia (artesanato, instrumentos domésticos, ídolos, pintura...) e das descrições de cronistas espanhóis. Não haviam chegado a constituir um império unitário, mas se organizavam politicamente como uma confederação dividida entre dois chefes-sacerdotes supremos, o Zipa de Bogotá e o Zaque de Tunja. Mesmo esses dois grandes chefes, contudo, tiveram pouco êxito em modificar a estrutura interna das comunidades por eles conquistadas, e vários chefes menores continuavam a dispor de certa independência. Também não chegaram a constituir uma língua franca para toda a região.

Segundo P. Chaunu,[4] a região colombiana ocupada pelos chibchas estaria entre as de mais alta densidade populacional da América (cerca de 35 a 40 habitantes por km²), tal como os planaltos centrais do México, uma parte da zona Maia e o setor quechua-aimará dos Andes Centrais, e poderia ser considerada uma área em processo de urbanização. A tecnologia agrícola por eles desenvolvida permitia uma produtividade relativamente alta, e o trabalho por unidade de superfície mantinha um número elevado de pessoas. Calcula-se que os grupos chibchas não precisassem de mais de cem jornadas de trabalho por ano para viver com tranqüilidade. A alta densidade implicava que boa parte das terras cultiváveis já estivesse ocupada e, segundo os testemunhos espanhóis, isso de fato já era uma realidade.[5]

Embora o cultivo fosse feito em parcelas correspondentes a cada família, que as transmitia hereditariamente a seus descendentes, o domínio dessas parcelas pertencia à comunidade.[6] A família que cultivava a terra tinha apenas seu usufruto e o direito de sua ocupação.

Na visão dos indígenas, a natureza é a própria expressão da ordem divina no plano terrestre: a terra é inseparável do homem, porque o homem vive por e para a terra. Ainda que tenha havido traços distintos no vínculo terra-homem entre as diferentes comunidades, em todas elas a terra não assume apenas o papel de garantidora das necessidades de sobrevivência, mas torna-se também "a memória daqueles cujos ossos a nutrem, o lugar sagrado da origem primeira e da fluidez mítica de um panteísmo que preserva o equilíbrio de todas as coisas".[7] Esta relação fundamental do homem com a terra só pode ser concebida em um sentido comum e integrador, compartilhado pela comunidade. O conceito de propriedade privada não era, portanto, compatível com a concepção de mundo das sociedades americanas: "a terra, lugar de vida, é sempre da comunidade. O indivíduo a usufrui enquanto é membro dessa comunidade e só porque é membro dela".[8] É por tudo isso que a idéia de propriedade privada que se afirma no decorrer do processo de ocupação e colonização da América ibérica contribui para transtornar tão profundamente a idéia da relação que os homens mantinham com a terra por meio de seu trabalho,[9] como se verá no decorrer desta pesquisa.

As polêmicas do outro lado do Atlântico e a jurisdição espanhola sobre as terras conquistadas

Antes de analisar o processo de ocupação das terras neogranadinas após a Conquista, iremos tratar dos problemas jurídicos surgidos do fato de que as terras descobertas pela Coroa espanhola não se encontravam desabitadas. Segundo Pietschmann, poucos aspectos da expansão européia em ultramar teriam chamado tanto a atenção da historiografia como a legitimação dos títulos da ocupação espanhola das terras da América bem como os intensos debates gerados durante o século XVI sobre o apoderamento daquelas regiões desconhecidas, habitadas por povos estranhos.[10] Os protagonistas desses debates (juristas, teólogos, burocratas) teriam fins divergentes entre si e, a bem dizer, a própria Coroa não tinha interesse em que se tirasse uma única definição acerca dos títulos espanhóis, pois uma certa dose de incerteza acabava por conferir-lhe maior liberdade.

A tendência entre os espanhóis foi considerar lícito a apropriação das terras americanas, apoiando seus argumentos na bula papal de Alexandre VI, que dava à Castela a plena e livre posse, autoridade e jurisdição sobre as terras descobertas, para que o rei pudesse evangelizar os povos pagãos que as habitavam.[11] Essa doação papal era baseada na teoria do cardeal Enrique de Susa (séc. XIII) segundo a qual, a partir do nascimento de Cristo, todos os domínios dos infiéis teriam sido a Ele transferidos. Cristo teria delegado essa jurisdição a São Pedro e este, por sua vez, aos pontífices romanos. Deduzia-se, assim, que os papas podiam a qualquer momento reclamar ou doar juridicamente as terras dos infiéis.[12]

Essa tão discutida questão sobre o direito do papa para tal concessão, contudo, não se colocava como um problema aos monarcas espanhóis, e o fato de terem solicitado a bula não significava necessariamente que os soberanos reconheciam a autoridade do papa para a confirmação jurídica da recente aquisição das terras do Novo Mundo. Os reis Fernando e Isabel serviam-se das bulas apenas de forma funcional, segundo Pietschmann, e "todos os argumentos mediante os quais os contemporâneos pretendiam alegar a legitimidade do proceder espanhol na América formavam parte de uma justificação de fatos já consumados".[13] O esforço se dava no sentido de somar razões aceitáveis juridicamente perante outras coroas (sobretudo a portuguesa) e perante seus próprios súditos para legitimar a apropriação das regiões ultramarinas.

Algumas complicações passaram a surgir a partir de 1511, com as denúncias dos primeiros dominicanos que chegaram à América e testemunharam o tratamento dos espanhóis à população indígena. Diante das acusações de maus tratos, os títulos de dominação passaram a ser questionados, já que a Coroa não estaria cumprindo seu papel evangelizador. Os reis espanhóis reafirmaram sua posição com base nos títulos papais, mas trataram de justificar a ação violenta pela negativa dos índios em aceitarem pacificamente o domínio benevolente do rei.[14] Foi a partir de então que os conquistadores receberam a instrução de ler o *requerimiento* para os nativos com quem travavam contato. Tal documento fazia saber aos índios que os conquistadores espanhóis, em nome do rei de Castela e respaldados pela doação de Alexandre VI, incorporavam as terras americanas aos domínios do rei, quem, em recompensa, lhes concederia mercês e lhes ensinaria a fé cristã. O mesmo documento advertia que, uma vez que estavam avisados, os índios que não se sujeitassem seriam submetidos à guerra justa. Evidentemente, tratava-se de mera formalidade. De todo modo, tal medida é bem expressiva da forma de atuação da Coroa: não deixava de agir conforme seus interesses mais imediatos, mas encontrava meios de legitimar seus atos, a fim de mediar os diferentes interesses dos agentes envolvidos na Conquista.

A posição da Coroa, contudo, continuava a gerar polêmica entre teólogos, juristas, e intelectuais, sobretudo em relação ao direito da apropriação das terras e da utilização da mão-de-obra indígena.[15] Bartolomé de Las Casas, por exemplo, afirmou que as bulas papais só davam aos reis espanhóis a tutela missional e que não haveria nenhum título legítimo que permitisse expropriar os indígenas de suas possessões.[16] Sepúlveda, ao contrário, afirmava que os indígenas não poderiam ser beneficiários de quaisquer direitos, pois não viveriam em sociedade. Como outros juristas da época, dizia ele que a terra e os direitos teriam sido concedidos ao homem para seu uso e, se os índios haviam fracassado nessa utilização proveitosa da terra, estariam abusando da benevolência de Deus. Para ele, o domínio das terras pelos ameríndios assemelhava-se ao de um homem que havia sido privado de suas possessões por um tribunal, mas ao qual havia sido concedido o direito do uso limitado das mesmas até que a sentença fosse promulgada formalmente. A chegada dos espanhóis à América seria o equivalente a essa promulgação.[17]

Mas, de uma maneira geral, a Coroa procurou defender o "direito à propriedade" dos indígenas. Havia diversas disposições reais para que os conquistadores e povoadores espanhóis não tocassem nas terras dos índios. Como mostra Ots Capdequí,[18] juridicamente, os índios submetidos eram considerados homens livres e vassalos da Coroa e, conseqüentemente, foi a eles reconhecido o direito de possuir, desfrutar e dispor de bens de distinta natureza, ainda que o exercício desse direito estivesse condicionado por diversas limitações, já que eram considerados pessoas necessitadas de tutela.

Na *Recompilación de Leyes de Indias de 1680*, ordenava-se que fossem deixadas terras aos índios, tanto particulares como coletivas, e que as terras por eles fertilizadas não poderiam ser vendidas ou alienadas de nenhum modo. Além do respeito à propriedade das terras cultivadas havia também, desde o período inicial da colonização, disposições reais ordenando que fossem doadas parcelas de terras aos índios que delas precisassem.

Na doutrina dos juristas também há estudos sobre a regulação da propriedade entre os índios. Vale a pena citar o licenciado Matienzo, em seu livro *Gobierno del Peru*. A citação é longa mas permite vislumbrar algumas das doutrinas que eram difundidas na época.

Sobre as terras que deveriam ser repartidas, diz ele que poderiam ser formuladas as seguintes leis:

3 – Ítem que en uno o dos pagos o más comarcanos y mejores, señale y dé a cada indio dobladas tierras de las que tuviere necesidad, y les haga entender que son suyas propias, que nadie se las puede quitar.

4 – Que averigüe las tierras que tienen a ellas y quanto tiempo há que las posen, y teniendo justo título se las dejen por suyas, y si aquéllas no bastaren o no tuvieren ninguna les dé tierras competentes para sus chácaras y sementeras conforme a lo que cada uno huviere de menester.

5 – Ítem que deje una buena chácara para la comunidad para las necesidades que en común les ocurrieren a los indios y que éstas tengan su topo o medida.

7 – Ítem que las tierras que así se adjudican a los indios no se puedan vender a los españoles, si no a otros indios, y entonces la venta se haga com autoridad del Corregidor o Protector, y no de otra manera.

8 – Ítem se procure que los indios de comunidad tengan ganado vacuno para arar las tierras y tengan rejas de hierro y adereços para ello de comunidad para prestarlo a los pobres.[19]

Recomendava ainda que ao se repartirem terras aos espanhóis para a fundação de um povoado, deveria-se indenizar os índios com coisas de igual valor, caso fosse necessário tomar suas terras.

Perceba-se, primeiramente, como as leis de defesa da propriedade indígena formuladas pelo licenciado impunham uma noção de propriedade que ia contra o modo de entendimento do uso da terra pelos índios,[20] o que fica evidente no item 3. Em segundo lugar, mesmo parecendo favorável aos indígenas, as leis assim formuladas abriram brechas aos espanhóis, como a questão do "justo título" (item 4) e da possibilidade de indenização por terras tomadas para a fundação de vilas e povoados. A venda das terras deveria ser feita somente a outros índios, mas intermediada pelo Corregedor (item 7), que, não raro, tinha íntimas relações com os colonos espanhóis.

Por outro lado, se de fato havia disposição em se fazer preservar terrenos deixados para utilização de comunidades indígenas, como se percebe por algumas medidas da Coroa e na *Recompilación de Leyes de Indias*, tal defesa, apresentada como uma mercê do soberano, atendia aos objetivos de garantir a sobrevida de populações que proviam o abastecimento de produtos alimentícios e a mão-de-obra necessária para a colonização e extração de riquezas. Além disso, pretendia-se manter o controle sobre a tendência feudalizante dos conquistadores e colonos, que poderiam tentar constituir propriedades e domínios à margem do poder da Coroa. De todo modo, "em teoria, o governo imperial espanhol respeitou a propriedade índia da terra e tentou confinar as terras espanholas às áreas desocupadas ou àquelas cuja transferência para a propriedade espanhola não prejudicasse os interesses dos índios. Na prática, porém, esse princípio não foi seguido".[21] Nas palavras de Ots Capdequí:

> Respeitaria-se aos índios a propriedade de suas terras somente enquanto estas constituíssem um meio para satisfazer com o fruto de seu cultivo os impostos que eram obrigados a pagar aos seus encomenderos ou à Coroa (...). Quando a terra por eles possuída adquiria um valor suficiente para tentar a cobiça dos conquistadores, prontamente surgia a detenção violenta e solapada que privava os índios de seus direitos, tantas vezes sancionados pela lei.[22]

Mercês, títulos ilegais, ocupações

Nas primeiras cinco décadas da Conquista e ocupação espanhola na região onde seria fundado o Novo Reino de Granada, o governador e o cabildo eram as autoridades principais dos povoados e cidades que se formavam então. O cabildo de cada povoado ou cidade era formado inicialmente pelos chefes das hostes de conquista e pelos povoadores mais ilustres, que adquiriam a qualidade de *vecinos*,[23] os "principais" da cidade. Mesmo após o período da Conquista, eram os encomenderos, ou seus parentes e amigos, que integravam os cabildos municipais e reclamavam seus benefícios. Dentre as principais funções do cabildo estavam a adoção de medidas de benefício urbano, o controle de abastecimento e a distribuição de terras.

Contudo, as numerosas outorgas de terras dos cabildos foram apenas títulos precários, pois, em teoria, somente o soberano espanhol, como possuidor legítimo de todas as terras descobertas, e seus agentes diretos (vice-reis e governadores) poderiam conceder títulos de propriedade. Essa precariedade dos títulos tornou-se ainda mais evidente quando foi instalada a Real Audiência, em 1550,[24] por meio da qual a Coroa pretendeu assumir as rédeas da ocupação e colonização da região. A partir de então, acentuou-se o confronto que seria travado durante os séculos seguintes, entre os interesses privados de particulares e os interesses políticos do Estado em relação à terra. Fica claro que não obstante à importância atribuída à descoberta e exploração das minas de metais preciosos, compreendia a Coroa que a concessão de terras tinha uma dimensão política e econômica que as demais concessões não alcançariam. Enquanto a licença para explorar minas, salinas, pedras preciosas e riquezas naturais correspondiam a uma motivação de interesse exclusivamente fiscal, a legislação sobre terras revelava que, além da preocupação em defender o patrimônio real, havia o interesse em promover o povoamento de seus territórios e a percepção de que a formação de grandes latifúndios impediria esse intento e favoreceria a concentração de poder por particulares, o que seria extremamente temeroso em territórios tão distantes. Mesmo assim, a Coroa não conseguiu impedir a atuação dos cabildos e a iniciativa dos encomenderos, o que se traduziu em ocupações permanentes de terras, apropriação de minas, bosques, fontes d'água etc.

Seja por meio de títulos conferidos pelos cabildos, seja por meio das mercês concedidas pelo rei e seus agentes, os fundadores das novas cidades repartiam entre si as terras próximas às novas fundações, denominadas *solares*, as quais eram destinadas à construção de residências. Nas instruções ao governador de *Tierra Firme*,[25] de

4 de agosto de 1513, ordenava-se: "aveis de repartir los solares del lugar para hacer las casas, y estos han de ser repartidos segun las calidades de las personas".[26]

Aos conquistadores de maior prestígio, como recompensa por seus serviços, concedia-se ainda *caballerías*, porções de terra que variavam de 6 a 43 hectares. Porções menores, conhecidas como *peonías*, eram destinadas aos soldados rasos das hostes. Com a distribuição das terras e a ocupação das vagas dos cabildos, consolidava-se a tendência à formação de uma oligarquia que concentrava nas mãos dos primeiros povoadores o poder político, social e econômico de cada localidade. Assim, "a origem da propriedade da terra para os ocupantes espanhóis está ligada a situações de poder e de privilégio".[27]

O cabildo da cidade de Bogotá, formado em 1539 sob a direção de Jiménez de Quesada, chefe da primeira tropa expedicionária, tomou para si a autoridade de conceder terras até finais do século XVI, ainda que em 1557, a Real Audiência tivesse proibido aos cabildos de Nova Granada de fazê-lo. O cabildo era formado sobretudo por *encomenderos* da savana de Bogotá e seus respectivos parentes, e foi em seu benefício que recaíram as doações de "terras vagas" da Savana. Não foi por acaso que a Real Audiência, no ano de 1594, "acusou ao cabildo de que um número reduzido de indivíduos eram eleitos ano após ano como regedores e alcaides ordinários, formando um grupo privilegiado que usava de sua posição para conceder terras na cidade e em regiões de sua jurisdição e ainda mais sem a permissão do rei".[28]

Segundo Orlando Mello, a rapidez com que se distribuíam as terras desocupadas em decorrência do decréscimo da população indígena ou que não eram ocupadas continuamente pelos índios (como as áreas de caça e coleta), era tão grande, que já em 1542 não era fácil conceder *caballerías* nas vizinhanças de Santa Fé e Tunja[29].

A princípio, a consolidação da propriedade, mesmo das concessões feitas por mercês reais, só se dava depois de alguns anos de residência e cultivo efetivo das terras pelos concessionários e não poderia prejudicar a terceiros ou a comunidades indígenas. Tais medidas visavam consolidar o povoamento das cidades, vilas e povoados fundados, bem como garantir a produção de gêneros de abastecimento. Contudo, os conquistadores e povoadores não estavam muito preocupados com as disposições da Coroa sobre o uso útil da terra e muito menos com a ocupação das terras interditadas. Pelo contrário, houve, desde o início, a tendência entre os espanhóis de se estabelecer justamente nas imediações das terras ocupadas pelos índios, pois o que realmente lhes interessava era o aporte de mão-de-obra. As medidas protetoras da Coroa tinham, assim, efeito quase nulo.[30]

Fica evidente, portanto, que além dos procedimentos legais e semi-legais de distribuição de terras, havia ainda outras formas de usurpação, como a ocupação pura e simples, tanto dos terrenos considerados como parte do patrimônio real, como daqueles que a Coroa havia destinado ao uso das comunidades indígenas. Não só isso, segundo Gibson,[31] dentre os registros de transações de terra do período colonial, há uma infinidade de provas de falsificação, coerção e de outras práticas ilegais:

– os índios eram convencidos, subornados ou coagidos a "vender" ou doar parcelas de terras usadas individualmente ou de uso da comunidade;

– os espanhóis "compravam" uma propriedade e recebiam ou tomavam outra mais desejável;

– os espanhóis arrendavam uma determinada parcela de terra dos índios e, depois de alguns anos, lhes informavam que havia se tratado do pagamento de prestações de um contrato de compra e venda, exigindo então a transferência de título de propriedade;

– os espanhóis levavam o gado a pastar nas plantações indígenas;

– os espanhóis mudavam marcos delimitadores de terrenos, quando havia.

A tais práticas de expropriação, os indígenas procuravam opor várias formas de resistência, como a mudança dos marcos de limites, ou a apresentação de documentos falsos de propriedade. Teoricamente, poderiam tentar mover ações legais contra os espanhóis, respaldados pelas leis que deveriam proteger os direitos a eles concedidos pelo rei. Há documentos que comprovam que, de fato, isso foi realizado com sucesso não poucas vezes. Ainda assim, Juan Freide acrescenta que mesmo que em determinadas situações os índigenas tenham conseguido retornar a suas terras, o usufruto das mesmas durante o período em que corriam os processos (boa parte deles durava décadas) compensava de sobra ao usurpador, pois a prática judicial de então não reconhecia o pagamento dos prejuízos (pelo menos, não aos índios). Some-se a isso o fato de que, devido a falta de marcos precisos, as principais provas às quais se acudia para comprovar a ocupação de um terreno eram testemunhos pessoais e a "vista d'olhos", os quais freqüentemente iam contra as reivindicações das comunidades indígenas.[32]

Em síntese, a lentidão dos processos, os custos envolvidos e os contatos dos colonos mais ilustres com as autoridades faziam a balança pender sempre para o lado dos espanhóis e, na prática, em sua maior parte, "as terras que estavam sob o controle dos espanhóis raramente revertiam à posse dos índios".[33]

Ainda não se fez menção a outro importante agente colonizador que esteve umbilicalmente envolvido com o processo de apropriação das terras no Novo Mundo e no Novo Reino de Granada: a Igreja. Não caberia nos limites deste texto uma exposição detalhada da dimensão que tiveram a Igreja e as ordens regulares na colonização de Nova Granada.

Como se sabe, a atuação direta da Igreja sobre as consciências teve um papel fundamental nas transformações psicológicas, sociais, culturais, políticas e econômicas que atingiram as populações indígenas e mestiças durante toda a colonia.[34] Se é certo que as populações encontravam modos de resistir à ação totalizante e homogeneizadora da Igreja, por outro lado, é inegável a transformação, traumática em muitos sentidos, das sociedades sob sua área de influência. Em grande medida, foi a partir dessa interfe-

40   Cristiane Checchia

rência que "a população indígena ficou despojada de sua própria concepção do uso da terra, colossal desestruturação que se faria sem pudor algum".[35]

Além disso, há o fato evidente de que a Igreja e as ordens religiosas foram os maiores proprietários rurais durante o período colonial (como também ocorreu na Europa). Muitos foram os fatores que tornaram possível essa acumulação de propriedades: a necessidade de assegurar renda para seus colégios e outras atividades urbanas; as doações de terras e dinheiro por membros da elite, muitas vezes por endividamentos contraídos junto a algum corpo eclesiástico; e o estabelecimento de uma política cuidadosa e sistemática de aquisição de terras, sobretudo por parte dos jesuítas.

Em Nova Granada, como em toda a América do Sul, as propriedades eclesiásticas constituíam grande porção das melhores terras próximas aos principais mercados. As propriedades dos jesuítas, que produziam a partir da exploração do trabalho de indígenas ou de escravos africanos, estavam espalhadas por todas as regiões neogranadinas e incluíam estâncias de gado, fazendas produtoras de cereais e grandes lavouras de cana-de-açúcar, de cacau e de banana.[36]

Encomiendas, repartimientos, resguardos e sua relação com a distribuição e ocupação de terras

O estrito controle da terra pelos colonizadores pouco ou nada significaria sem o estrito controle sobre a força de trabalho. Isso é ainda mais evidente no primeiro século de colonização, quando a disponibilidade de terras e a relativa facilidade em obtê-las, sobretudo nas primeiras décadas, fará com que seja mesmo a mão-de-obra o elemento de maior cobiça. Na prática, durante o século XVI, a terra tinha pouco ou nenhum valor se não pudesse ser trabalhada, e foi antes a tentativa de monopolizar a exploração da mão-de-obra que empurrou encomenderos e fazendeiros a buscar o monopólio de terras em determinadas regiões. Prova disso, é o fato de vastas extensões de terras desocupadas terem permanecido nesse estado, enquanto eram cobiçadas porções de terras ocupadas por indígenas, sobretudo nos altiplanos da savana de Bogotá e em Tunja. Em áreas de baixa densidade populacional, como a banda oriental do vale do rio Cauca, a necessidade de abarcar áreas maiores para que se conseguisse concentrar mão-de-obra deu origem à formação de grandes latifúndios, ainda que tais terras não tivessem grande valor econômico.

Assim, não é por acaso que o primeiro século de colonização tenha ficado conhecido na historiografia como a fase encomendista da economia colonial, pois a verdadeira riqueza se contava pela quantidade de indígenas que se conseguisse para "proteger". As *encomiendas* constituíam nesse período, não apenas o elemento fundamental da riqueza, como também do prestígio e da honorabilidade, ou seja, a via mais rápida para a ascensão social.[37] Em uma carta datada de 30 de maio de 1578, Francisco de Balaños escrevia das proximidades do Rio Madalena para sua mulher na Espanha: "yo ando por haber unos indios, porque acá en estas partes, quien no tiene indios, no tiene nada".[38]

O primeiro sistema de trabalho de quase toda a América espanhola foi a escravidão indígena, que acompanhava o saque e a apropriação de suas riquezas. Contudo, a velocidade com que as populações eram exterminadas e a polêmica gerada em Espanha sobre o direito ou não de escravização do indígena[39] contribuiu para que outras formas de coerção ao trabalho fossem adotadas. Os próprios líderes dos grupos espanhóis começaram a exigir um sistema mais racionalizado de distribuição de força de trabalho que pudesse evitar as acirradas disputas para a obtenção de mão-de-obra.[40] Foi assim que a Coroa espanhola estabeleceu a *encomienda*.[41]

O que se poderia chamar de *encomienda* americana de tipo clássico foi uma instituição socioeconômica pela qual um grupo de indígenas pagadores de tributo era "confiado" pela Coroa a um encomendero, que ficaria assim responsável pelo suprimento material e espiritual dos índios deixados aos seus cuidados. Em troca, o encomendero teria o direito de extrair trabalho de seus encomendados. Na prática, a *encomienda* foi uma forma compulsória de extração de trabalho da comunidade indígena, seja na forma de prestação de serviços, seja na forma de tributação em produtos (mantas de lã, milho, folhas de coca, trigo, carne) e/ou dinheiro. Os índios submetidos não tinham o direito de opinar sobre os termos do contrato, que, de todo modo, não eram cumpridos pelo encomendero. Ou seja, não havia qualquer tipo de reciprocidade.

Ao impor o sistema de *encomiendas*, os espanhóis souberam aproveitar-se de hierarquias sociais preexistentes entre os indígenas, apoiando-se nos principais da aldeia (que ficaram homogeneamente conhecidos como caciques) e nas formas de tributação exercidas por algumas das culturas imperiais ou politicamente mais poderosas do mundo pré-colombiano. Tanto é assim que tiveram muito mais facilidade em impor a *encomienda* entre os grupos indígenas que já viviam sob a área de influência dos povos mexicas, incas e chibchas.

Desse fato, alguns autores concluem que não teria havido uma ruptura brusca entre o sistema de tributação indígena e o sistema de *encomiendas*, do que outros discordam radicalmente. Segundo Nathan Wachtel, embora haja uma certa continuidade entre as obrigações prestadas aos estados pré-colombianos e o tributo espanhol, este último esfacelou o sistema de reciprocidade do qual as antigas tributações faziam uma parte lógica: "o governo espanhol, ao mesmo tempo em que fazia uso das instituições nativas, realizava sua desintegração, deixando apenas estruturas parciais que sobreviveram fora do contexto relativamente coerente que lhes havia dado sentido".[42]

Além das condições por vezes totalmente subumanas em que eram prestados os serviços, como no trabalho das minas, a carga das taxas impôs uma mudança no cotidiano indígena. Quando pela primeira vez em contato com os chibchas, Jiménez de Quesada relata que eles dividiam o mês em três partes, uma dedicada para as tarefas agrícolas, outra para as festas e o consumo de coca – e eram "gente muy perdida para cantar y bailar a su modo" – e a última para o gozo com suas esposas.[43] A introdução das novas formas de tributo, das relações de mercado e da moeda promoveu uma mudança radical na forma de desfrutar o tempo e na forma de conceber o significado do trabalho. Este último, se antes podia ser visto como mediador da relação sagrada entre homem e natureza, passou a ser encarado como instrumento de opressão.

Além disso, a economia organizada em torno do sistema de *encomienda* deu origem a quase todas as empresas locais da América espanhola durante o século XVI, as quais, por sua vez, estavam integradas de diferentes formas ao contexto mais amplo do Antigo Sistema Colonial, o que fazia com que o tributo pago pelo indígena ganhasse contornos antes inéditos no passado pré-colombiano. Assim, "em pouco menos de meio século, as arquiteturas econômicas do mundo pré-colombiano caíram: um novo sistema organizativo econômico se sobrepôs ao tradicional".[44]

Cabe agora discutir a relação entre o sistema de *encomiendas* e a apropriação de terras. Até os anos 1940, havia uma espécie de consenso sobre a derivação e continuidade da *hacienda* e da *encomienda*. Os estudos de Silvio Zavala e Lesley Simpsom, contudo, representaram um marco na historiografia ao demonstrarem que não havia nenhuma ligação institucional entre a *encomienda* e o direito sobre as terras dos índios encomendados.[45] Após esses estudos, sucessivas gerações de historiadores sustentaram essa distinção legal e administrativa. Mais recentemente, contudo, pesquisas vêm demonstrando que, na prática, a ligação entre a concessão de encomiendas e a aquisição de terras se mostra mais estreita do que poderia fazer supor uma análise limitada aos aspectos institucionais.

O processo de formação das estâncias e *haciendas* é ainda muito mal conhecido. Mesmo assim, é certo que foram os encomenderos que monopolizaram o acesso às terras de melhor qualidade durante todo o curso do século XVI e, portanto, embora não tenha havido uma conexão jurídica entre a *encomienda* e a posse da terra, essa inter-relação é visível, pelo menos nas partes mais conhecidas da colônia. Em muitos casos, uma financiava a outra.[46] Interessados em garantir o abastecimento de braços, os encomenderos estabeleciam-se nas proximidades das comunidades indígenas, quando não as ocupavam de fato. Em casos extremos, todas as terras da comunidade podiam ser perdidas, pois, após terem sido cercadas por uma grande *hacienda*, acabavam sendo incorporadas à sua jurisdição. O mais comum, contudo, foi a perda parcial das terras:

> Isso permitiu a sobrevivência da comunidade numa condição politicamente independente, mas aumentou a probabilidade de sua subordinação econômica à *hacienda*. A relação entre a separação política e a dominação econômica serviu aos interesses da *hacienda*, pois o fazendeiro foi desobrigado do abastecimento da vila e foi assegurada a contínua disponibilidade de uma oferta próxima de mão-de-obra.[47]

Na savana de Bogotá, essa relação é transparente. Como em outras áreas, os mesmos encomenderos eram os grandes possuidores de terra da região. É possível que os índios tenham perdido primeiramente as terras que deixaram para a rotação de cultivo. Mais tarde, a partir da década de 1540, os índios moveram-se para terras mais distantes, a fim de proteger suas plantações dos estragos causados pela introdução do gado, o que tornou possível a apropriação pelos espanhóis de mais "terras vagas".[48]

Se a ligação entre *encomiendas* e terras tem se mostrado cada vez mais clara, há que atentar-se para os distintos momentos em que se deu essa relação. Apesar de os encomenderos terem tido desde o início a facilidade de utilizar parte das terras indígenas como suas, na maior parte dos casos, o despojo acelerado das mesmas se daria um pouco mais tarde. Nas primeiras décadas da Conquista e colonização, os espanhóis não tinham necessidades maiores do que aquelas satisfeitas com as terras ocupadas para a fundação dos centros urbanos e com as terras que ficavam vagas com a rápida diminuição das populações indígenas. Além disso, a apropriação indefinida de terras encontrava limites nas plantações indígenas, das quais os encomenderos dependiam para seu próprio proveito e das quais dependia o abastecimento das primeiras vilas e cidades. Desse modo, a exploração econômica direta da terra não parecia ainda interessante. Os indígenas puderam, portanto, pagando pesados tributos, desfrutar de suas terras, pelo menos até o momento em que o próprio encomendero julgava oportuno. Ainda assim, mesmo as terras em posse da comunidade estavam de certa forma apropriadas pelo encomendero, já que o produto de boa parte delas seria revertido diretamente a ele na forma de tributos em espécie, ou seria vendido para a obtenção de dinheiro, igualmente para o pagamento de tributo.

O crescimento dos núcleos urbanos espanhóis e o decréscimo populacional indígena[49] em breve romperiam esse equilíbrio inicial entre as necessidades dos colonos e a capacidade das economias indígenas em supri-las. O rompimento desse equilíbrio traria algumas transformações, seja na regulação do uso da mão-de-obra, seja na valorização e ocupação das terras.

Depois de algumas tentativas frustradas de restringir o sistema de *encomiendas* em meados do século XVI, algumas medidas mais duras foram adotadas pela Coroa, a fim de diminuir o poder excessivo dos encomenderos sobre seus "tutelados". Nesse sentido, procurou proibir a tributação na forma de serviços pessoais e trocá-los pela tributação em produtos e dinheiro. Isso não significa que a *encomienda* desapareceu, mas sim que assumiu novas formas. Tratou-se muito mais de uma mudança de aparência do que de fato, já que é difícil diferenciar os dias de trabalhos dedicados diretamente ao encomendero dos dias necessários para obter os recursos para o pagamento do tributo.

Ainda assim, a *encomienda* não era o único modo para se ter acesso à mão-de-obra indígena, já que havia também outras formas de trabalho compulsório, que passaram a ter um papel cada vez mais importante, como o *repartimiento*. Conhecido em algumas áreas como *mita*, essa instituição era destinada a regulamentar o trabalho indígena no setor público. Tratava-se de um sistema racionado e rotativo de distribuição dos trabalhadores indígenas, por meio do qual se procurava evitar os excessos e desperdícios de mão-de-obra cometidos no sistema de *encomiendas*, os quais estavam elevando os gastos de produção de alimentos e, por conseguinte, de manutenção dos escravos negros que trabalhavam nas regiões mineiras. No *repartimiento* cada comunidade era obrigada a ceder, de tempos em tempos, uma fração de sua população masculina apta a trabalhar. Após um período de alguns meses de trabalho, esses trabalhadores recebiam uma modesta quantia como salário e eram dispensados, substituídos por novo contingente recrutado da mesma maneira em outra comunidade.

Na savana de Bogotá, até a década de 1590, os índios das *encomiendas* continuavam a ser a principal fonte de mão-de-obra. Depois disso, somente por meio da *mita* podia-se requerer braços indígenas para a agricultura, para os serviços nas minas e para os serviços urbanos. Em outras regiões do Novo Reino de Granada, o sistema de *encomienda* ainda foi predominante por algum tempo. Na prática, segundo Margarita González, o *repartimiento* foi a via mais efetiva para a dispersão da população indígena de suas comunidades de origem, pois os fazendeiros que obtinham concessão para a utilização de *mitayos* em suas terras acabavam por retê-los por meio do pagamento de salários.[50]

Outra instituição, criada em 1591,[51] e que expressa a iniciativa da Coroa em intervir e modificar a relação entre os colonos espanhóis e a população indígena, foi o *resguardo*,[52] caracterizado como uma porção de terra outorgada em caráter inalienável às comunidades indígenas. Tal outorga, contudo, não conferia a propriedade sobre a terra aos pueblos, já que a Coroa continuava a arrogar-se o direito de reduzir ou ampliar os limites dos terrenos conforme julgasse conveniente. Por meio da redução das comunidades indígenas em porções definidas de terras, pretendia-se concentrar mão-de-obra e converter de forma definitiva o tributo indígena em patrimônio do Estado, parcialmente cedido a particulares.

Cada núcleo ou povoado indígena tinha sua própria organização política, ainda que os postos administrativos fossem os do sistema colonial espanhol. Tais terras estavam, geralmente, divididas em três partes: uma primeira dividida em parcelas usadas individualmente pelas famílias; a segunda destinada ao trabalho da comunidade; a terceira para a criação comum de pastagens para gado. Em suma, segundo Carmen Bohórquez:

> com a criação dos resguardos o que se buscava era assegurar a reposição dos trabalhadores indígenas que haviam logrado sobreviver às duras condições de trabalho das minas e encomiendas, e acrescentar seu número, ao permitir-lhes voltar a suas formas tradicionais de organização e garantir-lhes meios seguros de abastecimento".[53] Por meio da fixação de tributos, os resguardos tornaram-se a garantia do sustento dos encomenderos, dos padres doutrineiros e dos funcionários reais, como também do setor urbano e das minas. Isto significa que os resguardos converteram-se "no eixo e suporte de toda a economia colonial do momento", até serem progressivamente substituídos pelas *haciendas*.[54]

A criação dos *resguardos* não chegou a inibir ou prejudicar os interesses mais imediatos dos particulares, pois as operações de redução e transladação das comunidades, que freqüentemente acompanhavam o estabelecimento dos mesmos, representou também uma redução no espaço físico por elas ocupado. A população era nucleada de tal forma que seu padrão de povoamento disperso era abolido. As terras "sobrantes", consideradas de domínio público, foram sendo outorgadas ou simplesmente ocupadas por particulares, os quais acabavam empregando os indígenas que precisavam complementar sua renda. Segundo Colmenares, as outorgas de *resguardos* que se fizeram em Nova Granada entre os anos 1590-1605 e completadas em 1636 reservaram cerca de um ou dois hectares de terra por membro da comunidade, de tal modo que não era possível aos indígenas gerar excedentes em suas próprias terras.[55]

Villamarín mostra que, nas savanas de Bogotá, as 36 comunidades chibcha de maior importância por sua população, ao final do século XVI, haviam perdido mais da metade de suas terras para os encomenderos da região. Após as atribuições dos *resguardos*, realizadas entre 1592 e 1595, a outra metade foi quase totalmente repartida entre encomenderos e novos colonos, de mais ou menos posses, restando às comunidades indígenas apenas 5% das terras que haviam possuído.

A ambição de espanhóis e mestiços pelas terras dos *resguardos* fazia parte de algumas mudanças de ordem mais geral que se fizeram sentir na América espanhola na passagem do século XVI para o século XVII. A supremacia dos encomenderos, alimentada pela divisão inicial do butim da Conquista e dos primeiros anos de ocupação, mostrava agora sinais de esgotamento. O decréscimo da mão-de-obra indígena fez com que a *encomienda* perdesse grande parte de seu papel na economia. Além disso, houve uma série de medidas adotadas pela Coroa (como a criação do cargo de *corregidores de indios*, em 1593; a conversão dos índios em vassalos livres do rei; a conversão do tributo pago pelos índios em tributo real; a abolição do monopólio da mão-de-obra pelos encomenderos[56]) na tentativa de "romper os laços ambíguos que faziam da terra, da mão-de-obra e da encomienda um todo indissociável".[57]

Nesse mesmo período, famílias não encomenderas que se multiplicaram durante o século XVI exerciam agora uma crescente pressão contra o duplo monopólio da terra e da mão-de-obra. Além delas, havia também a presença de grande contingente de lavradores de menor posse, muitos deles mestiços, excluídos da "república dos espanhóis" e que também não poderiam se fazer incluir nos resguardos.

Sendo assim, um novo quadro começou a se delinear: enquanto muitos descendentes de encomenderos se encontravam empobrecidos, outros grupos passavam a disputar entre si a supremacia social. Por meio de mercês outorgadas com as terras sobrantes dos resguardos, surgiram novos proprietários de grandes porções de terras nos primeiros decênios do século XVII. Multiplicaram-se as pequenas e médias propriedades, de brancos ou mestiços pobres, que orbitavam as fazendas maiores. Tenha-se em vista, porém, que o desenvolvimento da pequena propriedade no Novo Reino só foi possível nas terras das quais os *criollos* acaudalados não puderam apropriar-se juridicamente, em algumas regiões onde não puderam submeter mão-de-obra e nas terras de má qualidade. No caso das terras férteis dos resguardos, houve algumas que passaram a ser pequenas propriedades em Cundinamarca, Boyacá e Nariño, mas uma grande porção passou a ser apropriada pelas grandes fazendas.[58]

Ainda na passagem do século XVI para o XVII, as autoridades coloniais passaram a exigir a legalização dos títulos das posses ilegais de terras, por meio da *composición*, instituída no mesmo pacote de medidas que criara os *resguardos*, em 1591. Por meio das *composiciones*, os ocupantes de terras com títulos duvidosos ou em situação irregular, poderiam validar sua propriedade pagando uma determinada quantia para os cofres reais. O recurso às composições seria largamente utilizado durante o século XVII, como uma tentativa de dar um alento aos cofres da Coroa. Contudo, as quantias pagas para a regularização dos títulos falsos ou inexistentes foram irrisórias, além de terem sido pagas com extrema lentidão e, muitas vezes, sem que fosse concluído o pagamento de todas as prestações. Um aristocrata de Bogotá conseguiu legalizar uma propriedade de 45 mil hectares por apenas 568 pesos de oro, o que era quase insignificante na época.[59]

As composições também poderiam ser requeridas por meio da *denuncia*. Esta última permitia que qualquer colono espanhol reivindicasse uma porção de terra considerada desocupada e dela se apoderasse como proprietário legal, após algumas formalidades e o pagamento de uma taxa. Grande quantidade de terras "vacantes" foram incorporadas pelos colonos espanhóis pela *denuncia* durante o século XVII e XVIII. As terras que se encontravam despovoadas poderiam ainda ser ocupadas para mais tarde serem "compostas".

A passagem para o século XVIII e as primeiras décadas da República

Mudanças na passagem do século XVII para o XVIII

Proprietários de terras, mineiros e comerciantes reforçavam seu prestígio com alianças entre si e com membros da burocracia imperial. Na verdade, muitas vezes era difícil delimitar papéis sociais e econômicos, sobretudo com o avançar dos séculos XVII e XVIII, pois proprietários de terras podiam investir em minas, mineiros poderiam comprar propriedades e ambos poderiam se ligar a redes comerciais e vice-versa.

De todo modo, se durante o século XVI, o prestígio e a riqueza eram medidos sobretudo pela quantidade de índios encomendados, agora, a partir do século XVII e até bem adentrado o século XIX (se não quisermos ir mais longe) era pela propriedade de terras que esses valores eram medidos, mesmo em regiões nas quais a economia pôde ser dinamizada pela mineração e o comércio. Vale lembrar que, numa sociedade de Antigo Regime, o interesse pela terra não deve ser apenas explicado pelo seu significado econômico, já que nelas há uma lógica distinta, que empresta à propriedade da terra um significado que ultrapassa o seu potencial de produção. Segundo Jaramillo Uribe, o conhecido "agrarismo espanhol", ou seja, essa "predileção espanhola pela propriedade territorial e suas relações com a noção hispânica de honra e manutenção das formas nobiliárquicas de vida", foi, sem dúvida, transmitido à América.[1] Não é por acaso que o status social e o prestígio emanado e/ou consagrado pela propriedade agrária fazia dos grandes fazendeiros, mais do que a seus colegas proprietários de minas, os verdadeiros caciques políticos em Nova Granada.[2] Nas palavras de Colmenares,

> a estrutura política local privilegiava de maneira natural aos "vecinos", com forte raiz e tradição familiar de proprietários de terra. Os comerciantes mesmos buscaram este enraizamento convertendo-se em proprietários de terra e vinculando-se ao patriarcado local, mediante nexos matrimoniais.[3]

Daí a afirmação de Jaramillo Uribe de que a hacienda teria constituído a mais importante estrutura da sociedade neogranadina, ainda que não de sua economia.[4]

Contudo, mesmo do ponto de vista econômico, as *haciendas* neogranadinas tiveram papel mais importante do que tradicionalmente parte da historiografia reservou a elas. Por um lado, de fato, durante todo o período colonial, em nenhuma região de Nova Granada desenvolveu-se a agricultura de *plantation* (como em outras regiões do império espanhol – Venezuela e Caribe), e o vínculo neogranadino com o mercado externo deu-se sobretudo pela mineração, e quase exclusivamente pela extração de ouro.[5] Por outro lado, porém, estudos mais recentes mostraram que ao somar-se os valores de produção apenas das haciendas de Santa Fé, Tunja, Neiva e Ibagué, obtém-se uma soma pelo menos três vezes superior ao valor das exportações: "isto é já uma prova relativamente aceitável de que a produção das haciendas era mais importante em termos sociais que a produção das minas".[6] Sendo assim, apesar do grande volume de ouro exportado, a economia colonial neogranadina foi em grande medida alimentada pelo mercado interno. Em comparação às economias de *plantation*, o desenvolvimento da economia colonial neogranadina foi bastante lento, ainda que menos vulnerável à oscilação do comércio internacional.[7] Ainda assim, mais do que um grande mercado interno dinâmico, talvez seja mais preciso falar em vários mercados locais de pequena extensão. Poucos produtos transitavam nas rotas comerciais mais longas, porque, como se verá na parte II, as dificuldades de transporte não foram nada desprezíveis durante o período colonial e até o adentrar do XX.

De todo modo, o grande *boom* do setor mineiro a partir do século XVII ajudou a alavancar, em várias regiões de Nova Granada, o cres-

Terra e capitalismo   53

cente desenvolvimento das *haciendas*. Ao mesmo tempo, a *hacienda*, propiciava a deterioração da economia dos *resguardos*, beneficiando-se disso inclusive. A redução demográfica dos resguardos, promovida pelos *conciertos* ou pelas fugas voluntárias (numa tentativa de escapar à tributação), fazia aumentar a proporção de terras *per capta* no interior dos resguardos, dando novo argumento para que novos despojos fossem realizados em benefício da propriedade de particulares. Ou seja, a dispersão da população resguardada, traduzia-se, muitas vezes, em um engrossamento das fileiras das *haciendas*. Por outro lado, a expansão territorial das mesmas implicava na perda definitiva de bens territoriais das comunidades. Por fim, a queda na produção das comunidades representava um acréscimo na produtividade dos fazendeiros: "a apropriação de terras e de mão-de-obra operada pela hacienda seria assim um dos antecedentes históricos constitutivos do regime de propriedade privada que na Colômbia se consolidaria plenamente no século XIX".[8]

No século XVIII, com o declínio da utilização do trabalho compulsório indígena, foram muito importantes para a viabilidade econômica das *haciendas* as relações estabelecidas entre pequenos produtores e a *hacienda*. Em Nova Granada, a escravidão foi significativa, mas localizada sobretudo na região dos grandes latifúndios do Cauca e em Chocó, quando a exploração de novas jazidas auríferas no início dos setecentos proporcionou que um grupo de ricos fazendeiros e comerciantes de Popayán e Cali pudessem concentrar maior número de escravos (quadrilhas de 50 até 100 escravos). Também teve certa importância em Cartagena[9] e em menor grau nas unidades pecuaristas de Antióquia.[10] Em outras regiões, como em Santander e também em Antióquia, a limitada capacidade de investimentos por parte dos proprietários e a grande disponibilidade de trabalhadores brancos e mestiços sem terras favoreceu a fixação destes nas *haciendas*, sujeitos a diversas formas de exploração. Há que se destacar a *terraje* e o *arrendamiento*, comuns em toda a América Latina (com o mesmo ou com outros nomes): espécies de contratos pelos quais o trabalhador, livre ou não, recebe um lote de terra e paga por ele uma renda em dinheiro e/ou em serviços e espécies.

Dessa maneira, o proprietário (que, por vezes, era o próprio Estado) reduz seus custos em capital circulante, já que deixa de pagar salários, ao mesmo tempo em que assegura a mão-de-obra para o cultivo de suas terras, repassando aos *terrajeros* ou arrendatários os riscos decorrentes da variabilidade do clima.[11] Evidentemente, tal sistema de exploração de força de trabalho e de valorização das terras só é possível graças à concentração de terras nas mãos de poucos, à incorporação de pequenos proprietários pela grande *hacienda*, à expropriação das terras das comunidades indígenas e à grande quantidade de trabalhadores livres sem terras, quantidade essa incrementada pela recuperação da curva demográfica durante o século XVIII.

Ainda em outras regiões, como nas províncias de Popayán e Pasto, as formas de produção indígena dos resguardos continuavam sendo muito importantes e as comunidades tinham que resistir com esforço ao avanço dos fazendeiros sobre suas terras, o que se tornaria cada vez mais difícil.[12]

Reformas bourbônicas

A partir da segunda metade do século, mudanças significativas foram introduzidas pela Coroa espanhola no regime agrícola de suas colônias. Tais mudanças são expressão da reestruturação jurídica de maior peso que se registrou durante todo o período colonial em torno ao problema da terra, segundo Ots Capidequí.[13] Evidentemente, essa reestruturação faz parte de todo o pacote das reformas bourbônicas, motivadas pelas novas correntes do pensamento europeu que configuraram o Iluminismo e pelas pressões econômicas sofridas pela Coroa.

Buscava-se, por meio de inúmeras inovações administrativas e na política econômica, dar novo impulso à economia colonial a fim de reativar o conjunto da economia espanhola. Algumas das medidas adotadas foram: controle mais restrito sobre os vice-reinos e intendências; medidas draconianas contra o tráfico, acompanhadas de maior relaxamento no comércio entre as colônias; tentativas de incremento da produção do consumo e da navegação; aumento dos impostos e centralização do sistema de coleta; abertura de novos caminhos; introdução de peninsulares nos postos-chave da administração colonial. Nas palavras de Arcila Farias, "pretendia-se obter um melhor aproveitamento dos domínios americanos mediante o desenvolvimento de sua riqueza e de sua população".[14]

A agricultura ganhou um destaque que nunca havia alcançado nos dois séculos e meio anteriores de regime colonial: no pensamento dos fisiocratas de finais do século XVIII, ela representa a maior fonte de riqueza dos povos e a base mais sólida da economia. Segundo Jaramillo Uribe, não é estranho que tenha sido na Espanha que, muito antes que na França, nasceu essa doutrina: "o pensamento fisiocrático, que dava tanta ênfase na importância econômica da terra, combinava plenamente com o sentimento espanhol da vida".[15] Em carta dirigida ao rei sob o título "Memoria sobre la importancia de la agricultura..." e datada em 15 de maio de 1765, lê-se:

> La agricultura és la base de Su imperio sobre que se funda toda Su grandeza y nuestra felicidad, de que depende la subsistencia de la iglesia y sus Ministros del Estado y sus columnas en los diferentes ramos de la guerra, de la toga y demás inexcusables ministerios de un tan vasto imperio, com permanente solidez todos los ramos del comercio, todas las fábricas, todas las ideas de estables adelantamientos en población, frutos, géneros, pesca, navegación y, en fin, cuanto puede considerar útil y ventajoso.[16]

Várias medidas foram adotadas com o intuito de canalizar parte da produção agrária para exportação. Segundo Margarita Gonzalez, "esta tendência é completamente nova e é indicadora das novas relações econômicas que o Estado espanhol buscava estabelecer com suas colônias".[17]

De acordo com essa nova maneira de enxergar a agricultura, portanto, a terra ganhou maior importância como fator produtivo, o que chamou ainda mais a atenção da Coroa espanhola para o estado em que se encontrava a ocupação dos terrenos em suas colônias. Como se sabe, a presença de latifúndios improdutivos, de terras indígenas invadidas, de terrenos baldios ocupados, de títulos falsos e de inúmeras porções de terrenos em litígio faziam parte desse estado de coisas.

Contra isso, a Real Cédula de 1754, representou uma nova investida do Estado para tentar reorganizar a situação das terras coloniais. Por essa reforma, admitiu-se a posse às situações de fato e de direito produzidas antes de 1700 como base para atribuição de um título legal. Para essas situações, exigiu-se o título, ou, na ausência deste, a composição. Após tal expediente, seria possível obter um retrato mais preciso das terras que poderiam ser rematadas.

De acordo com as novas doutrinas econômicas introduzidas por meio das reformas bourbônicas implementadas no Novo Reino de Granada durante os vice-reinados de Guirior, Florez e Caballero y Gongora, era de interesse que tais terras fossem para o domínio de uma classe de homens guiados por objetivos econômicos mais racionais, dispostos e com recursos para desenvolver uma produção agropecuária para o mercado metropolitano. Assim, segundo Fábio Zambrano, ao final do século XVIII neogranadino, impôs-se o princípio que considerava a grande propriedade individual como a única ordem racional e natural para criar riqueza,[18] ao que os laços comunitários e corporativos representavam um obstáculo.

Tal princípio se expressa, por exemplo, no confronto estabelecido entre os reformistas da Coroa e os jesuítas, o qual resultou na expulsão desses últimos em 1767. Tal fato implicou em uma grande disponibilidade de lotes, já que a Congregação constituíra-se em uma das maiores proprietárias do Novo Reino de Granada, tal como em outras partes do império. As terras colocadas à venda foram, em boa parte, incorporadas por grandes proprietários rurais individuais, que se viram bastante fortalecidos com a expulsão de jesuítas que representavam um até então concorrente político e econômico importante.[19]

O sentido que assumiam as reformas também se mostra evidente nas medidas adotadas com relação às terras de resguardos indígenas. Um ano após a reforma de 1754, o visitador Verdugo y Oquendo recebeu a missão de interar-se da situação de 85 povoados indígenas, ocupados ou arrendados também por muitos brancos pobres e mestiços, nas jurisdições de Tunja, Velés e Santa Fé de Bogotá. Após essa revista, sugeriu ao vice-rei, em informe de 7 de maio de 1757, a divisão das terras dos povoados que conservavam apenas um terço de sua população e a venda das mesmas. Além disso, segundo esse mesmo informe, havia muitas terras ocupadas efetivamente por indígenas cujos títulos se encontravam extraviados ou em mãos da Igreja, de modo que não se poderia garantir às comunidades o domínio absoluto dos terrenos usufrutuados. Tais terras foram logo arrematadas e vendidas a influentes agricultores de Tunja.

Outro exemplo: em 1756, no povoado de La Cruz, apesar dos protestos enérgicos dos índios, um juiz arrematou o terreno do povoado ao alcaide ordinário de Almaguer, baseando-se apenas na ausência de títulos, em uma *vista d'olhos* e em informações fornecidas pelos próprios interessados no assunto.[20]

Ainda mais tarde, medidas mais radicais surgem com a Cédula Real de 1774, segundo a qual todos os corregimentos indígenas demasiadamente pequenos deveriam ser agregados a outros, o que serviu de pretexto para interpretações que nada tinham a ver com o tamanho dos corregimentos e deu ocasião para as mais drásticas concentrações de comunidades indígenas e perda de resguardos desde o início do século XVII.[21] Em 1775, em ocasião da visita do fiscal *criollo* Moreno y Escandón, 16 pueblos de Vélez, Pamplona, Girón e em vilas de Socorro e San Gil foram concentrados em 5, e as terras "sobrantes" das 11 comunidades transladadas passaram à Coroa e foram arrematadas. No ano seguinte, em 11 de março de 1776, o vice-rei Florez decretou que as terras realengas resultantes do processo de pacificação dos temerosos índios Chimilas, no pueblo de Tenerife, poderiam ser solicitadas ao juiz da jurisdição por todos os *vecinos* que por elas se interessassem.[22] Na província de Boyacá, as terras de resguardos que já antes desse processo de dissolução não passavam de 30 mil hectares, no ano de 1778, após a agregação de muitos dos resguardos, não passariam de seis mil hectares bastante isolados dos centros mais povoados e de qualidade duvidosa.[23]

Em suma, concentrava-se a população indígena em uma área menor para facilitar a arrecadação de tributos e, ao mesmo tempo, expulsava-se dos resguardos e de suas proximidades a grande massa de pequenos arrendatários mestiços. As terras sobrantes eram então liberadas para compra por fazendeiros de maiores posses. As justificativas dos administradores espanhóis para a política de reduções e agrupamentos das comunidades indígenas eram ainda apoiadas no argumento de que era preciso proteger a propriedade comunal e isolar os índios do contato pernicioso com os espanhóis (*criollos*) e mestiços.

Uma das conseqüências diretas dessa política foi o acréscimo de força de trabalho para as grandes fazendas. A posição do governo colonial frente às comunidades indígenas e à população branca e mestiça pobre estabelecida nas terras dos resguardos era clara: "colocá-la à disposição das haciendas. É o novo tratamento que se dá às chamadas 'castas da terra'".[24] Ainda que alguns funcionários da Coroa tenham insistido na política protecionista à população indígena concentrada nos novos agrupamentos ou aos mestiços expulsos das terras arrendadas dos resguardos, não restava a eles outra alternativa que não a de suplementar sua renda empregando-se nas grandes propriedades ou tornando-se delas *terrajeros* ou arrendatários.

Portanto, "as reformas bourbônicas para o regime agrário foram levadas a cabo, em grande medida, no caso do Novo Reino de Granada (...) às custas das terras dos resguardos".[25] A resposta das populações indígenas contra esse violento processo de expropriação logo se faria ouvir em inúmeras revoltas e pleitos contra a perda de terrenos e a transladação de comunidades. Por vezes, as comunidades conseguiram a suspensão dos autos de agregação, como no caso famoso dos indígenas de Sogamoso, que retornaram às suas terras após longo contencioso entre o vice-rei Flores e o visitador Moreno y Escandón, e no caso dos indígenas do *pueblo* de Tausa.[26] Talvez o exemplo mais candente de resistência das comunidades no final do século XVIII seja a grande participação de indígenas e mestiços na conhecida Revolta dos Comuneros, de 1781.[27] O clima agitado desses dias, nas palavras de Colmenares, forçou os burocratas da Coroa a perceber "o perigo social que a concentração de índios descontentes havia criado", de modo que permitiu-se o regresso dos índios a seus resguardos.[28]

Em 1780, outra importante Real Cédula foi expedida com o objetivo de facilitar a doação de terras improdutivas a cultivadores. No Novo Reino de Granada, tal cédula receberia as mais variadas interpretações e foi dela que partiu boa parte das teorias sobre o manejo das terras nacionais e o conceito de concessão de baldios que até recentemente empregava o Estado colombiano. Na prática, contudo, a concessão de terrenos baldios continuou a orientar-se predominantemente em benefício da elite proprietária de terras.[29]

Enfim, ainda que não tenham alcançado o resultado esperado pelos reformadores, a política agrária reformista bourbônica pode ser vista, *a posteriori*, como o primeiro passo de um processo que se estenderia e se acentuaria por todo o século seguinte, ao ritmo das transformações políticas internas e do panorama econômico mundial.

A dissolução do império espanhol e o regime de terras após a Independência

As reformas bourbônicas em Nova Granada não tiveram o impacto esperado pela Coroa. Os planos de fomento ao setor mineiro tiveram apenas magros resultados e, em longo prazo, fracassaram. Também não teve grande êxito a tentativa de implementar uma política de diversificação de exportações agrícolas, as quais, em seus melhores anos, não ultrapassaram 10% das exportações totais. Segundo Fábio Zambrano, as dificuldades com as vias de comunicação internas do Novo Reino foram obstáculos intransponíveis para a formação de uma economia de exportação vigorosa. Acrescente-se a isso a escassez de recursos, mesmo entre os grandes proprietários, para trabalhar suas fazendas. Ao final do período colonial, "o atual território colombiano registrava um dos índices de abertura ao exterior mais baixos de toda a América Latina".[30] A não ser na Costa Atlântica, os efeitos das reformas se limitaram a facilitar a apropriação das terras, a maior exploração da força de trabalho e a consolidação de algumas áreas de latifúndios.

Em uma sociedade de economia essencialmente agrária, o caráter político do latifúndio é talvez a sua característica mais importante. No Novo Reino de Granada, como já foi comentado anteriormente, embora até o final do período colonial o ouro tenha sido o carro-chefe das exportações neogranadinas, "a fonte real de privilégio social e político a nível local se sustentava, em última instância, na qualidade de proprietário de terras".[31] Isso explica a reação das elites locais ao intento reformista da Coroa de privilegiar os comerciantes ligados aos capitais peninsulares.

Será uma parcela dessa elite proprietária de terras, também ligada a atividades comerciais ou mineiras, que estará à frente das guerras civis do período da Independência, desencadeadas pelos acontecimentos na Europa. Vale lembrar que a consolidação de identidades políticas patriotas ou realistas, que eclodiu em 1810, correspondeu antes a rivalidades regionais ou de grupos sociais do que a sentimentos independentistas ou fidelistas.[32] Os grupos oligarcas que assumiram a frente no movimento contra a Espanha eram conscientes de que não ensejavam promover nenhuma revolução e sim assumir um poder que agora consideravam seu e que desejavam empregar a seu serviço.[33]

As guerras do período de Independência desorganizaram as *haciendas* de diversas regiões, devido aos saques, aos sucessivos embargos, à desorganização das redes de comércio. Mas, certamente, o golpe maior foi dado às regiões do ocidente colombiano (Cauca, Vale do Cauca e Chocó), cuja economia estava mais fortemente apoiada no trabalho escravo nas minas e nas grandes fazendas. Em primeiro lugar, a necessidade de conseguir soldados acabou forçando a concessão de inúmeras alforrias, tanto por realistas quanto por patriotas, além de facilitar a fuga dos escravos. De outro lado, a região já havia perdido o dinamismo econômico que tivera em meados do século XVIII, fazendo pesar ainda mais as privações e os gastos dos anos de guerra, sobretudo pela importância da mineração à economia local.[34] Segundo Donghi, enquanto as áreas destinadas à produção de alimentos puderam eventualmente até beneficiar-se do bloqueio que as guerras ocasionaram aos produtos alimentícios antes importados, as áreas mineiras entraram em franca decadência, já que, mesmo as minas não diretamente atingidas durante os combates foram afetadas pelo abandono e pela falta de manutenção.[35] Nos primeiros anos do período republicano, foi muito mais fácil voltar a cultivar terras abandonadas do que repor as instalações e os equipamentos das minas.[36]

A partir da década de 1820, a abertura mercantil após a conquista da Independência, que implicou em graves conseqüências para boa parte dos países da América do Sul, teve em Nova Granada efeitos mais tênues e limitados, pois a dificuldade e o alto custo dos transportes para o interior proporcionaram uma proteção natural às manufaturas e à produção agrícola nacionais. Contudo, somada à crise que manteve receosos os empresários dos países do Atlântico Norte até meados da década de 1840, essa mesma proteção que salvaguardou o país do aumento das importações o manteve como um mercado pouco atrativo aos investidores ultramarinos, bem como representou um bloqueio ao incremento das exportações. Além disso, as dificuldades econômicas desses primeiros anos de vida independente foram agravadas com a continuidade e o acirramento de tensões intra e inter-classes sociais: o temor do acirramento de conflitos fazia com que as elites fundadoras do novo Estado continuassem a empregar grande esforço financeiro na manutenção de pesados exércitos.

A desarticulação da ordem social produzida pela guerra e o estancamento econômico que duraria até meados dos anos 1840 reforçaram o encerramento dos contextos regionais e o provincianismo da vida política. A insegurança dos transportes e a crônica incapacidade de desenvolver uma economia exportadora, segundo Bejarano, ajudam a explicar a dispersão agrária e a consolidação dos vínculos de servidão que se produziram durante a primeira metade do XIX:

> a crise econômica de então, mais que a escassez de mão-de-obra, produziram (...) um reforço da economia de auto-subsitência, um controle mais estreito dos proprietários de terra sobre a força de trabalho e mudanças nas relações de trabalho. Estas tenderam a tornar-se ainda mais servis que as existentes durante a expansão econômica do século XVIII.[37]

Salomón Kalmanovitz acredita serem justamente essas as verdadeiras travas ao desenvolvimento neogranadino após a Independência: as relações sociais imperantes, criadas durante todo o período colonial e reafirmadas com o surgimento da República, impediam uma ocupação ampla e democrática da terra.[38]

Como sucessora dos direitos de propriedade que tinha a monarquia espanhola, a República herdou as terras que constituíam o patrimônio da Coroa até 1821. Estavam entre elas os terrenos de resguardos indígenas (já que os índios eram considerados apenas usufrutuários e não proprietários dos mesmos) e os terrenos baldios. A herança colonial incluía ainda os terrenos de mão-morta e os *ejidos* municipais, que eram, como os *resguardos* indígenas, considerados propriedade corporativa. De outro lado, estavam a pequena propriedade camponesa (normalmente, não legalizada) e a grande propriedade particular.

Tal como no final do século XVIII, a agricultura e a pecuária de exportação continuavam a ser vistas como os principais recursos para fomentar o crescimento do país. Desse modo, a tendência monopolizante da terra estimulada durante o reformismo bourbônico por meio da redução dos resguardos indígenas e da concessão de grandes porções de terrenos baldios à iniciativa particular, iria se aprofundar agora cada vez mais durante o século XIX.

Terrenos baldios

Apesar de todo o esforço da Coroa espanhola em aclarar a situação das terras e títulos de propriedade em suas colônias, o fato é que, ao iniciar-se o século XIX, ninguém saberia dizer quais eram os terrenos de domínio público e quais eram os de propriedade privada. Os motivos para isso já são bastante conhecidos: demarcações imprecisas; omissão dos limites dos terrenos nos documentos; poucos agrimensores competentes. Mesmo aqueles que poderiam dizer precisamente quanta terra possuíam, não se constrangiam muito pelas demarcações definidas em seus títulos.

Os recursos financeiros necessários para a avaliação de um cadastro nacional de terras estavam completamente fora do alcance da recém-criada República. De todo modo, a responsabilidade pela adjudicação desses terrenos cabia ao governo nacional e era o Congresso, mediante leis, que estabelecia os procedimentos pelos quais os terrenos sairiam do domínio público e quais os cidadãos que poderiam reivindicar sua propriedade.[39]

Segundo Catherine LeGrand, a política de baldios na Colômbia, durante quase todo o século XIX, esteve pautada pela preocupação de financiar os cofres sempre deficitários do governo. Contudo, a elite dirigente sempre oscilou entre duas maneiras distintas, e fundamentalmente contraditórias, de colocar essa política em prática. Essas duas tendências têm suas raízes calcadas na atitude ambígua do regime espanhol frente à terra, e a República, pelo menos até o final do século XIX, não venceu essa contradição. Por um lado, acreditava-se que os terrenos baldios deveriam ser destinados a fomentar o crescimento econômico agrícola e a colonização, o que poderia ser feito mediante a distribuição de terra a preços baixos aos cultivadores interessados em trabalhá-la, ou por meio da concessão de títulos legais àqueles que houvessem cultivado uma porção de terra por determinado tempo. Por outro lado, considerava-se a venda dos terrenos baldios como uma fonte de ingressos para o Estado. Sob esse segundo enfoque, deveria-se priorizar a venda de terrenos àqueles que mais pudessem pagar por eles.

A primeira tendência, a de estimular a agricultura e a colonização, configurou-se em leis que procuravam:

• conceder pequenas porções de terrenos a colonos estrangeiros ou vastas porções a empresas promotoras de imigração;

• estimular a ocupação das margens dos caminhos nacionais, a fim de manter as vias de comunicação e de preencher os vazios demográficos que separavam as distintas regiões;

• conceder terras gratuitas para a formação de novos povoados nas regiões limítrofes com outros países.

Contudo, durante toda a primeira metade do século XIX, nenhuma dessas leis conseguiu efetivamente cumprir com tais objetivos, pois além da concessão dos terrenos, os possíveis colonos não podiam contar com nenhum outro recurso ou financiamento do Estado. Em meados do século, os esforços do governo continuarão no mesmo sentido.[40]

A segunda tendência da política de baldios anunciada acima, ou seja, a de conseguir recursos para os cofres públicos mediante a venda de terrenos do Estado, deu lugar ao surgimento de bônus territoriais, cuja primeira emissão se deu em 1838. Tais bônus podiam ser vendidos livremente no mercado. Ainda seguindo as palavras de LeGrand:

> a utilização de baldios para complementar os ingressos do governo, por meio da emissão de bônus territoriais, ofertas de terra para as companhias de transporte, ou a simples venda, era prática comum em toda América Latina. Tais medidas contribuíram notavelmente à concentração da propriedade da terra no México e em outros países durante o século XIX.[41]

A concessão de terrenos baldios ou bônus territoriais a militares por serviços prestados durante as guerras de Independência teve início ainda no decorrer do período das guerras. Durante o avanço dos exércitos patriotas, em cada província, os altos oficiais adjudicaram-se terras consideradas nacionais, sem distribuí-las entre *vecinos* pobres da localidade e nem dividí-las, ou seja, grandes propriedades de realistas foram confiscadas e redistribuídas sem que seu tamanho fosse modificado. Embora alguns soldados tenham sido beneficiados por méritos de guerra, com freqüência foram os principais generais da nova República ou seus familiares quem receberam aquelas propriedades. Disso, o exemplo mais evidente é o do general Santander: ele e sua irmã receberam propriedades baldias e capelanias no Território Vásquez (Boyacá), além da *hacienda* de Hatoviejo ao norte de Bogotá e a fazenda de Tena, perto de Tocaima (Cundinamarca). Também Bolívar e seus parentes receberam latifúndios em várias partes, alguns com minas de prata.[42] Tais adjudicações a militares veteranos da Independência foram prática corrente até bem avançado o século XIX.

Ressaltem-se, desde já, as diferentes proporções dos reduzidos lotes familiares destinados aos colonos (nacionais e estrangeiros) e das grandes porções de terras destinadas aos militares ou liberadas para venda aos grandes fazendeiros. Essa diferença levantará um dos debates mais acalorados entre políticos do Partido Liberal no início da década de 1850, como será visto na parte III.

Resguardos indígenas

A história da violenta conquista e do extermínio de boa parte da população indígena durante a colônia pode fazer supor que, no alvorecer da República, os indígenas constituíam apenas uma minúscula parte da população em Nova Granada. Contudo, as "numerosas leis expedidas para regulamentar o problema indígena contradizem essa opinião".[43] Para se ter uma idéia, no censo realizado por Francisco Silvestre ao final do século XVIII, os índios apareciam como quase 20% do total população, enquanto os escravos negros constituíam 7,2%, os brancos 25,5% e os livres (mestiços) 47,8%.

Dentre as primeiras medidas adotadas por Bolívar ao assumir a presidência da Gran Colômbia (a qual reunia os territórios da Venezuela, de Nova Granada e do Equador), encontra-se o decreto de 5 de julho de 1820, pelo qual deveriam ser devolvidos a todos os indígenas, em qualidade de *proprietários legítimos*, todas as terras de resguardo, antes consideradas propriedade do Estado. O decreto previa ainda que tais terras fossem repartidas em parcelas às famílias indígenas.[44] Como conseqüência dessa repartição, apareceriam as chamadas "terras sobrantes", denominação dada aos terrenos que, concluído o processo de parcelamento do resguardo, eram considerados em excesso. Pelo decreto, tais terras deveriam ser destinadas ao arrendamento e ao pagamento de tributos e salários dos professores das escolas indígenas.[45]

Os indígenas que ocupavam comunitariamente uma porção de terra, mas que careciam de títulos (ou porque a Coroa nunca criara um resguardo correspondente à terra que ocupavam, ou por seus resguardos terem sido legalmente dissolvidos ao final do século XVIII), recebiam o mesmo tratamento de colonos ocupantes de baldios (ou seja, deveriam requisitar o reconhecimento da propriedade, encaixando-se em algumas das leis de benefício aos povoadores e colonos, ou ficavam a mercê dos declarantes de títulos legais).

Já no Congresso de Cúcuta de 1821, do qual nasceria a Constituição da República da Gran Colômbia, evidenciou-se a ânsia de diversos setores dominantes em forçar a dissolução dos resguardos indígenas. Segundo Guillermo Rodriguez, esse esforço inicial por dividir os resguardos é simplesmente um aspecto da política geral agrária da Independência de liberar a maior quantidade de terras para a iniciativa particular. Viu-se, porém, que tais diretrizes não são exclusivas do governo republicano e já haviam sido expressas nos planos dos reformadores bourbônicos na segunda metade do século XVIII. A diferença agora, fundamental, estava no fato de que tais objetivos, ao invés de sustentarem-se no argumento de reunir e isolar a dispersa e desprotegida população indígena, apoiavam-se no argumento oposto: a necessidade de dissolver as diferentes categorias da sociedade de castas colonial, na igualdade jurídica dos novos tempos.[46] De fato, em muitas regiões, já desde o final do século XVIII, a diferenciação entre *vecinos* e indígenas não mais podia ser dada pelo critério racial e nem mesmo pelo cultural. Muitas vezes, apenas pela língua e pelo modo de vestir não se poderia distinguir um indígena de um *vecino* que vivesse no interior de um resguardo.[47] A partir do início do governo republicano, essa convivência que acontecia à margem da política espanhola das "duas repúblicas" passou a ser deliberadamente estimulada, pois se pretendia dar curso à formação de uma sociedade nacional por meio da dissolução gradual das diferenças jurídicas, culturais e étnicas. A miscigenação poderia apagar a "herança perniciosa" da raça indígena e trazê-los ao mundo civilizado do trabalho e da prosperidade material. Ressalte-se, porém, que esse igualitarismo professado pelos dirigentes políticos de 1820 era muito restrito, mesmo do ponto de vista exclusivamente formal, como se pode depreender da posição desses mesmos dirigentes em relação à escravidão, que foi mantida.[48]

A incorporação do indígena ao restante da sociedade implicaria, logicamente, em privar as comunidades de seu estatuto coletivo e integrar seus membros, individualmente, à nação por meio do acesso à escolarização, à cidadania e ao mercado, mediante a liberdade econômica contratual: comercial, empresarial, salarial ou de outro tipo.[49] Vale a pena dar atenção ao texto constitucional de Cúcuta, já que nele se encontram algumas das bases das transformações que seriam consolidadas no decorrer das décadas seguintes. No texto,[50] o Congresso exige imperiosamente que os indígenas, "esta parte considerable de la población de Colombia que fue tan vejada y oprimida por el gobierno español", recupere todos os seus direitos igualando-se aos demais cidadãos colombianos, o que, em realidade, significava o desconhecimento da particularidade de seus direitos e de suas reivindicações. Pelo artigo 3º da lei, tal como estipulara o decreto de Bolívar (1820), os resguardos de terras que haviam sido destinados aos indígenas pelas leis espanholas deveriam ser repartidos em pleno domínio e propriedade, assim que as circunstâncias

68 Cristiane Checchia

o permitissem. A extensão dos lotes de cada família seria definida conforme a extensão total dos resguardos repartidos e do número de indivíduos que compunham a família (artigo 4°).

Pelo artigo 9°, ficou definido que o pequeno cabildo da comunidade continuaria existindo, mas apenas enquanto os resguardos não fossem repartidos em propriedade a cada família. Além disso, mesmo durante esse período de vigência provisória do cabildo, suas funções deveriam se limitar às tarefas "puramente económicas y reducidas a la mejor administración, concentración y distribución de los bienes de comunidad, quedando, sin embargo, sujetos a los jueces de las parroquias". A perda das funções políticas e legislativas dos cabildos é expressão clara da tentativa de reduzir a autonomia das comunidades e dificultar a organização política de seus componentes.

O reconhecimento legal da presença de não indígenas no interior dos resguardos é feito no artigo 11 da Constituição, pelo qual qualquer cidadão poderia estabelecer-se nas paróquias indígenas pagando arrendamento correspondente ao terreno ocupado.

Contudo, tais políticas não foram postas em prática nesse primeiro momento. Além de dificuldades concretas, o parcelamento dos resguardos e a adjudicação dos terrenos em propriedade particular aos indígenas estavam diretamente relacionados com a extinção dos tributos sobre as comunidades, e não parecia interessante ao Estado recém-criado abrir mão do implemento econômico conseguido por meio deles. Estes só seriam definitivamente extintos em 1831.[51] Ainda em 1829, uma circular (de 12 de outubro) estimulava o arrendamento dos terrenos dos resguardos para que os indígenas conseguissem pagar sua "contribuição pessoal".[52]

Em 1832, quando já se havia fragmentado o sonho bolivariano da Gran Colômbia, dando lugar à República de Nova Granada, outra lei procurou reforçar aquela de 1821, dando o prazo de um ano para que fossem executadas todas as medidas de repartição e titulação dos lotes dos resguardos. Essa lei detalha que antes que fossem distribuídos os terrenos aos indígenas, duas duodécimas partes do terreno total deveriam ser separadas: o que se produzisse em uma delas seria reservado ao gasto de manutenção da escola local; já o valor conseguido com a venda da outra duodécima parte seria destinado a cobrir os gastos de mensura e avaliação dos terrenos. As melhores terras do resguardo acabavam tendo esse fim. Tal orientação seria incorporada às leis seguintes. A lei de 6 de março de 1832 acrescenta ainda a proibição de que os lotes adjudicados aos indígenas fossem vendidos no período de dez anos, a fim de proteger as comunidades dos avanços dos especuladores e arrematadores, o que não foi suficiente para inibir sua ação. O artigo 7º da lei previu uma série de exceções dessa proibição, que foi muito bem aproveitada pelos interessados na compra dos terrenos.[53]

Uma nova lei, de 1834, que reeditou os termos da lei de 1832, deu prova de que o prazo de um ano para a execução dessa última não fôra cumprido. Ela apresenta a particularidade de admitir com muita franqueza, talvez como nenhuma outra lei, o atentado contra os interesses da população indígena. Em seu artigo 13º, lê-se que em nenhum tribunal seriam ouvidas reclamações cujo único objetivo fosse impedir que se repartissem os resguardos. Essa lei também introduziu a intervenção de agrimensores, que deveriam ser nomeados pelos governadores das províncias e encarregados de medir e dividir os terrenos. A falta de técnicos preparados para essa função foi um obstáculo relevante para a divisão dos resguardos. Além disso, boa parte desses profissionais não primava pela lisura de seu trabalho, e foram inúmeros os litígios movidos pelos indígenas contra as irregularidades cometidas pelos agrimensores e avaliadores de terrenos. Em fala do Congresso de 1836, o secretário do general Santander profere o seguinte testemunho: "Con frecuencia se han dirigido quejas por los indígenas sobre la operación del repartimiento, en la cual se há abusado a veces de su sencillez y ignorancia para despojarlos de una parte de sus propriedades en ilegal provecho de los encargados de repartirla".[54]

Em 1839, voltou-se a insistir na dissolução das terras de resguardos, e algumas das terras indígenas em Cundinamarca, Boyacá, Santander, Tolima e Huila foram repartidas e adquiridas por proprietários e ricos comerciantes.[55] Apesar disso, a segunda metade da década de 1830 e o início da década seguinte representam um período de refluxo das iniciativas de liberação dos terrenos de resguardos indígenas. Enquanto a legislação mantém a pressão pelo parcelamento dos resguardos, vários decretos interrompem as medidas necessárias para fazê-la cumprir. Atendendo à reivindicação das Câmaras de diversas províncias, o governo mandou suspender os processos de mensura e divisão dos resguardos em quase todas as regiões. Por decreto de 21 de novembro de 1835, suspenderam-se os parcelamentos dos resguardos de Cartagena. Seis dias depois, um decreto ordenou o mesmo para a província de Riohacha. Em 1836, o decreto de 14 de novembro suspendeu o parcelamento de Chocó. Nos dois anos seguintes, decretos semelhantes suspenderam os processos em curso nas localidades de Pasto, Tuquerres e Neiva e, mais tarde, também em Cundinamarca.

Os motivos alegados pelas Câmaras para solicitar a interrupção da mensura e divisão dos resguardos são diversos:
• a falta de títulos que comprovassem os limites originais do resguardo, dificultando o início das operações;
• a existência de terrenos inacessíveis para medir;
• o elevado custo da mensura e avaliação que, por vezes, quase igualava-se ao valor total do terreno;
• a existência de resguardos compreendidos em áreas tão reduzidas que, feita a repartição, restaria uma porção de terreno pequeníssima para cada indígena;
• a existência de muitos contratos de arrendamento pouco claros no interior do resguardo, que levavam a intermináveis processos judiciais;
• a oposição manifesta de muitos indígenas.

No início, a mensura dos terrenos deu ocasião a que aparecessem litígios movidos entre comunidades indígenas (por terrenos em disputa), ou entre os indígenas de um mesmo resguardo, por sentirem-se desfavorecidos com a parcela que lhes seria conferida. A resistência coletiva das comunidades começou a manifestar-se mais tenazmente quando tornaram-se mais evidentes as conseqüências da entrega das parcelas em propriedade particular, ou seja, a maior facilidade dos arrematadores de terrenos. Segundo Juan Fride, depois de 1842 são raros os documentos referentes a discórdias entre os índios. Pelo contrário, "sob o peso dos acontecimentos, os restos mutilados dos povos indígenas se unem em sua guerra. A petição comum dos principais líderes dos resguardos do Macizo Colombiano é uma mostra palpável do despertar de consciência de uma minoria racial".[56]

Deve agregar-se a tudo isso o fato de que, durante as primeiras duas décadas e meia de existência republicana, a resistência das comunidades indígenas e as dificuldades práticas em executar as leis de parcelamento dos terrenos deram-se em uma conjuntura econômica que não favorecia o surgimento de pressões realmente fortes sobre as terras e a força de trabalho das populações indígenas e mestiças,[57] como ficará claro no capítulo seguinte.

Acompanhando esse momento de desaceleração do parcelamento dos resguardos, a lei de 23 de junho de 1843 parece mais branda, pois reedita a proibição da lei de 1832 de que fossem vendidas as terras de resguardos após sua divisão, ampliando agora o prazo de interdição para vinte anos.[58] Além disso, a lei incumbe claramente ao *personero* municipal o dever de intervir nos contratos de arrendamento que os indígenas fizessem, a fim de protegê-los da má fé dos demais.

Em resumo, essas leis das primeiras décadas republicanas abriram uma primeira fenda na estrutura tradicional agrária, mas não fizeram todo o jogo dos proprietários de terras interessados em liberar mão-de-obra. Um passo adicional, e fundamental, será dado apenas na passagem da primeira para a segunda metade do século XIX.

II.

Nova Granada na década de 1840: pessimismo e grandes expectativas

A expansão do capitalismo industrial

Durante o decorrer da década de 1840, a economia de Nova Granada sofrerá mudanças que, embora de curto fôlego, darão um impulso significativo às reformas na legislação sobre terras que vinham sendo adotadas desde o final do século XVIII, das quais se tratou até agora. Tais mudanças, contudo, só podem ser compreendidas no contexto da expansão do capitalismo industrial de meados do século XIX, chave central para explicar as transformações ocorridas na área rural, não só em Nova Granada como também em várias regiões do mundo e na América Latina.

Transformações na economia européia em meados do século XIX

Uma visada panorâmica à economia dos países capitalistas do Atlântico Norte no final da década de 1840 e início da seguinte permite vislumbrar que estavam estes entrando em uma fase de crescimento sustentado[1] depois de pelo menos três décadas de incertezas. Observando a economia industrial inglesa da primeira metade do século XIX a partir de seus resultados posteriores, não parece razoável questionar se o processo de industrialização viria ou não a consolidar-se. Contudo, essa era uma dúvida para boa parte dos empresários das primeiras décadas do século. Com o desenvolvimento da indústria do ferro, no entanto, um novo otimismo sobrepôs-se às incertezas iniciais, e teve início a fase de expansão econômica, sobretudo na Inglaterra.[2] Nesse país, em 1846, os livrecambistas conseguiram impor definitivamente seus interesses sobre seus adversários,[3] o que veio a ter repercussão planetária. Houve um aumento exponencial do índice de crescimento do comércio em escala mundial, o que aponta para a consolidação do capitalismo industrial. Esse fenômeno se expressou, a partir de então, na ampliação das relações salariais modernas, na transformação tecnológica contínua, na revolução dos sistemas de transporte, na grande diversificação do comércio e nas gigantescas mobilizações de mão-de-obra e capital em nível internacional.[4]

Esse novo dinamismo da economia teve efeitos bastante diversos sobre as áreas periféricas. Um deles, como apontou Eric Hobsbawm, é que uma parte crescente da agricultura em todo o globo passava a ter em comum a sujeição cada vez maior às demandas da economia industrial mundial. Tais demandas "multiplicavam o mercado comercial para produtos agrícolas – a maior parte alimentos e matérias-primas para a indústria têxtil, assim como alguns produtos industriais de menor importância – tanto internamente, graças ao rápido crescimento das cidades, como internacionalmente". Encontramos, assim, "as primeiras tentativas para desenvolver algumas áreas de além-mar como produtoras especializadas em certos produtos para o mundo "desenvolvido" – índigo e juta em Bengala, tabaco na Colômbia, café no Brasil e Venezuela, sem falar no algodão do Egito, etc.".[5]

Segundo João Manuel Cardoso de Mello, tal produção para o mundo desenvolvido difere fundamentalmente da produção colonial, não porque tenha deixado de ser mercantil e complementar, e sim porque o sentido da produção mercantil complementar é agora outro: "Não mais produção mercantil para fomentar a acumulação primitiva, senão produção mercantil complementar para rebaixar os custos de reprodução da força de trabalho e para baratear o custo dos elementos componentes do capital constante".[6]

O estímulo à produção de produtos agrícolas para exportação em larga escala promoveu, assim, a expansão das áreas cultivadas para fins comerciais, levando à incorporação de grandes porções de terra e de força de trabalho à economia comercial e industrial.[7] Como conseqüência, em vários dos países atingidos por tal processo, houve uma reavaliação das políticas de terras e de trabalho que acabou por originar reformas em suas respectivas leis referentes ao regime de mão-de-obra e à forma de distribuição e ocupação da terra.

O que estava em questão nessas reformas era a transição de uma concepção tradicional e aristocrática da terra para outra, mais de acordo com o sistema burguês de propriedade,[8] embora possamos discutir, em determinados casos, até que ponto a segunda anulou a primeira, ou apenas sobrepôs-se a ela.[9]

De todo modo, com os passos legais que foram dados ao longo do século XIX em diferentes países, a transformação da terra em mercadoria abria a brecha necessária para a secularização das terras da Igreja, para a individualização das propriedades comunais indígenas ou camponesas, para a tentativa de impedir a apropriação de lotes de terras por pequenos posseiros, bem como para o levantamento e a venda de terras públicas, na forma de terras devolutas.

As reformas liberais na América Latina

Tal como em Nova Granada, nos demais países da América Latina as discussões sobre um melhor aproveitamento das terras para agricultura como meio de promover o enriquecimento geral já vinham sendo feitas havia tempos, ainda que sob a ótica mercantil, no projeto de reformas dos ilustrados de finais do século XVIII. No contexto pós-independência, essas discussões foram novamente colocadas em pauta e, tanto os novos republicanos dos Estados nacionais que se formavam das ex-colônias espanholas, quanto os construtores do Império do Brasil, reconheciam a necessidade de uma nova legislação que pudesse dar ordem ao caos, em matéria de ocupação territorial, que havia se engendrado durante os três séculos anteriores. Enquanto a legislação bolivariana de 1824-5 previa a individualização das terras comunitárias indígenas, no Brasil, por exemplo, em 1822, foi definitivamente acertada a extinção do sistema de sesmarias.

Tais mudanças, contudo, não implicaram, já de início, em um reordenamento na forma de ocupação da terra. No Brasil, o vácuo jurídico provocado pela extinção do sistema de sesmarias acabou por consagrar a posse como sistema efetivo de apropriação da terra até 1850, ao passo que na América espanhola, as reformas pós-independência não causariam ainda nesses primeiros anos uma grande transformação no quadro das terras comunais indígenas. Como já foi mencionado para o caso de Nova Granada, nesse período, verificava-se ainda uma ausência momentânea de pressões realmente fortes, por parte de elementos alheios às comunidades sobre as terras: "Essas pressões se acentuam, como é natural, em períodos de expansão econômica, quando aos fazendeiros e comerciantes mais apetecem essas terras; a maior parte das zonas de arraigada presença comunitária, durante as primeiras décadas do pós-guerra, não sofreu tais incitações".[10] Somente mais avançado o século, portanto, mudanças efetivas foram intentadas, quando um verdadeiro ciclo de expansão capitalista iniciado na Inglaterra a partir de meados dos anos 1840, fez com que se acentuassem as pressões sobre as terras agricultáveis.

Para a maioria dos países latino-americanos, a metade do século XIX representa um período de transição entre duas fases: a primeira, marcada pela estagnação econômica que se seguiu às guerras de Independência até o final da primeira metade do século; e a segunda, marcada pela afluência maciça de capitais estrangeiros que eram investidos em obras de infra-estrutura, transportes e em empréstimos aos governos, e pela entrada de maiores recursos advindos das exportações, devido à forte demanda nos países industrializados por produtos primários: "em rigor, nenhum destes elementos é absolutamente novo, porém assumem uma escala inédita as transformações em jogo".[11] Foi a partir de então que, em todo o continente, várias reformas referentes a legislações agrárias e ao problema de substituição da mão-de-obra escrava ou forçada passaram a ser implementadas, como mostraram os estudos de Maria Yedda Linhares e Francisco Carlos Teixeira da Silva e também de Ciro Flamarion Cardoso e Héctor Pérez Brignoli.[12] Nas palavras de Jean Piel, a conjuntura capitalista mundial calcada agora no livre câmbio, combinada à conjuntura mercantil hispano-americana, "favorece aos atores regionais que baseiam seu desenvolvimento político e social nas exportações e no capitalismo de empresa e que, portanto, aspiram novamente a desamortizar as riquezas obstaculizadas pelas pressões do Antigo Regime".[13]

Ressalte-se, como lembra Emília Viotti da Costa, que "o ritmo da mudança, entretanto, variou de um país para outro e, dentro dos limites de um mesmo país, de uma região para outra, de acordo com o grau e a intensidade com que o desenvolvimento da economia industrial e comercial afetou essas áreas".[14] No México, entre 1857 e 1859, há a dissolução de todas as formas coletivas ou corporativas de posse e uso da terra. As reformas promovidas a partir da década de 1860 por Sarmiento e Alvellaneda, na Argentina, estiveram fortemente calcadas no ideal de colonização e imigração: em seus respectivos mandatos, promoveram a distribuição de vastas parcelas de terras públicas com o fim de atrair imigrantes e programaram a liquidação dos agrupamentos indígenas, política adotada até o final do século, que promoveu a exterminação e expulsão para o Sul das comunidades, incorporando suas terras ao patrimônio nacional. Na Bolívia, em 1867, sob a presidência de Melgarejo, algumas medidas promoveram a instalação de grandes latifúndios em terras antes ocupadas por famílias índias e, no Peru, pouco mais tarde, a partir de 1876, há a multiplicação no número de grandes fazendas, enquanto leis de proibição à vadiagem forçam o trabalho dos índios nas terras por eles antes ocupadas e agora em posse de grandes fazendeiros. Muitos outros exemplos poderiam ser dados.

É preciso, contudo, esquivar-se a dois tipos de generalizações que certamente empobreceriam a análise. A primeira delas seria a de supor que em todos os lugares as reformas liberalizantes as leis de terras levaram à incorporação das pequenas propriedades camponesas ou das propriedades comunais indígenas às grandes propriedades. Isso certamente ocorreu em muitas situações, mas o que também se verificou, ao lado do processo de latifundização, foi o processo de minifundização, ou seja, a redução da superfície média das pequenas propriedades, e a pulverização das propriedades comunais, ao que muitas vezes se seguiu a inviabilização econômica das mesmas, ocasionando grandes migrações internas e externas e o êxodo rural. A segunda generalização com a qual se deve tomar cuidado, como bem adverte Glaucio Soares, é a de explicar o processo de concentração e minifundização da terra na América Latina única e exclusivamente pela inserção das economias agrárias do continente como supridoras do sistema capitalista internacional.[15] Nesse sentido, adverte Hobsbawm, além dos "fatores econômicos, técnicos e demográficos que, consideradas todas as peculiaridades locais, operavam em escala mundial" deve-se igualmente considerar "os fatores institucionais (sociais, políticos, legais etc.) que diferiam de forma ainda mais profunda, mesmo quando as tendências gerais do desenvolvimento mundial operavam através deles".[16] Em outras palavras, mesmo pondo em relevo a questão agrária como uma face do processo de avanço do capitalismo industrial sobre o continente latino-americano, não se deve nunca perder de vista as múltiplas dimensões da vida social inerentes ao problema e os diversos agentes históricos nele implicados.

A título de comparação, vale uma rápida digressão sobre o caso brasileiro. Aqui, a Lei de Terras começou a ser discutida quando, a partir do início da década de 1840, após quase vinte anos da extinção do regime de sesmarias, iniciava-se o primeiro *boom* exportador do café, valorizando as propriedades e fazendo crescer a concorrência pela terra em seu centro produtor, o Vale do Paraíba. Mas, para além da inserção do café no mercado mundial em expansão, há outros elementos que acabaram por convergir na forma final que assumiu o projeto votado em 1850. Fator fundamental foi a coincidência momentânea entre os interesses do Poder Moderador e os dos plantadores fluminenses de café, cujas ligações com os políticos Saqüaremas foi já bem rastreada por Ilmar Mattos e José Murillo de Carvalho.[17] Em meio e após o tumultuado contexto de revoltas do período regencial, esforçavam-se os burocratas do Império em sua tentativa de centralização de poder e, nesse sentido, em um país cuja principal riqueza se encontrava historicamente na terra, a Lei de Terras ganhava um aspecto central. Ao mesmo tempo, os cafeicultores do Vale do Paraíba defendiam a constituição de uma regulamentação sobre a propriedade, em oposição às demais elites agrárias regionais, para as quais continuava a interessar o regime desordenado de ocupação. Havia, sobretudo, duas questões fundamentais em jogo: uma que dizia respeito à maior proteção que pretendiam angariar os cafeicultores fluminenses contra possíveis posseiros e pequenos agricultores (alguns de longa data), que buscavam seu sustento às margens ou nos interiores dos latifúndios, ou mesmo contra outros latifundiários que reivindicavam a propriedade de terrenos em comum. A outra questão relacionava a Lei de Terras com o problema iminente da falta de braços para a agricultura. Votada poucos dias após a Lei Eusébio Matoso, que aboliu definitivamente o tráfico de escravos africanos para o Brasil, a Lei nº 601 tinha como um de seus principais objetivos encontrar uma forma de financiar a importação de trabalhadores europeus para as fileiras das fazendas de café, cujos proprietários acabavam de ver reduzidas as perspectivas de um futuro suprido pela continuidade da solução escravista. Esperava-se que, com a organização e regulamentação das propriedades e ocupações, seria possível ter em vista o montante de terras devolutas as quais o Estado ainda poderia colocar à venda. A forma como tais terras poderiam atrair e financiar a vinda dos imigrantes, rendeu longas e acaloradas discussões no Parlamento, nas quais não deixaram de ser citados argumentos tirados de teóricos da colonização com certa evidência na ocasião, como Wakefield.[18] Haveria ainda que citar a necessidade de valorização da terra como garantia de crédito, atendendo aos interesses dos banqueiros, que em breve não mais poderiam aceitar a propriedade de escravos como garantia de seus devedores.[19]

Assim, após ter ficado anos engavetada, a Lei de Terras brasileira foi promulgada e aprovada durante o exercício do gabinete conservador.

Nova Granada em 1840 e a formação dos partidos políticos

Para a compreensão da dimensão política e social das reformas na legislação agrária em Nova Granada, será importante entender como se formaram os Partidos Liberal e Conservador no final da década de 1840, já que foram os membros dessa elite política que levaram-nas a efeito. Diferentemente do caso brasileiro, as ditas reformas em Nova Granada não são identificáveis exclusivamente a interesses predominantes de um único agrupamento, ainda que tenham sido colocadas em pauta durante a vigência de um governo liberal.

Tal fato é bastante significativo, pois não houve na história política colombiana nada semelhante à conhecida fluidez partidária que caracterizou o cenário brasileiro durante todo o Império. Ainda que, por comparação, levem-se em conta as conhecidas revoltas do período regencial no Brasil, na Colômbia, como em poucos outros casos, a oposição entre liberais e conservadores envolveu porção considerável da população, tornando ainda mais explosivas as freqüentes guerras civis, que se alternaram com breves períodos de paz desde o início da República e que perdurariam por todo o século, adentrando ainda o século XX. Apesar disso, levando-se em consideração políticas concretas, como a questão agrária no período em foco, não houve conflitos de interesses que possam ser facilmente atribuíveis a diferenças partidárias.[20]

Santanderistas, bolivarianos e moderados

A periodização da origem dos dois partidos políticos colombianos não é unânime entre os historiadores que trataram do tema. Há autores que consideram as dissensões do período da Independência como origem das correntes que formaram os dois partidos. Outros consideram a década pós-independência como período-chave, quando ficaram em lados opostos aqueles que se reuniram em torno das idéias centralistas defendidas por Bolívar e os que se uniram ao constitucionalismo personalizado em Santander. Entre bolivarianos e santanderistas, havia ainda um terceiro grupo formado por defensores da Constituição, isto é, que se opunham às mudanças propostas por Bolívar, mas que nem por isso colocavam-se sob a esfera de influência de Santander.[21]

De todo modo, na década de 1830, em meio aos desacertos do projeto da Gran Colômbia bolivariana, o jogo de afinidades ou oposições regionais e de grupos articulava-se em um novo tipo de identidade política: durante a presidência de Santander, os dois antigos grupos constitucionalistas dividiram-se entre santanderistas, que acreditavam ser necessário o afastamento político completo dos antigos bolivarianos, e moderados, que defendiam medidas de conciliação. Houve assim, uma aproximação entre constitucionalistas moderados e antigos bolivarianos, que passariam a ser conhecidos como ministeriais. Essa aproximação foi, entretanto, vista com desconfiança pelos santanderistas.

Tal linha de explicação considera, portanto, que os núcleos principais de cada uma das agremiações políticas já estavam consolidados ao final da década de 1830 (os ministeriais como gérmen do futuro Partido Conservador, e os santanderistas do futuro Partido Liberal). A tensão latente entre esses grupos eclodiu com a chamada Revolução de 40, ou, Guerra dos Supremos, considerada a primeira grande guerra civil de Nova Granada após a independência.[22] A partir dela, cristalizava-se a polarização definitiva das identidades conservadora e liberal, embora existissem fortes facções no interior de cada um desses grupos e que uma ou outra personalidade tenha flutuado de uma a outra agremiação. Por tais motivos alguns autores, como Álvaro Tirado Mejía,[23] preferem considerar que apenas ao findar da década de 1840 é que foi consolidada a oposição política entre liberais e conservadores.

A vitória dos ministeriais na Guerra dos Supremos abriu larga margem de vantagem na organização partidária dos futuros conservadores. Após longa discussão na Câmara, em 1843, Ospina

Rodríguez conseguiu a aprovação para o retorno dos jesuítas sob o pretexto de restabelecer as missões. Em realidade, os jesuítas foram peça importante para que os conservadores pudessem formar e organizar um sistema financeiro e instâncias militares e administrativas presentes nas principais cidades. Durante o governo do general Cipriano Mosquera (1844-1848), o partido conservador já estava praticamente consolidado, com uma estrutura nacional de agentes nas diversas regiões do país.[24] Por outro lado, os liberais, na oposição, impuseram-se uma disciplina partidária mais efetiva.

Em 1848, os conservadores entraram divididos para o pleito eleitoral. Com a candidatura unificada em torno do nome de José Hilário López e recorrendo ao importante apoio dos artesãos e estudantes de Bogotá, os liberais assumiram a presidência. A assembléia do Congresso de 7 de março de 1848, que decidiu a eleição, ficou conhecida como uma das mais conflituosas da história colombiana. Foi preciso haver quatro votações para que López, entre pressões e ameaças de morte, conseguisse a maioria absoluta de 43 votos entre os 84 congressistas.

Foi nesse contexto que a oposição entre os dois agrupamentos políticos oficializou-se em partidos. No dia 16 de julho de 1848, foi publicado em *El Aviso* o manifesto que pode ser considerado o primeiro esboço ideológico do Partido Liberal. Meses depois, já em 1849, o Partido Conservador anunciou sua formação nas páginas de *El Nacional*, em manifesto assinado por José Eusébio Caro e por Mariano Ospina Rodríguez.

A reivindicação e o reforço ideológico, por parte dos dois partidos, de suas origens santanderistas ou bolivarianas, passavam a ser firmadas a partir desse momento. As divergências partidárias constituíam-se agora como modos de ser e pensar fundamentais: ser liberal ou ser conservador tornava-se questão de tradição, honra e princípio.

Seria possível atribuir uma clara diferenciação de classe, de influências regionais ou de princípios norteadores entre os dois partidos? Ver-se-á que não. Os enfrentamentos que podiam opor grupos e regiões, em determinadas circunstâncias, davam-se de forma muito mais complexa e emaranhada, até o ponto de que, ainda hoje, é difícil "decifrar os códigos que nos permitiriam desenrolar esse nó, inclusive em casos em que o antagonismo chegou a situações limite, como a violência colombiana dos anos 1850".[25]

Composição social

Parte considerável da historiografia colombiana a partir da década de 1960 tratou do importante problema da composição social predominante dos dois partidos políticos durante o século XIX. O trabalho de Nieto Arteta[26] foi o pioneiro em propor uma interpretação econômica para a consolidação das agremiações partidárias. Seguindo sua pista, Germán Colmenares, um dos principais expoentes da nova historiografia dos anos 1960 a 1980, escreveu seu primeiro livro, *Partidos políticos y classes sociales*,[27] cujas principais conclusões pautaram boa parte do debate que o sucedeu.

Com uma ou outra variação, predominou a interpretação segundo a qual os alinhamentos políticos neogranadinos poderiam ser definidos como expressão de interesses econômicos claramente antagônicos:[28] enquanto o Partido Conservador seria herdeiro de uma oligarquia latifundiária tradicional apoiada no clero e nos militares, o Partido Liberal teria sido formado pela ascensão de uma burguesia urbana, de profissionais liberais, e por uma nova classe de comerciantes e mineiros de ouro que investiam em outras atividades, manufatureiros, pequenos e médios proprietários de terras e arrendatários de rendas públicas. Todavia, desde meados da década de 1980, uma série de estudos veio a matizar essa interpretação.[29]

Em primeiro lugar, é preciso lembrar que na América espanhola, sobretudo a partir do final do século XVIII, foram múltiplas as formas de relacionamento entre a elite proprietária de terras e mineiros, comerciantes e burocratas da Coroa. Situação bastante comum era encontrar famílias, ou até mesmo indivíduos, que exerciam várias dessas atividades econômicas, ainda que ressaltassem a que lhes desse mais prestígio. Essa diversidade de ocupações e de relacionamento intra-elite perdurou para o período pós-independência, e é delicado estabelecer na prática uma relação direta entre ocupação econômica e filiação partidária no século XIX, porque seria preciso em muitos casos definir arbitrariamente a famílias ou indivíduos uma única atividade econômica.

Da mesma maneira, é difícil atribuir aos profissionais liberais urbanos e intelectuais uma tendência ideológica ou de partido. Havia uma dependência mútua entre eles e as elites regionais proprietárias de terras (envolvidas ou não em outros ramos de atividade econômica), e ambos os partidos políticos contavam com intelectuais em suas fileiras, sobretudo advogados e legisladores. Portanto, os interesses econômicos dos membros rurais e urbanos da classe alta, eram complementares: comerciantes e proprietários tinham interesse no livre comércio para exportar e para consumir produtos importados, bem como os advogados, que podiam servir ao interesse de ambos. Além das classes altas e dos setores intermediários, ambos os partidos tiveram camponeses e trabalhadores incorporados em redes verticais de patrocínio, como ver-se-á adiante.

Por tudo isso, é preciso acrescentar outras variáveis à análise do antagonismo entre os dois grupos partidários. É fato que as elites dos partidos tradicionais estavam voltadas a atividades econômicas diversas e que ambas compuseram alianças com setores de outras classes sociais. Viu-se que os dirigentes do Partido Conservador buscaram apoio nos quadros da Igreja Católica e em alguns militares. E quanto aos liberais?

Com a vitória de López, em 1848, e a oficialização de seu partido, os liberais depararam-se com uma dificuldade que os conservadores já haviam solucionado pelo menos parcialmente no decorrer da década de 1840, a saber, a criação de uma estrutura administrativa e partidária em nível nacional. As duas instituições com tentáculos de maior alcance no disperso território neogranadino eram o Exército e a Igreja, mas aos liberais nenhuma delas poderia ser base de apoio: o exército, pela pouca confiança e pela difícil relação existente entre os poderes militares e civis; a Igreja, pela sua prévia aliança com os conservadores e pelo antagonismo ideológico decorrente do anti-clericalismo dos ideólogos liberais. Os liberais procuraram, portanto, apoio em uma população que até então não havia sido mobilizada pelos conservadores: os artesãos reunidos nas Sociedades Democráticas.[30]

No período de 1848-1854, mais de 120 Sociedades Democráticas foram criadas em todo o país. A aliança dos liberais (sobretudo de sua ala mais jovem, conhecida como gólgota) com os artesãos foi intermediada pelo discurso do socialismo utópico europeu pós-1848. Essa estratégia do Partido Liberal foi em tudo diferente da adotada pelo Partido Conservador e acabou levando a um alargamento da arena política, com a introdução de novos agentes.[31] Ao mesmo tempo, o reconhecimento dessa participação de setores sociais que antes eram mantidos à margem das decisões políticas trouxe consigo uma forte reação das classes altas, à qual Fabio Zambrano denominou "medo ao povo". Este despontou tanto entre os conservadores quanto entre os membros do Partido Liberal, mesmo dos jovens gólgotas, que em breve rompem com a aliança provisória que haviam estabelecido com os artesãos. Voltar-se-á a esse ponto mais tarde. Por agora, vale adentrar em outro aspecto importante para a compreensão da vida política neogranadina em meados do século XIX.

Diversidade regional

As regiões, sem qualquer sombra de dúvida, têm um papel definidor fundamental na história colombiana. Evidentemente, a forte tradição regional e a marcada identidade provincial são fatores também presentes no processo de consolidação dos Estados dos demais países latino-americanos durante o século XIX. Ainda assim, o isolamento entre regiões e o esforço dos homens de Estado para suplantá-lo ganhou na Colômbia traços dramáticos, como será visto com mais detalhes em item posterior. Parte da historiografia enxergou nesse marcado isolamento, e nas fortes diferenças econômicas de uma região para outra, o suporte para alinhamentos políticos distintos. Contudo, essa interpretação só pôde sobreviver enquanto ainda eram exíguos os estudos regionais.

Uma análise da atividade econômica e da adesão partidária em cada região demonstra que não há como definir um padrão geral, para toda a Nova Granada, de afinidades entre esses dois fatores. Primeiro, não existe uma rígida especialização de atividades econômicas por região. Ainda que se admita, por exemplo, que a mineração teve grande importância no Vale do Cauca ou em Chocó, que Santander desenvolveu atividade artesanal e têxtil, que as Sabanas de Bogotá tiveram grande produção de trigo e pecuária etc., isso não pode ser tido como base *a priori* de alinhamentos políticos determinados. Em Antióquia, por exemplo, a região de maior dinamismo comercial do século XIX, o partido conservador teve grande força.[32] Por outro lado, em nenhuma parte do país houve o monopólio político exclusivo de um único partido. O que é sim possível dizer, é que os casos mais extremos de conflitos partidários se deram no interior das regiões, e não entre elas.

Alguns estudos regionais ajudaram a conhecer mais detalhadamente a constituição das lealdades políticas locais das camadas populares em relação a seus caudilhos. Como lembra Zambrano,[33] os caciques regionais foram crescentemente indispensáveis para a penetração dos partidos políticos nas regiões, cantões e municípios. A existência de tais caciques e de suas respectivas clientelas precedeu a criação dos partidos políticos e, de alguma maneira, as fidelidades partidárias foram impregnadas ou constituídas a partir das lealdades pessoais preexistentes. Em outras palavras, esse tipo de relação alimentou e foi alimentada por uma ideologia de pertencimento que mesclava lealdades pessoais com fidelidade partidária, as quais maquiavam as diferenças de classes e facilitavam a dominação por parte das elites.[34]

Uma das passagens da novela de costumes *Manuela*, escrito por Eugenio Díaz Castro, em 1856, expressa uma forte crítica do autor à atuação desses caciques nas esferas políticas, combinada com as formas tradicionais de coerção sobre suas localidades. Nessa passagem, Don Blas, um proprietário de engenho de uma paróquia das Sabanas de Bogotá, fala, assumidamente:

> – No hay cadena tan poderosa como de la tierra... Me obedecen de rodillas el día que yo quiera. Porque figúrese usted que les arrendáramos aire, así como les arrendamos la tierra que les da el sustento !com cuánto mayor respeto nos mirarían estos animales!
>
> – ?Pero y aquello de la protección al proletario y del socorro a los pobres?
>
> – !Bah, bah, bah...! Eso fue en la cámara de provincia que lo dije, y en un artículo que escribi, ¿pero usted no me vio después comprar tierras en el Magdalena y poner esclavos a que me cosechasen tabaco y me sembrasen pastales; y después vender aquello y comprar un trapiche?[35]

Ainda resta a pergunta não respondida pelos historiadores de por que e como um cacique tradicional torna-se um chefe moderno, isto é, insere-se no jogo político de um ou de outro lado.[36] Parte das rivalidades pode ser atribuída a conflitos de longa data, por áreas de influência entre famílias e membros da elite, ou por conflitos sociais intra-regionais. Logo após consolidada a Independência, houve certamente novo arranjo entre as elites em seu *locus* político, e a adesão à ditadura bolivariana ou aos constitucionalistas, ou ainda aos moderados, foi alimentada por oposições locais, o que também é válido para as décadas seguintes.

Exemplos de situações locais e regionais ajudam a elucidar melhor o assunto. Veja-se, pois, os conflitos entre Santa Marta e Ciénaga, na Costa Atlântica. Santa Marta consolidou-se durante o período colonial como localidade importante de proprietários de terras e comerciantes que se apropriaram de terras indígenas. Ciénaga, por sua vez, tinha a população composta majoritariamente por indígenas e mestiços. Durante as guerras civis do período de independência, as duas vilas assumiram lados opostos na contenda: Santa Marta manteve-se realista, enquanto Ciénaga lutou do lado patriota. Já na década de 1840, após a Guerra dos Supremos e em meio aos debates que levaram à Constituição de 1843, Santa Marta defendeu o centralismo, em oposição à rival, federalista. Assim, não foi casual que no contexto da fundação dos partidos políticos e da multiplicação das sociedades democráticas, ao final da década de 1840, essas vilas tenham adotado posições distintas. Santa Marta foi obrigada a adotar posição defensiva diante da conjuntura favorável a Ciénaga, que se armou com apoio dos liberais.

Em Santander, um dos principais conflitos eclodiu entre as historicamente rivais Socorro e San Gil. A elite de San Gil armou-se do discurso liberal para opor-se à prevalência municipal socorrana (beneficiada pelo monopólio estatal da aguardente). Contudo, ao fazer isso, "desatou em sua própria localidade tensões partidárias de coloração classista": enquanto os criollos ficaram circunscritos ao vocabulário livre-cambista e legal do discurso liberal, os artesãos aderiram à oratória liberal para defender a justiça social, o que desatou a violenta repressão das elites sangileñas.[37]

De grande envergadura foram os conflitos desatados no Vale do Cauca, detalhados pelo estudo de José Escorcia, *Sociedad y economia en el Valle del Cauca*.[38] Escorcia mostrou que as brigas partidárias expressavam uma clara oposição entre antigos proprietários escravistas (que integraram o Partido Conservador) e um novo grupo criollo que se sentia menosprezado por sua origem e excluído da política regional. Houve, ali, portanto, um componente racial sutil nos conflitos, que não foi comum em outras regiões. Em virtude disso, no Vale do Cauca, as sociedades democráticas ganharam formas particulares em relação as suas congêneres de Bogotá pois, a fim de mobilizar com mais sucesso as massas urbanas, os liberais não hesitaram em mexer no vespeiro de assuntos como a escravidão e os ejidos (terrenos dos municipios, vilas ou povoados). A aliança das elites liberais caucanas com os setores populares durou até o momento em que liberais radicais de outras regiões aliaram-se aos conservadores locais para acabar com as sociedades democráticas. Esse episódio representa uma das expressões mais clara do "medo ao povo", comentado anteriormente.

Tais exemplos põem à mostra o caráter pluriclassista dos partidos e suas diferentes colorações regionais. Além disso, deixam claro que em várias regiões de toda a República já existiam vários blocos sociais antagônicos, fidelidades clânicas e patriotismos municipais em busca de um válvula política por meio da qual manifestar-se, o que foi concretizado nas décadas de 1840-1850 com a fundação dos partidos.

Ideologias contrapostas ou doutrinas compartilhadas?

Cabe agora perguntar pela diferença de doutrina e os princípios professados pelos dois partidos.

Seguindo o rastro da interpretação econômica, alguns autores distinguiram dois grupos dirigentes que se foram articulando ideologicamente: o liberal, motivado pelo projeto de desenvolvimento comercial, eliminação do regime fiscal e tributário e substituição dos metais preciosos por produtos agrícolas na balança de exportação; o conservador, apegado à continuidade das estruturas socioeconômicas, em especial a da terra, como garantia da ordem.[39] Contudo, tal oposição tampouco se susteve quando submetida à análise dos documentos. Pelas circunstâncias brevemente expostas acima, a questão religiosa (o status da Igreja Católica e a relação desta com o Estado, a secularização da cultura e da educação) tornou-se de fato o mais forte elemento diferenciador entre os dois grupos políticos. No mais, foram diferenças de estratégias e de matiz em alguns aspectos, que motivavam o acirramento do confronto, mais do que a ortodoxia ideológica.[40]

Muitos dos artigos saídos na imprensa liberal e conservadora, justamente em um dos períodos de maior polarização partidária, procuravam salientar a comunidade dos princípios que sustentavam os dois partidos.

No dia 14 de abril de 1849, na edição nº 37 do *Neogranadino*, foi publicado o artigo "Partidos políticos – seu caráter e sua natureza em Nova Granada", de autoria de Manuel Ancízar, editor do periódico.[41] Ancízar, que não se dizia nem liberal nem conservador, explicita que seu objetivo naquelas páginas era o de discutir equilibradamente a natureza dos dois partidos de Nova Granada. Para ele, já havia de início grande incongruência na nomenclatura de ambos os grupos, pois nem os conservadores estariam contra a liberdade ou contra o progresso e nem os liberais punham-se contrários à manutenção da ordem. E, apesar de não discordarem em seus princípios fundantes, os partidos Liberal e Conservador existiam e se antagonizavam claramente. Mesmo do ponto de vista de sua atuação prática, continuava Ancízar, não era fácil definir a linha divisória entre ambos, já que muitos homens notáveis do Partido Liberal haviam-se manifestado contrários a alguns princípios normalmente defendidos por seu partido: liberdade de comércio; reforma monetária; emancipação do clero e redução das corporações religiosas – além de vacilar em estabelecer plena liberdade de ensino e de ter sancionado medidas persecutórias e policialescas.[42] De outro lado, membros do Partido Conservador, em algumas ocasiões, pediam e defendiam causas que poderiam facilmente ser atribuídas a seus adversários políticos, como a liberdade de comércio no Istmo de Panamá, a liberdade de cultos, a abolição do patronato, a diminuição de tarifas aduaneiras, o sufrágio direto do povo para todas as eleições "e mil outras inovações de verdadeiro progresso, aconselhadas por um espírito de evidente liberalismo".[43] Ainda que se possa descofiar da anunciada imparcialidade de Ancízar, outros testemunhos vão na mesma direção. Ainda nas páginas do *Neogranadino*, agora do dia 12/10/1849:

> Cuestion de principios desde luego que no és. Todos los periódicos, todos los miembros de uno y otro partido, han publicado sus princípios. (...); pues en ámbos partidos hai defensores y amigos mas ó menos fuertes, mas ó menos declarados de la libertad de conciencia, de comercio, de industria,

de profesion &c, &c. En fin, ámbos partidos cuentan amigos o defensores de todo lo que existe o puede existir; de todo lo que es y puede llegar a ser objeto de discusion y controversia entre los hombres.[44]

A edição nº 642 do *El Día*, jornal conservador, publicado no dia 15 de agosto de 1849 apresenta um artigo no qual o autor afirma categoricamente que não há partidos políticos em Nova Granada porque não há idéias contrárias entre as duas facções. O que existe são diferentes maneiras de colocá-las em prática, como a liberdade de imprensa e a liberdade religiosa. Outro artigo em periódico conservador sugere a mesma coisa: não existem divisões políticas em Nova Granada, porque nesta matéria, como todos estão de acordo, "todos pensamos lo mismo, todos queremos lo mismo, aborrecenos lo mismo, somos en fin, como si dijéramos partes del mismo todo".[45]

No tocante às doutrinas, portanto, as diferenças eram definidas por todos, mais como uma diferença de estratégia ou de ritmos do que por incompatibilidade. Não obstante, a ascensão de López certamente marcou uma ruptura do ponto de vista político, pois implicou na substituição do grupo de indivíduos que assumiu as rédeas do Estado naquela ocasião, e isso foi intolerável aos conservadores e aos ocupantes de toda a malha burocrática por eles constituída.

Assim, ainda que liberais e conservadores admitissem a proximidade dos princípios que os orientavam, procuravam marcar, nos mesmos textos, as diferenças que os colocavam em extremos políticos opostos. Lê-se, por exemplo, em *El Día*:

> No hai, poes, partidos políticos en la Nueva Granada, y los que existen son puramente personales: uno, y el más numerosos, formado de los conservadores del órden, apreciadores del mérito sin esclusion de personas, y promovedores de la marcha progresiva del país por la senda de las leyes; y otro que tiene su origen de la ambicion, de la sed de mando, de la empleomanía, de la emulación.[46]

E nas páginas oficialistas do *Neogranadino*, um pouco do mesmo:

94   Cristiane Checchia

> ¿Cual será entonces la única cuestion? La cuestion personal. (...) ¿Qué se encuentra, pues, en el fondo cuando se examina com escrupulosidad el carácter de aquellos dos hombres [liberal e conservador]? Donde está el oríjen de su disidencia? En qué se diferencían? Lo dijimos tiempo há y lo repetirémos aun. La única diferencia que hai entre ellos, nace de la distinta resolución que han dado a la cuestion Candidatura y de sus obligaciones y odios por las personas... de la cuestion personal, en fin.[47]

Essa percepção das diferenças entre os partidos a partir de questões pessoais é compreensível quando se tem em vista o fato de que o aparato do Estado colombiano a meados do século XIX era ainda constituído por um núcleo reduzido de membros de umas poucas famílias: "Mosqueras, Herranes, Caicedos, Arboledas, encamparam as mais altas dignidades políticas, eclesiásticas e militares".[48]

Nesse contexto de acirramento de ódios políticos, a questão religiosa tornou-se um poderoso combustível, e ainda faltam pesquisas para captá-la em todas as suas dimensões. Por um lado, os conservadores defendiam a união entre Estado e Igreja e atribuíam à religião católica o cimento da ordem social. Viu-se acima como os partidários do futuro Partido Conservador, que ocuparam o governo após a Guerra dos Supremos, apoiaram-se na Igreja e nos jesuítas para instalar a malha administrativa do Estado durante a década de 1840. Depois da vitória que os liberais obtiveram em 1848 com o apoio dos artesãos, os políticos conservadores mais importantes perceberam que era inevitável criar e fortalecer novos laços de lealdade com as massas, e a questão religiosa facilitaria essa conexão. Mariano Ospina e José Eusébio Caro admitiam que a única bandeira conservadora que tinha algum apelo junto às massas iletradas era a que clamava pelos sentimentos religiosos: "El rojismo no tiene más enemigo que le haga frente en La Nueva Granadaue que el catolicismo".[49]

Do outro a lado, nos escritos de liberais colombianos dessa época, combinavam-se o sentimento religioso e o respeito às tradições com o discurso racionalista pautado pela Ilustração do século

XVIII. Ainda que não houvesse oposição às tradições e crenças católicas, havia uma indisposição em relação aos poderes do clero e a intenção de submeter a Igreja à tutela do Estado. A nova expulsão dos jesuítas, em 1850, e a defesa da educação laica, por exemplo, foram tentativas de anular politicamente os privilégios da Igreja e, ao mesmo tempo, debilitar a influência do Partido Conservador.[50] Portanto, mesmo que a questão religiosa não tenha sido o divisor de águas original, e nem o único, foi um elemento de peso para definir o contorno ideológico de cada um dos partidos, sobretudo a partir do final da década de 1840.

Houve também diferenças de atitude em alguns aspectos específicos, como o da liberdade de expressão, que os conservadores defendiam com restrições enquanto os liberais majoritariamente queriam irrestrita. Mas em matéria de política econômica ou sobre as instituições básicas, como a propriedade, eram pequenas ou inexistentes as discrepâncias, porque ambos os partidos eram livre-cambistas e com menor ou maior força, "aprovavam a idéia da divisão internacional do trabalho que atribuía aos países latino-americanos o papel de produtores de matérias-primas agrícolas e mineiras e de consumidores de manufaturas baratas produzidas pelas metrópolis industriais".[51] Nenhum dos dois partidos dá muita ênfase ao desenvolvimento do mercado interno.

Sobre a questão agrária, as divergências existentes (no que diz respeito à generosa política de distribuição de terras públicas a determinados grupos, à necessidade de divisão das terras comunais indígenas e à necessidade de manter subjugado o campesinato e limitado seu acesso à terra) não podem ser atribuídas a divergências partidárias e sim a outros fatores que serão elucidados na parte III deste trabalho.

As reformas de meados do século XIX em Nova Granada

Reformas do meio século, debate historiográfico

Quando o Partido Liberal assumiu o poder sob a presidência de José Hilário López, um projeto profundo de reformas foi colocado em prática. Parte da historiografia empresta a esse período a designação de *Revolução socioeconómica de 1850*, embora a adoção de tal expressão seja bastante discutível.

Na década de 1950, Nieto Arteta propôs pela primeira vez uma interpretação socioeconômica do século XIX colombiano, como foi dito anteriormente. Por essa linha, que teve seguidores nas décadas seguintes, o grande *boom* da exportação do tabaco à Europa teria contribuído poderosamente para a constituição de uma economia nacional, pois o cultivo comercial orientado a um mercado mundial teria substituído a "economia de arquipélagos" e a economia de mera subsistência que predominavam até então. As transformações econômicas de meados do século XIX são assim encaradas como a substituição de um caduco modelo de produção por um modo de produção comercial burguês, promovendo, em conseqüência, uma revolução política, ainda que parcial.[1] Seguindo essa idéia, o comércio exterior é visto como o principal motor de transformação econômica e as reformas fiscais de 1850 são apontadas como promotoras de um grande giro que teria deixado para trás os sistemas de renda herdados da colônia e promovido a primeira grande abertura da economia colombiana.[2]

Germán Colmenares, um dos historiadores colombianos mais profícuos em trabalhos de história colonial, escreveu seu primeiro trabalho, contudo, sobre o século XIX, seguindo as linhas gerais apontadas acima. Para ele, ainda que muitos resistam a atribuir um caráter revolucionário às reformas levadas a cabo a partir de 1848,

98 Cristiane Checchia

é possível sustentar que houve de fato uma revolução, pois mudanças profundas foram operadas em relação ao período anterior. O crescimento da atividade econômica verificado após a supressão do monopólio do tabaco foi notável, beneficiando uma mão-de-obra até então ociosa e ativando processos econômicos inéditos no país. A confiança nos postulados da liberdade econômica daí advinda encheu de esperança os reformadores. Tais reformas teriam liberado energia e estimulado a iniciativa de comerciantes empreendedores, ao contrário da aristocracia caucana que se aferrou à decadente condição adquirida em tempos idos.[3]

Os autores que compõem essa vertente são também concordes na análise do impacto social profundo que tais transformações teriam exercido sobre a estrutura agrária e as relações de produção no campo. As reformas na legislação teriam promovido a dissolução dos resguardos indígenas e a libertação dos escravos.[4] Tal fato, somado à expansão das exportações do tabaco, teria dado origem a um vasto contingente de mão-de-obra de origem indígena. De outro lado, nas áreas incorporadas ao mercado internacional ou ao mercado nacional resultante do impulso exportador, ocorria um processo de acentuada concentração da propriedade territorial, facilitado também pela dissolução dos resguardos indígenas. A escassez de mão-de-obra teria, por sua vez, forçado os proprietários de terra a buscar formas definitivas de assentamentos dos trabalhadores em suas propriedades, dando lugar à formação de inúmeros arrendatários, parceiros e agregados, comuns no século XIX, e promovendo a *proletarização* do setor rural.

Jorge Orlando Melo encaixa-se parcialmente nessa primeira vertente interpretativa. Ele concorda que, a partir de 1849, "o país entrou em uma época radicalmente nova do ponto de vista da estrutura do comércio exterior, antes baseada sobretudo na produção aurífera e agora caracterizada pela expansão acelerada das exportações de outros produtos, como o tabaco e, mais tarde, a quina e o anil".[5] Segundo ele, nos primeiros anos do auge do tabaco, houve um movimento migratório considerável rumo a região de Tolima e surgiu um grupo de trabalhadores assalariados com ganhos mais significativos. Ao mesmo tempo, nos locais de onde provinham os imigrantes, foi possível uma elevação da renda dos trabalhadores do campo, ainda que o efeito produzido pela limitação da mão-de-obra nesses locais (sobretudo, Boyacá e Cundinamarca) tenha sido reduzido pela dissolução dos resguardos indígenas, que repuseram temporariamente a oferta de trabalhadores. Elevaram-se os ganhos dos proprietários de terras e comerciantes e reforçou-se o mercado para os produtos artesanais e de abastecimento, pelo menos nas regiões próximas às plantações de tabaco. Contudo, Melo adverte que a resposta a esse crescimento da atividade econômica da década de 1850 foi bastante rígida. Boa parte das altas de salários foi absorvida pelo aumento dos preços dos alimentos. Os produtores agrícolas tradicionais, beneficiados com o aumento, usavam tais ganhos no consumo de produtos importados. Assim, a tendência final foi a de converter os possíveis efeitos benéficos dos maiores lucros gerados com o tabaco, majoritariamente, em demanda por bens importados.[6] Em relação, especificamente ao declínio rápido da comercialização do tabaco colombiano no mercado europeu, Melo lembra que muitos motivos são levantados para explicá-lo: o rápido esgotamento do solo da região de Ambalema, a queda da qualidade do produto e os altos riscos que os mecanismos de comercialização implicavam aos exportadores locais. Mas, sobretudo, "parece ter sido a estrutura de propriedade da terra, altamente concentrada, o que impediu que as dificuldades tecnológicas e de mercado fossem enfrentadas de modo adequado".[7]

Ainda assim, segundo Melo, indiretamente, o pequeno surto exportador tabaqueiro de meados do século teria promovido algumas transformações de maior alcance, como a consolidação de um grupo de comerciantes importadores e exportadores que puderam acumular altos volumes de capitais em suas mãos; a estabilização da navegação do Rio Magdalena; e, em mais longo prazo, o estabelecimento de um sistema financeiro bancário dentro do país, pela primeira vez, na década de 1870.

Na contramão dessa primeira linha interpretativa, seguem os autores que questionam em sua totalidade os efeitos de longo alcance atribuídos às reformas liberais de meados do século. A primeira dúvida diz respeito à real vinculação da economia colombiana ao mercado externo anterior ao surto cafeeiro. A abertura da economia antes do final do século XIX teria sido apenas "uma sucessão mais ou menos descontinuada de *booms* paroquiais de muito curta duração e de efeitos puramente locais".[8] Além disso, questionam-se os reais efeitos das reformas sobre a absorção da força de trabalho: a visão de que a dissolução dos resguardos indígenas teria dado origem ao campesinato do século XIX, segundo essa linha, acaba atribuindo um peso muito grande às reformas institucionais. Seria preciso dar maior relevância aos processos sociais e historicamente desenvolvidos, como os fatores demográficos, os movimentos populacionais e a mesticização.[9]

José Antonio Ocampo acredita que o desenvolvimento dos diferentes setores econômicos seguiu dinâmicas próprias, as quais só muito parcialmente foram afetadas pelas reformas políticas. Questionando a historiografia que vê as reformas liberais dos anos 1850 como uma "revolução socioeconômica", afirma que estas tiveram um impacto muito marginal sobre o regime agrário e, "dificilmente podem ser tomadas como a causa da expansão comercial que experimentou o país desde meados do século".[10] Ocampo também questiona o impacto das medidas liberais em relação à mão-de-obra e à terra. A liberação da mão-de-obra escrava e indígena não deu lugar a novas formas de organização do trabalho, e apenas reproduziu conhecidas formas de dependência tradicionais ou, no máximo, estimulou o crescimento do colonato (sobretudo em Antióquia) e as tentativas de exploração independentes de minas. O autor apóia suas principais conclusões nos postulados básicos da teoria da dependência. Ele introduz o conceito de periferia secundária para explicar o caso colombiano de uma economia que teve dificuldades internas para aproveitar o impulso exportador, não apenas pelas limitações das vias de comunicação, mas também pela ausência de capitais e de uma burguesia que pudesse ampliar investimentos para a criação de um setor industrial.

Salomón Kalmanovitz parte de um ponto de vista diferente, mas ainda dentro dessa segunda vertente. Chamou a atenção para o fato de que, se por um lado os liberais de meados do século XIX projetaram medidas importantes para alcançar maior mobilidade no comércio e para começar a erigir um Estado laico que levasse a cabo a tarefa de inserir a economia nacional no circuito mundial, por outro lado, nenhum setor das elites dirigentes propôs concretamente a abolição das relações servis no campo e do monopólio territorial, "que é o mecanismo fundamental de sujeição extra-econômica sobre parte apreciável da população do país".[11] Ainda que a inserção de alguns setores da economia no mercado mundial tenha promovido mudanças às relações sociais de produção, tais mudanças se deram no sentido de aumentar a pressão sobre a população rural de arrendatários, parceiros e agregados e de diminuir ainda mais seu grau de liberdade e não no sentido de liberar mão-de-obra e de generalizar o regime de trabalho assalariado.[12] Mesmo nas regiões mais impactadas pelo auge do comércio exportador do tabaco, a maior parte da atividade envolvida no processo de produção (semeadura e colheita) é executada por meio de relações pré-capitalistas, de sujeição e coação extra-econômica dos trabalhadores. Ainda de acordo com Kalmanovitz, em períodos tardios das plantações de Ambalema houve até algum indício de maior contrato salarial, mas tal fato não chegou a exercer impacto econômico e social significativo. A crise econômica advinda do declínio das exportações apenas prolongou a permanência das velhas relações sociais por um período ainda maior.

De toda maneira, ainda que hoje seja bastante relativisado o real impacto das reformas de meados do século XIX, ao final da década de 1840, em meio ao sopro político que repercutiu da primavera dos povos europeus, as reformas que se propunham pareciam ser portadoras de um poder de transformação inédito no país.

As reformas

Dentre as medidas adotadas ao final da década de 1840 e início da década seguinte, estavam: o fomento à descentralização administrativa (províncias receberam maiores prerrogativas legislativas e fiscais); a reforma monetária; a conversão do tabaco no setor produtivo mais importante do país, através de estímulos à produção e da abolição do estanco sobre o produto; a busca de aprimoramento das vias de transportes; a abolição definitiva da escravidão no país; nova expulsão dos jesuítas; a supressão da pena de morte por delitos políticos; declaração da liberdade de imprensa. Houve também a reforma e a secularização do ensino, a institucionalização da liberdade de imprensa e da liberdade religiosa. Segundo Eric Hobsbawm, "nenhum lugar liberalizou mais do que a República de Nova Granada (Colômbia) entre 1848 e 1854".[13]

Contudo, o início desse ciclo de reformas liberalizantes foi dado antes do governo de López, quando Florentino González passou a integrar o gabinete ministerial do presidente conservador Cipriano Mosquera, em 1847, logo após temporada na Inglaterra.

Para González, o papel do Estado deveria ser o de apenas libertar a iniciativa individual das travas que a inibiam. Por sua vez, a inicitiva particular deveria contentar-se com as atividades mineradoras e com a agricultura pois Nova Granada não estaria destinada a tornar-se uma nação manufatureira: "... es necesario de que nos convenzamos de que solamente lo que nos facilite especular sobre el mercado inmenso de Europa puede contribuir a la prosperidad y aumento de la fortuna pública y privada".[14] Tal como tantos outros de seu tempo, González vê nas limitações técnicas, na exigüidade de matérias-primas e de mercado consumidor para produtos nacionais, a justificativa que sustinha o princípio da divisão internacional do trabalho. Entre outras coisas, propôs: a quebra do monopólio da venda do tabaco, a extinção de vários impostos coloniais que ainda eram cobrados e medidas de descentralização fiscal. Além disso, ainda durante a presidência de Mosquera, assistiu-se ao aumento da pressão governamental para acelerar o processo de parcelamento das terras indígenas.

A adoção de reformas liberalizantes e o incentivo ao comércio exterior de matérias-primas antecederam, portanto, a emergência política do Partido Liberal em 1848, e ainda que tais reformas tenham sido vistas com desconfiança por alguns conservadores, também o foram por alguns setores de apoio do Partido Liberal. Mesmo após a eleição de López, de uma maneira geral, os conservadores no Congresso continuaram apoiando as reformas, embora houvesse críticas quanto ao ritmo em que se estavam impondo.

Essa comunhão de certo ideário político, apesar da rivalidade irredutível, é melhor compreendida quando vista sob a luz da recepção das idéias dos liberais europeus em Nova Granada, bem como em toda a América Latina, tanto entre liberais assumidos quanto entre conservadores. Filósofos, pensadores políticos, juristas e romancistas liberais europeus de todos os matizes eram lidos e mastigados ao sabor da realidade local. Segundo Colmenares, a minoria *criolla* colombiana foi muito mais receptiva às influências da ideologia liberal do que as elites políticas dos países europeus menos industrializados (Alemanha, Itália, e Europa Central), nos quais prevaleceu sobretudo uma versão parcial do liberalismo, nacionalista e romântica. Na Colômbia, ao contrário, estiveram presentes todas as versões possíveis, dotadas de grande otimismo transformador:

> Esperava-se muito com a adoção de uma imagem mitológica de uma democracia norte-americana e das virtudes republicanas de Benjamín Franklin, do radicalismo utilitarista de Benthan, das teorias econômicas de Smith e Say, da doutrina manchesteriana de Cobden, das harmonias econômicas de Bastiat e ainda da influência isolada de autores franceses como Constant e Béranger.[15]

Segundo Jaramillo Uribe, em obra já clássica que apresenta as bases do pensamento colombiano no século XIX, os políticos e intelectuais granadinos buscaram predominantemente nas virtudes do *homo economicus* encarnadas no tipo anglo-saxão, o sentido do trabalho, da sobriedade, da disciplina e da habilidade para os negócios, as bases para a riqueza individual e da sociedade. Para a discussão sobre a forma que deveria ser dada à economia nacional livre-cambista, acudia-se a autores que defendiam ou atacavam o papel ativo do Estado. Por vezes, o mesmo autor era citado, a partir de diferentes leituras, para corroborar ou criticar a intervenção estatal na economia. Por outro lado, para os mais preocupados com a legislação, a organização jurídica e a formação do Estado, foram, além das obras do jurista inglês Jeremías Bentham,[16] as várias linhagens do pensamento francês as principais fontes de inspiração.[17]

A mudança geracional, conforme David Bushnell, ajudou claramente a preparar o caminho para a nova reflexão sobre as bases de constituição do Estado, que se diferenciava de tendências que predominaram nas primeiras décadas após a Independência: "A meados do século, estes homens [que haviam ocupado a cena política durante e após a Independência] já davam lugar a uma nova geração, cujos membros haviam-se educado em escolas pós-coloniais, haviam estado expostos a teorias e idéias que antes só haviam circulado de forma limitada e ainda não haviam tido tempo de se desiludir".[18]

Essa geração do meio século, como ficou conhecida, teve como alguns de seus representantes mais destacados Salvador Camacho Roldán, Florentino Gonzáles, Murillo Toro e os irmãos Miguel e José Maria Samper. Conforme Bejarano, homens como eles delegaram-se a tarefa de legitimar, no plano da teoria, suas próprias ambições: ao passo que nem sempre era fácil diferenciar os propósitos históricos expressos em seus pronunciamentos políticos de seus interesses comerciais, a influência ideológica européia seria antes uma justificativa para rumos já traçados de antemão.[19] A análise de polêmicas travadas entre esses homens, contudo, mostra que o debate de idéias era mais complexo do que uma mera disputa de interesses imediatos. Punham-se como partícipes de um mesmo projeto modernizador e de construção nacional, mas disputavam diferentes possibilidades de atuação do Estado e do modelo de sociedade almejado.

Havia, desde o liberalismo econômico levado às últimas conseqüências combinado com o conservadorismo político defendido por González, até a tendência gólgota no interior do Partido Liberal, representada por José Maria Samper em uma fase de sua vida. Inspirados no romantismo de meados do século XIX e na Revolução européia de 1848, os gólgotas proclamavam-se socialistas e viam-se como seletos homens de vanguarda que deveriam redimir o mundo atrasado e obscurantista em que viviam. Contudo, em termos de projeto político, pouco sobrava além de uma vaga defesa do igualitarismo, que não disfarçava a exaltação de suas próprias virtudes burguesas. Dessa maneira, podiam conceber um Estado comunista em harmonia com os princípios do *laissez-faire*. O limite da radicalidade gólgota em breve seria revelado. A defesa do livre-cambismo muito prontamente fez romper a aliança temporária que fôra estabelecida entre gólgotas e artesãos urbanos para a sustentação da candidatura de José Hilário López. Sentindo-se traídos, os artesãos, principais atingidos com a queda de barreiras protecionistas, aliaram-se ao general Melo no golpe que derrubou o presidente liberal José Maria Obando, sucessor de López. Entre González e J.M. Samper, outras teses sobre o papel do Estado, da iniciativa particular e da sociedade contrapunham-se umas às outras ou apoiavam-se em um ou outro argumento. Esse ponto ficará bastante evidente na parte III do trabalho, com a análise dos debates relativos à reforma da legislação agrária.

Os desafios

Tanto as disputas entre grupos pelo poder quanto a multiplicidade de vozes que emitiam diferentes opiniões a respeito das bases teóricas e constitucionais que deveriam fundamentar o Estado, conformavam o complexo panorama político da época. As discussões sobre a reforma da legislação agrária, porém, devem ser colocadas sob o foco da realidade econômica e social colombiana da passagem da primeira para a segunda metade do século, o que se verá a seguir.

Mesmo levando-se em conta apenas os países da América Latina, a relação de Nova Granada com as áreas centrais da economia mundial em meados do século XIX era bastante peculiar: tal como no final do período colonial, o índice de abertura externa da economia neogranadina (medido pelo volume *per capita* das trocas comerciais com o exterior) continuava a ser dos mais baixos de todo o continente e assim seguiria durante todo o século. Medardo Rivas, ilustre político liberal colombiano, nascido em 1825, expressou, no último quartel do século XIX, sua frustração em relação ao desenvolvimento econômico do país:

> Colombia (...) há tenido muy mala suerte, y, a pesar de la laboriosidad de sus habitantes, no há podido salir de la pobresa, y se encuentra todavía en un estado de atraso que avergüenza a todas las otras repúblicas de la América del sur, que se levantan orgullosas, teniendo una agricultura próspera y un comercio fecundo.[20]

Mais especificamente no período que nos ocupa, décadas de 1840 e início de 1850, era esse mesmo diagnóstico que predominava na análise que se fazia da situação econômica do país: "Ocupando un suelo sumamente feraz, de cuyo seno brotan casi todas las producciones conocidas en el mundo, gozando de todos los climas, somos tal vez el pueblo mas pobre del mundo, aquel donde las sustancias alimenticias son mas escasas, y aquel en donde la vida se hace cada dia mas cara (...)."[21]

Em suas *Memorias*, Salvador Camacho Roldán afirma que o montante de rendas públicas no país não alcançava ainda em 1849 a metade do que haviam sido as rendas do governo vice-reinal nos últimos anos do século XVIII.[22]

Essas impressões tão negativas encontram respaldo nos números: durante todo o século XIX, nunca se conseguiu alcançar na Colômbia os índices de acumulação de capitais que se verificaram no Peru, no Chile ou na Bolívia.[23] Pelo valor de seu comércio exterior entre os anos de 1821 e 1880, a Colômbia encontrava-se habitualmente abaixo do 7º ou 8º lugar entre as economias latino-americanas. Ao fim da década de 1870, enquanto o Brasil exportava US$ 90 milhões, aproximadamente, as exportações colombianas eram avaliadas em apenas US$ 11 milhões.[24] Ainda em inícios do século XX (1913), a Colômbia só tinha 8% do valor de investimentos estrangeiros *per capita* em relação ao restante do continente, superando nesse quesito apenas o Haiti. Segundo José Antonio Ocampo, se esse índice fosse medido antes do grande crescimento das exportações de café iniciado a partir de 1910, Colômbia apareceria como o país latino-americano com o menor grau de integração com a economia mundial.[25]

Os políticos de meados do século XIX viam com gravidade o fato de Nova Granada pesar tão pouco na balança política e econômica mundial. No estado de civilização que a humanidade havia alcançado, diz um articulista do *Neogranadino*, somente por sua importância política e econômica é que os povos se tornariam conhecidos aos demais: sem riqueza pública e sem prosperidade particular não pode haver bem-estar e felicidade para uma nação, ou, mais ainda, não pode haver sequer verdadeira nacionalidade.[26] Em outro artigo, de *El Aviso*, seu autor discute os quesitos que deveriam embasar uma nação de fato. Somente a independência política seria insuficiente, pois o que a constitui é: a independência adquirida de fato e de direito e a garantia de não perdê-la jamais; a dignidade própria do que é completamente livre; a fama da existência material e política e, finalmente, o respeito com que a mirarem as demais nações, pelo conhecimento que tenham de sua história, de seu poder e de sua riqueza.

> Esto és lo que moralmente constituye la verdadera nacionalidad; nacionalidad de que no puede gloriarse un pueblo degradado, pobre oscuro, tímido, por más que el valor y el patriotismo de sus hijos hayan roto las cadenas de una metrópoli tirana y opresora. Sin riqueza, pues, no hay poder, no hay felicidad (...).

Para fazer-se nação, de nada servirão glórias, façanhas, fatos heróicos, filhos esclarecidos e riquezas naturais se não houver trabalho e ambição para consolidar um lugar no mundo industrial e mercantil.[27]

Além disso, internamente, a meados do século XIX, pouquíssimos produtos alcançavam o que se poderia chamar um mercado nacional (como o sal e os têxteis de Santander e os chapéus artesanais de Huila). Dentro de esferas regionais, circulavam produtos como gado, cacau, café, açúcar, aguardente e tabaco. A maioria dos demais produtos comercializados no país circulava apenas em uma esfera local bastante restrita.[28]

Em largos traços, toda a história do século XIX colombiano será marcada pelo esforço consciente das elites por transformar a economia do país, que sabiam ter um grau extremamente baixo de ligação com o mercado (internacional e nacional), em um sistema econômico em que a maioria dos produtos e serviços fosse produzida para a venda.[29] Um dos grandes obstáculos para que esse objetivo pudesse ser alcançado era a extrema carência de capitais, tanto públicos quanto privados. A falta dos primeiros impedia o necessário investimento em infra-estrutura e inibia investimentos estrangeiros (sobretudo após a malfadada tentativa de industrialização da década de 1830). Por sua vez, o setor privado colombiano também dispunha de poucos recursos para investir: "em comparação com os níveis do Rio de Janeiro, Cidade do México e Lima, a classe rica da Colômbia era [nessa época], sem dúvida alguma, uma classe indigente".[30] As fontes de renda das classes médias e baixas eram correspondentemente pequenas, inibindo a produção em massa de produtos de consumo.

Na visão das elites políticas neogranadinas, a precariedade das vias de transporte, a escassez populacional e o acúmulo de impostos eram os verdadeiros entraves ao progresso da República, à integração nacional e à ligação efetiva com o mercado mundial. Esses entraves somavam-se ao que era visto como pouco empenho em aproveitar o potencial agrícola e as grandes extensões de terras incultas do país ou retidas em comunidades. As reformas de meados do séculoXIX, das quais a reforma na legislação agrária é parte, serão uma tentativa de superação de todos esses obstáculos.

A desagregação interna e as vias de transporte

O governo de López promoveu a importante viagem da *Comisión Corográfica*. Sob a direção do italiano Agustín Codazzi e com a colaboração de pintores, escritores, cartógrafos e botânicos reconhecidos, a Comissão encarregou-se de pesquisar o relevo, os recursos minerais e a diversidade natural de Nova Granada e de elaborar um atlas geográfico. O que encontraram foi um país fortemente marcado pela divisão geográfica.

Costuma-se dividir o território colombiano em quatro principais regiões: a central (pode ser considerada a da Cordilheira Oriental e do Alto Magdalena, formada pelas províncias de Cundinamarca, Boyacá, Santander e Tolima); a do Cauca (que incluía as mesetas limítrofes com o Equador, a costa do Pacífico e o vale do Cauca); a antioquenha e a da costa atlântica. O terreno extremamente acidentado, as poucas vias fluviais navegáveis em toda sua extensão, os grandes vazios demográficos e, por fim, a ausência de recursos para investir em novos caminhos e colônias, faziam delas zonas praticamente autárquicas. Essas quatro regiões eram mais ou menos auto-suficientes e, mesmo no interior de cada uma delas, havia sérias dificuldades para intercâmbios locais.[31]

Desde o período colonial, Nova Granada já havia criado a fama de possuir os piores caminhos de todas as Índias espanholas, e a situação não era melhor após as primeiras décadas da República.[32] Boa parte dos caminhos que ligavam as principais cidades de cada região só podia ser transitada por cavalos, mulas ou a pé. Depois da Independência não foi diferente: o estancamento econômico e os

110   Cristiane Checchia

efeitos desarticuladores da guerra acentuaram algumas das dificuldades de integração do Estado.[33]

Esse marcado isolamento geográfico era multiplicado exponencialmente pelos problemas das vias de transporte, que eram um outro aspecto do mesmo fenômeno. É evidente que havia algumas rotas inter-regionais de certa importância, dentre as quais as que ligavam as zonas produtoras de bens de exportação (metais preciosos, tabaco, anil etc.) e os principais centros consumidores de mercadorias importadas à costa atlântica. Havia também contato de certa magnitude entre Santander, que produzia têxteis baratos, com Bogotá, Antióquia ou Popayán, para só ficar com este exemplo.[34] Ainda assim, é bastante recorrente na historiografia colombiana a imagem do país que adentrava o século XIX como uma espécie de arquipélago, no qual os núcleos mais densamente povoados estavam separados por zonas desocupadas ou por consideráveis obstáculos geográficos.[35] Grande parte das trocas comerciais continuava a dar-se, então, numa esfera de circulação bastante reduzida.

Já a meados do século, período que mais nos interessa, Miguel Maria Lisboa, reconhecido diplomata brasileiro, foi nomeado pelo Império como Ministro em Missão Especial junto aos governos de Venezuela, Nova Granada e Equador. O relato da viagem que empreendeu, em 1853, por essas três Repúblicas, ficou registrado em seu livro *Relação de uma viagem – Venezuela, Nova Granada e Equador.*[36] A primeira edição foi publicada em 1866 e mereceu a atenção de Machado de Assis que, no dia 15 de maio, escreveu larga resenha sobre a obra em sua coluna do *Diário do Rio de Janeiro* dando destaque às aventuras do diplomata em Nova Granada. Machado escreveu o que autor sofreu naquele país: "todas as conseqüências de uma civilização combatida por causas diversas: estradas, rios perigosos, florestas bravias, descampados solitários (...); a viagem do rio Magdalena basta para resumir todos os contratempos."[37]

De fato, não é de se estranhar a forte impressão causada em Machado de Assis e nos leitores brasileiros o relato de Miguel Maria

Lisboa. Poderia-se argüir que no Brasil de 1850, a depender das regiões pelas quais se caminhasse, um viajante também encontraria os mesmos obstáculos. Contudo, o diplomata não se aventurou propositadamente em busca de recantos distantes e inexplorados do país, e sim procurou a via mais rápida de acesso entre o litoral Atlântico e a capital, Bogotá.

Nada mostrará com mais clareza a situação das vias de transporte do que as dificuldades enfrentados por Lisboa para alcançar o destino. Logo que chegou à Santa Marta, o diplomata foi inteirado de que deveria embarcar numa frágil canoa se quisesse alcançar o vapor que subia o Magdalena; depois de vários dias no vapor, seguiu viagem em um *chanpán*,[38] tendo que coletar alimento nas margens do rio, pois o atraso da viagem fizera esgotar todos os mantimentos. Após invadir uma pousada que recusara abrigo, andou uma tarde a pé para conseguir alugar mulas com as quais pudesse atravessar a Cordilheira Oriental. Somente depois de quase um mês de viagem é que o ministro chegou, exausto, a Bogotá.

Além de Miguel Maria Lisboa, outros viajantes que se aventuraram pelo interior do território são bastante eloqüentes ao tratar da precariedade dos caminhos. Muitas vezes, mostram-se visivelmente perplexos com a incoerência das trilhas, as quais, embora pudessem ter sido traçadas por encostas mais suaves ligavam, ao contrário, os declives mais íngremes às encostas mais escarpadas.

Isso se devia ao fato de que boa parte das vilas e cidades localizava-se nas encostas das serras e nos vales e, como o principal meio de transporte de cargas eram as mulas, buscavam-se os pontos mais curtos de ligação entre uma povoação e outra, ainda que isso significasse a passagem por elevadas pendentes. Sendo assim, os caminhos coloniais, que continuaram sendo os mais usados durante o século XIX, eram inadequados para sua eventual transformação em estradas apropriadas para a circulação de veículos de rodas, não importasse que melhorias fossem feitas, o que reforçava a permanência desse estado de coisas. Para fazer uma idéia mais precisa da dimensão desses problemas, justamente em um momento em que se buscava uma maior integração com o circuito mundial de comércio, basta imaginar algumas cidades brasileiras como Rio de Janeiro, Salvador e São Paulo nas décadas de 1840 e 1850, localizadas sobre altas cordilheiras, a vinte ou trinta dias de distância do litoral, com caminhos extremamente precários a ligá-las ao principal rio de acesso ao litoral. Para a abertura de estradas mais modernas, seria preciso reinventar os trajetos e as rotas de peregrinação tradicionais.

O relato de Isaac Holton, botânico norte-americano que visitou Nova Granada em 1851 – apenas dois anos antes que Miguel Maria Lisboa, é outro testemunho precioso dessas dificuldades. Segundo ele, os caminhos neogranadinos subiam e baixavam as montanhas quase em linha reta:

> De novo no caminho me assaltaram uma atrás outra estas surpresas desagradáveis: a primeira, dar-me conta de que ainda me esperava uma descida enorme; a segunda, ver que antes de baixar devia subir a montanha que tinha na frente; e por último, saber que a noite chegaria antes que eu conseguisse descer a montanha. A última subida é completamente inútil; o caminho seria muito mais curto se circundasse a montanha, mas os espanhóis não gostavam de construir caminhos nas ladeiras. Esta subida é tão grande que se estivesse no trajeto entre Boston e Oregon, seria considerada como um dos pontos mais destacados da viagem.[39]

Diz ainda Holton que mesmo a travessia de rios menos caudalosos não era tarefa fácil de se fazer em Nova Granada: era preciso descarregar as mulas e levar a bagagem em canoas, enquanto os animais atravessavam a corredeira a nado. Não poucas vezes os animais se cansavam e acabavam sendo levados pelas águas. As poucas pontes improvisadas, quando disponíveis, pareciam não representar risco menor. Também eram freqüentes as passagens por escarpas tão estreitas que mesmo as mulas podiam despencar ribanceira abaixo. Por essa razão, em determinadas rotas, as cargas mais volumosas ou pesadas só podiam ser transportadas "a lombo de índio", como se dizia então, e quadrilhas humanas bastante numerosas eram utilizadas.[40]

O rio Magdalena era, sem dúvida, a via mais importante de conexão do litoral com a região central do país. Antes da implantação do sistema de navegação a vapor, ao final dos anos 1840, apenas os *champans*, passavam por ele: um passageiro que saísse de Santa Marta ou Cartagena, demorava então cerca de sessenta dias navegando 1.200 quilômetros pelo rio Magdalena para chegar a Honda. Com as embarcações a vapor, o tempo de viagem até Honda diminuiu consideravelmente, mas ainda assim, com sorte, não se gastava menos de duas semanas a bordo, como fez Miguel Maria Lisboa.

Além disso, os dois caminhos que ligavam os portos fluviais do Magdalena às vilas e cidades eram extremamente acidentados por passarem pelas montanhas das Cordilheiras. Não era incomum que fortes chuvas fizessem desbarrancar caminhos novos ou os tornassem quase intransitáveis, de tão escorregadios. A estrada percorrida por Lisboa entre Honda e Bogotá, a mais importante de toda a região oriental e uma das melhores do país, tinha apenas 150 quilômetros, mas eram necessários cinco ou seis dias a lombo de mula para vencer a distância. Assim, não apenas o litoral estava afastado dos centros populacionais mais importantes, como também boa parte desses centros no interior do país encontrava-se separada dos portos fluviais por caminhos precários e tortuosos.

Antióquia, para citar outro exemplo, localizada nas encostas da Cordilheira Ocidental, desde o período colonial conquistara uma posição importante como exportadora de ouro e centro de trocas comerciais, posição ainda mais consolidada após as guerras de independência. Ainda assim, continuava a ser vista como a cidade mais isolada do país, tal como expressa Holton: "ali, o rio [Cauca] começa a formar rápidos volteios, tornando-se mais violento à medida que se precipita por vales os quais nenhum caminho pode cruzar, e destruindo assim toda esperança de encontrar uma saída para o comércio por mar ou terra, por barco ou ferrovia, por canoa ou mulas."[41]

Certamente há no testemunho do norte-americano certa dose de exagero, pois alguns caminhos, ainda que extremamente precários e perigosos, ligavam Antióquia a Bogotá, Cali, Popayán etc., mas o fato de ele não os considerar em seu relato é significativo.

Os caminhos que iam e vinham da região do vale do Cauca também eram tortuosos. O rio Cauca não pôde funcionar como uma via importante de navegação como o Magdalena, porque sua parte baixa e navegável não tinha contato com a alta: "ninguém viaja de uma a outra a visitar seus amigos, a comprar artigos ou a vender seus produtos".[42] Havia alternativas, nenhuma delas ideal, como o porto marítimo de Buenaventura, no Pacífico. Era possível trafegar por caminhos terrestres até Juntas, nos afluentes do rio Dagua, de onde se navegava em canoas para o litoral, desde que o rio não estivesse muito cheio nem muito vazio. Era freqüente não haver embarcações disponíveis ao se chegar a Juntas, e era impossível seguir o caminho por terra. Quem fazia o caminho inverso, de Buenaventura ao Cauca, muitas vezes não encontrava mulas e tampouco poderia seguir viagem navegando. Era comum que o viajante ficasse uma semana em Junta esperando condução. Isso ajuda a explicar o fato de Buenaventura nunca ter se tornado um grande porto de comércio e por isso, poucas embarcações que navegavam a costa do Pacífico se detinham ali. A alternativa para o pequeno comércio do vale do Cauca era através das montanhas do Quindío. Por esse caminho, viajava-se dez dias em lombo de mula até chegar ao Magdalena, duas milhas mais abaixo de Honda. Se o objetivo era o porto de Cartagena, devia-se continuar pelo caminho terrestre por mais 65 milhas, até Calamar: "ante o isolamento deste vale, o viajante se pergunta se pode existir um lugar mais isolado".[43]

As dificuldades com o transporte em todo o país eram tão grandes, que somente o ouro podia resistir aos custos do comércio de maior distância.[44] Além dos custos desproporcionais na circulação de mercadorias, tais obstáculos impunham ainda uma séria limitação às possibilidades de instalação de máquinas nas zonas mais povoadas, e não é por acaso que os principais arautos econômicos de meados do século XIX abandonaram tão rapidamente a idéia de instalação de indústrias avançadas no país.

Durante todo o século XIX, uma das principais preocupações dos grupos dirigentes será a tentativa de promover um efetivo melhoramento no sistema de transportes. Nesse sentido, apesar de todo o elogio à iniciativa privada, defendia-se uma participação ativa do Estado para as melhorias necessárias.[45] A falta de recursos públicos para investimento em infra-estrutura, contudo, tornou inúteis os clamores que se ouviram nesse sentido pelo menos até o último quartel do século.

A densidade populacional e o sonho imigracionista

A dificuldade em atrair população estrangeira a Nova Granada era outra questão vista pelos dirigentes colombianos do século XIX como um obstáculo a ser vencido se se quisesse dar impulso à unidade e à modernização do país. Infelizmente, como lembra Jorge Orlando Melo, as informações estatísticas disponíveis sobre o século XIX são bem pouco confiáveis o que, por si só, é significativo da debilidade da organização estatal até quase a entrada do século XX.[46] À pouca credibilidade dos censos populacionais de 1825 em diante deve-se acrescentar o caráter pouco específico das informações que oferecem: apenas classificações por sexo, por localidade ou por idade. Ainda assim, um quadro geral com a somatória dos dados disponíveis permite tirar algumas conclusões. O quadro a seguir foi elaborado por Melo, a partir de fontes diversas e com a estimativa de alguns dados.

População colombiana por regiões, 1779/80-1912
(milhares de habitantes)

Ano	Antióq.	Cund.	Boliv.	Boyacá	Cauca	Mag.	Tol.	Sant.	Pan.	Total
1779	49	120	120	182	121	44	58	112	60	785
1810 a	111	189	170	231	200	71	100	237	91	1309
1810 b										1264
1825 a	104	182	122	209	150	56	98	201	100	1129
1825 b	125	223	141	246	171	55	141	247	98	1344
1835	159	255	160	288	210	61	157	280	115	1571
1843	190	280	172	332	269	62	183	324	118	1814
1851	243	319	182	381	312	68	208	382	138	2094
1864	303	393	224	454	386	82	220	378	221	2440
1870	366	414	246	499	435	89	231	433	221	2713
1883	464	546	314							
1887	520	550	336	615	635	115	330	565	295	3666
1898	620	630	375	685	800	132	380	640	340	4262
1905	897	631	310	503	734	125	372	550		4144
1912	1081	1081	718	531	586	805	150	440	607	5073

Fonte: Melo, Jorge Orlando, op. cit. p. 138

De todos os censos do século XIX, apenas o realizado em 1870 detalhou a distribuição da população por atividade econômica. Mais de 70% da população masculina economicamente ativa e mais de 56% da população ativa de ambos os sexos dedicavam-se à agricultura (quase a totalidade do percentual), pecuária, mineração e pesca. Também há um elevado número de habitantes dedicados ao artesanato, cerca de 23%, sendo que, nesse caso, o percentual mais elevado era composto pelas mulheres que dedicavam seu tempo livre à elaboração de têxteis.[47]

A partir da tabela acima, Melo deduziu que a taxa de crescimento total da população foi bastante estável durante todo o período. Excluindo a época da guerra de independência, o crescimento médio populacional se deu aproximadamente ao ritmo de 1,5% ao ano, para quase todo o século. Isso representa um ritmo superior ao de países como Inglaterra, França ou Itália, nesse mesmo período. Em números absolutos, a população colombiana foi durante a maior parte do século XIX a terceira maior da América Latina, sendo suplantada pela argentina apenas a partir da década de 1890.

Apesar desses números, os dirigentes de finais da década de 1840 e início dos anos 1850 seguiam considerando o país escassamente povoado, talvez porque tivessem os países europeus como padrão de comparação: "La Nueva Granada es el dia de hoy, y lo es por su desgracia, un pais de escasísima poblacion", escreveu o presidente López, e esse fato era reconhecido "por todos los que han viajado por él, o por los que han hecho el más lijero estudio de sus estadísticas, bien que todavia mui imperfecta".[48] Perguntavam-se ainda como poderia o país aproveitar-se dos infinitos recursos que lhe ofereciam um solo fértil e uma natureza pródiga se a população, além de escassa, encontrava-se espalhada desigualmente na vasta porção do território.[49] Seguindo assim, nunca seriam satisfeitas as necessidades de Nova Granada, a não ser imperfeitamente, e nunca se conseguiria produzir o suficiente para trocar seus frutos pelos do estrangeiro: "Y he aqui que un estado semejante poco se diferencia del de los selvajes que habitan aun en algunos puntos de América".[50] Ainda que se considerasse a disponibilidade de todos os elementos que podiam fazer a riqueza de um país, Nova Granada seguia sendo uma nação pobre porque não tinha indústria, e não tinha indústria por falta de população: "Es que todos esos elementos de prosperidad y de grandeza no pueden desarrollarse por sí mismos, ni con los impotentes esfuerzos de un corto número de habitantes diseminados, a largas distancias y con dificiles comunicaciones, en una estension inmensa."[51]

A solução para esses problemas, recorrentemente afirmada na imprensa da época, era a imigração: "ella és indudablemente la base de toda mejora material, de toda empresa de utilidad pública, de toda esperanza, de todo progreso".[52] A análise da forma como foi tratada essa questão na Colômbia em meados do século XIX torna-se mais atraente quando tem-se em vista a imbricação dessa questão com as discussões sobre a legislação dos terrenos baldios. Foi o ideal imigracionista um dos principais argumentos para a aprovação da Lei de Terras do Brasil e para a Campanha do Deserto argentina, por exemplo.

O sonho de atrair para o país o aporte de população européia, concebido como instrumento de modernização da sociedade, foi comum à cultura política latino-americana do século XIX. Porém, dentre o conjunto dos países que procuraram transformar esse sonho em realidade, o caso colombiano destaca-se pelo permanente fracasso das iniciativas públicas e particulares nesse sentido: ainda que sejam necessários estudos comparativos mais detalhados, a Colômbia é talvez o país latino-americano em cuja formação a imigração teve o menor significado.[53] Não obstante, a elite política colombiana participará quase tão intensamente quanto as dos demais países do continente do debate sobre os benefícios ou os perigos da imigração: "mais que a história de um fluxo de populações, o tema da imigração na Colômbia do século XIX, se dá como uma sucessão de leis, projetos, debates, análises do fracasso, prevenções".[54]

As primeiras iniciativas de atrair colonos estrangeiros deram-se nas décadas de 1820 e 1830. Após esses primeiros fracassos, ao final da década de 1840, assiste-se a um período de febre imigracionista, alimentada pelo clima de reformas moderizadoras em vigor nos governos de Mosquera e de José Hilário López e pelo início do *boom* exportador do tabaco. Diferentemente do caso brasileiro, há que se ressaltar que as discussões sobre imigração na Colômbia não estiveram diretamente ligadas à substituição da mão-de-obra escrava. Em meados do século XIX, a não ser na região sul ocidental,[55] a escravidão já era bem pouco importante economicamente.[56]

No debate público que se deu em torno da imigração, são nítidas as esperanças nutridas pela elite em relação ao papel civilizador que seria desempenhado pelos estrangeiros. Eles iriam povoar, dar alento ao trabalho e às artes, desenvolver os germens da riqueza encerrados no vasto território, impulsionar as melhoras materiais e o progresso moral, "multiplicar los recursos i aumentar los elementos de fuerza i de poder en nuestra naciente sociedad".[57] O potencial imigrante era assim visto como mais industrioso, mais ativo, mais inteligente, mais ilustrado – o elemento que poderia combater a preguiça e introduzir na sociedade os hábitos de trabalho, o asseio e a ordem.

À essa visão do imigrante como catalisador do crescimento econômico somava-se ainda o desejo, por parte dos dirigentes nacionais, de branquear a população. Reconhecida a necessidade de imigração, que estrangeiros seriam os preferidos para povoar a América? Sobretudo os alemães, os ingleses, os norte-americanos, os holandeses e outros povos que se distinguissem por sua laboriosidade, constância e moralidade, e que pudessem fazer aumentar a raça branca.[58] Esse desejo era de tal forma consensual que mesmo os conservadores de formação inconfundivelmente católica, como Mariano Ospina Rodríguez, José Eusébio Caro e Rufino Cuervo, mostravam-se sensíveis ao fato de que a ortodoxia religiosa representava um obstáculo à imigração desses povos, e por isso não se opunham à tolerância de cultos.[59]

Os anseios imigracionistas acabaram por dar origem à lei de 2 de junho de 1847, a qual ressalta o papel que o Estado deveria desempenhar para concretizar medidas que pudessem atrair os estrangeiros ao país. Tal lei, no entanto, em pouco tempo passou a ser duramente criticada como utópica, pois o tesouro público não tinha recursos financeiros que pudessem ser comprometidos com os projetos de imigração. Levando-se em conta as dificuldades preexistentes (o relativo desconhecimento do país no exterior; a instabilidade política; suas características geográficas e climáticas; a exigüidade de vias de transporte; a antiga ocupação das terras melhores e mais acessíveis; a ausência de inventário dos terrenos baldios), os custos para a atração e instalação de colônias de imigrantes eram demasiado altos e, ainda que houvesse recursos disponíveis, seria difícil vencer a concorrência de países a princípio mais atrativos.[60]

Ainda que os dirigentes colombianos manifestassem esperança de que o país entrasse nos trilhos do progresso econômico, em matéria de imigração o mesmo otimismo não resistia à percepção das desvantagens de Nova Granada em relação aos demais países do continente:

> En órden a la considerable inmigracion de hombres laboriosos y desprendidos de preocupaciones relijiosas, todas o casi todas las administraciones de

120 Cristiane Checchia

> Hispano-América han reconocido la alta conveniencia de la medida; unas han logrado realizarla en una escala mas o menos estensas, como Chile, Méjico, Centro-América i Venezuela; y otras no han tenido recursos suficientes para conseguirlo. La Nueva Granada arde en deseos de seguir el ejemplo de Chile, que en esta parte va ahora mas adelante que las demas Repúblicas hermanas; ¿pero tiene sus propios medios? Doloroso es decirlo, no los tiene ni los tendrá tampoco en algunos años.[61]

Cientes disso, os administradores e legisladores neogranadinos procuraram criar condições mais atraentes à população estrangeira, o que fica evidente nos projetos de reforma das leis que deveriam regulamentar o uso da terra e a venda dos baldios. No primeiro projeto redigido pelo Secretario da Fazenda Murillo Toro, em 1850, não havia nenhuma referência específica a esse respeito.[62] Reapresentado ao Senado e à Câmara um ano depois, contudo, após significativa reformulação, há artigos que reforçam disposições anteriores para a destinação de terras gratuitas a colonos imigrantes, não lhes impondo outra condição que não fosse seu cultivo dentro de um tempo dado (cinco anos). Ver-se-á, no capítulo seguinte, que o projeto de Murillo Toro foi objetado pelo presidente López, mas em relação aos artigos sobre as terras destinadas a imigrantes e colonos não havia objeções, a não ser por detalhes aos quais o presidente não aludiu diretamente. No decreto presidencial datado de 29 de setembro de 1853, que finalmente substituiu o projeto recusado, a Secretaria de Relações Exteriores seria a responsável por conceder terrenos baldios a imigrantes ou às companhias ou pessoas contratistas de imigração.[63]

O problema, contudo, foi que jamais se conseguiu recursos para fazer um exaustivo levantamento dos terrenos baldios disponíveis. Tal levantamento estava a cargo das províncias, mas eram recorrentes os pedidos do governo federal para que os governadores realizassem de fato o levantamento, sempre adiado. Foram oferecidas vantagens para as províncias que levantassem os dados, como a de conceder porções anuais de terras de terrenos baldios aos governos provinciais que realizassem a mensura das terras, ou que as fizessem medir por particulares. Mesmo assim, os elevados custos da agrimensura e a não colaboração dos ocupantes ilegais faziam freio às intenções de colonizar os territórios vazios.

Excesso de impostos e protecionismo

Até as reformas de meados do século, prevaleceu em Nova Granada a manutenção do sistema tributário vigente durante o período colonial. Ainda que a maior parte dos dirigentes políticos tenha mostrado interesse em transformar o sistema fiscal para apagar os vestígios do que considerava opressivo e fiscalista, as contínuas dificuldades econômicas e o temor de perda dos recursos governamentais frearam os desejos de mudanças mais profundas.

O quadro a seguir dá uma idéia das principais fontes de ingressos governamentais no período que vai de 1836 a 1860.

Ganhos do Governo central, 1836-60
(milhares de pesos)

	1836	%	1847	%	1848	%	1851	%	1860	%
Aduana	726	29	688	25	562	22	700	32	925	52
Monopól	(886)	35	(1463)	53	(1441)	56	(725)	33	(600)	34
Tabaco	583		839		827		100			
Aguard.	106		152		147		146			
Sal	195		472		467		479		600	
Quinto	49	2	126	5	100	4	18	1	---	
Dízimo	54	2	178	6	223	9	250	11	---	
Papel sel	37	1			77	3	61	3		
Outros	777	31	308	11	150	6	435	21	241	6
Total	2539		2763		2553		2189		1766	

Fonte: Melo, Joge Orlando. *La evolución económica de Colombia*, 1830-1900. p. 181

Percebe-se que, até 1848, a fonte principal de ganhos eram os monopólios estatais herdados do período colonial, o tabaco, a aguardente e o sal. Seguiam-se os ganhos com aduana, os dízimos que pesavam sobre a produção agrícola (embora fossem destinados aos cultos, eram administrados pelo Estado) e os quintos. Dentre os ingressos vários (outros), a maior parte estava constituída pelos benefícios das casas de Moeda, onde era cunhado o ouro.

Durante toda a primeira metade do século XIX, ainda que com discordâncias, prevaleceu uma política de aduanas mais conservadora. Temia-se, não sem motivos, que diante da debilidade do setor manufatureiro e da precariedade do sistema de transportes internos, uma abertura comercial de maior fôlego acabaria por minar a chance de fortificar um setor produtivo nacional.

Boa parte dos impostos recolhidos era consumida pelos elevados custos de arrecadação. Somando-se todos os gastos administrativos, militares e de pagamento da dívida externa, chega-se a uma conta maior do que a obtida com a arrecadação, ou seja, a receita era deficitária e muito pouco havia para investimentos em infraestrutura[64] (abertura de caminhos; obras públicas; medição de baldios; recursos para imigração etc.).

Diante da incapacidade do governo para fomentar a atividade econômica, fortaleciam-se as vozes que viam na iniciativa privada a possibilidade de dinamizar o progresso do país. Um consenso cada vez mais forte se criava sobre a necessidade de eliminar os impostos da produção, sobretudo os das atividades mineiras e agrícolas. Os clamores contra o que era visto como medidas restritivas, leis proibitivas e privilégios falsamente chamados protetores ressoavam nas páginas da imprensa.

A expansão do mercado europeu para os produtos tropicais e a influência da política inglesa acabaram por reforçar o coro pela adoção do livre-cambismo e da quebra de monopólios, como medidas necessárias para adequar o país ao contexto internacional. Em um artigo do *Neo-granadino*, significativamente intitulado "Libertad Industrial – de su ausencia provienen las locuras comunistas", lê-se: "El mundo todo sufre hoi una transformacion que es política interinamente, pero que es radical y fundamentalmente económica. No basta que la palabra LIBERTAD se inscriba en las Constituciones: es forzoso realizar la libertad en la vida práctica, en la vida de cada dia, es decir, en la INDUSTRIA."[65]

Ainda que alguns acreditassem na viabilidade de uma atividade manufatureira/industrial forte, predominou a idéia de que a indústria neogranadina deveria ser entendida como atividade agrícola "que es acaso lo único que merece el nombre de industria nacional en este país con relación al comercio exterior".[66] Ao final da década de 1840, esse debate foi aquecido com o crescimento notável da exportação do tabaco. Não se deve menosprezar o significado desse fato – tratava-se do primeiro grande *boom* exportador agrícola que o país já tivera em sua história. Foi sob o impacto dessa novidade que se atualizaram as esperanças em torno do aumento das exportações e da quebra dos monopólios estatais, e que se discutiu o aproveitamento e distribuição das terras agricultáveis.

O tabaco

Dentre as tentativas realizadas durante todo o século XIX de consolidar um produto primário forte no mercado internacional, somente o café, a partir do final do século XIX, sobreviveu à euforia das primeiras décadas e tornou-se uma mercadoria de importância na balança exportadora colombiana durante o século XX e até a atualidade. Em virtude disso, poucos pesquisadores dedicaram-se a estudos específicos e mais detalhados sobre a produção do tabaco, que teve seu auge exportador entre meados dos anos 1840 até a crise de 1857-8, com recuperação em 1862-3 até o início dos anos 1870. Desde então, a produção não desapareceu completamente, mas permaneceu limitada a poucas fazendas.

Espacialmente, o cultivo do tabaco para exportação "teve seu epicentro em Ambalema, sobre a margem direita do rio Magdalena, no estado de Tolima, mas seu raio de ação estendeu-se [para as regiões vizinhas] de La Mesa, Guaduas, Apulo e Villeta, até Ibagué.[67]

Parte da historiografia reforçou a idéia de que o aumento nas exportações de tabaco em meados do século XIX devia-se ao efeito das leis que aboliram o monopólio. Tais interpretações seguiram o rastro dos memorialistas liberais que escreveram ao final do século XIX. Veja-se, por exemplo, o que diz Medardo Rivas:

> Por fortuna, sabios y liberales legisladores, y gobiernos benéficos acabaron con estos monopolios; y como por encanto las selvas se abatieron, convertiéndose en inmensas praderas; las orillas del Magdalena se cubrieron de sementeras de tabaco, y hubo un movimiento industrial fabuloso en el país. Todos los negocios tomaron incremento, y del interior bajaron a tomar parte en la obra civilizadora hombres trabajadores.[68]

Na narrativa quase épica de Rivas, foram as reformas liberais que deram o fabuloso impulso que fez florescer a atividade agrícola exportadora e a bonança comercial de meados do século. Porém, ainda que a eliminação do monopólio tenha impulsionado a grande expansão da comercialização do produto na década de 1850, antes disso já havia pressões e facilidades para constituir uma economia de exportação em Ambalema, e não surpreende o fato de o tabaco ter sido o primeiro produto agrícola de exportação a ter-se desenvolvido em Nova Granada. Em primeiro lugar, ao contrário dos outros monopólios estatais (o sal e a aguardente), o tabaco, assim como o ouro, apresentava um alto valor por quilo transportado, . Além disso, as terras mais adequadas para o cultivo localizavam-se às margens do rio Magdalena, o que é de suma importância tendo em vista a geografia do país e a precariedade das principais vias de comunicação das zonas produtoras à costa.[69] Esses dois fatores ampliavam enormemente as potencialidades do comércio do produto no mercado internacional. Deve-se agregar ainda que o cultivo do tabaco exige bem pouco capital inicial quando comparado ao de outros produtos agrícolas (o café, e a cana-de-açúcar, por exemplo), fato importantíssimo em um país com parcos recursos de investimento.

Há também que se prestar atenção à conjuntura externa favorável, pois se apenas os fatores internos fossem significativos não haveria explicação para que esse sucesso tenha demorado tanto. As mudanças dos padrões de consumo (da pipa e rapé até o cigarro) proporcionaram um aumento gradual da demanda no mercado europeu. Soma-se a isso a queda, nos anos 1830 e 1840, das exportações norte-americanas de Virgínia e Maryland.[70]

Alguns números ajudam a dar idéia do que significou para a economia neogranadina a entrada do tabaco no mercado internacional: em 1833, exportava-se o equivalente a 5 mil libras de tabaco. Em 1840, esse número já crescia para 1,4 milhão de libras. Nos quatro anos seguintes, até 1851, mais de 2 milhões de libras foram exportados ao ano. Até esse período, Londres era o principal mercado consumidor do produto no exterior. Em 1852, quando o tabaco colombiano caiu nas graças dos alemães, o valor das exportações quase dobrou. O cigarro feito com o tabaco colombiano passou a ser sinal de respeitabilidade entre os alemães da classe média: "O apreço dos fumantes alemães pela folha aromática de cor canela escura de Ambalema, trouxe um auge de cinco anos que culminou em 1857, quando foram enviadas, só a Bremen, mais de 16 milhões de libras".[71] Além da elevação do volume das exportações, a economia do tabaco beneficiou-se ainda da onda de especulação do produto no mercado europeu, que elevou permanentemente seu preço a partir do início da década de 1850, o que por sua vez foi estimulado pelo aumento das provisões mundiais de ouro até 1857.[72]

Ainda que a lei de eliminação do monopólio do tabaco não tenha sido a causa do *boom* exportador, e antes o resultado das pressões exportadoras, sua aprovação surtiu forte efeito no clima político da época, pois representou aos contemporâneos, sobretudo aos mais animados com o ambiente de reformas, o rompimento definitivo com os laços que ainda prendiam Nova Granada ao passado colonial.

Desde o final do século XVIII, o monopólio do tabaco já era sentido como símbolo da opressão espanhola. Pelo sistema de monopólio, o Estado reservava-se as seguintes funções: erigia-se como único comprador e vendedor do tabaco produzido; outorgava licenças de plantação aos produtores diretos, obrigados a matricular-se ao final de cada colheita; fixava os preços de compra e venda. O controle, a administração dos monopólios e o recolhimento das taxas eram feitos por oficinas administrativas e de depósito do produto comprado, que ficaram conhecidas como feitorias.[73]

Evidentemente, o plantio clandestino foi um problema constante para os administradores e representou uma forma de enfrentamento às restrições impostas pela Coroa. Apesar disso, após 1820, os legisladores republicanos decidiram pela manutenção do monopólio: depois das guerras de independência, os funcionários do monopólio foram instruídos a seguirem as mesmas regras compiladas pelo visitador Juan Francisco Gutierrez de Piñeres. Em alguns casos, utilizou-se inclusive o mesmo livro de contabilidade. Do ponto de vista da produção, as áreas mais importantes, como Popayan e Ambalema, não sofreram prejuízos duradouros com a guerra. Ambalema, pelo contrário, até aumentou a produção, pois passou a ter o tabaco escoado para novos mercados (como o da Savana de Bogotá).[74]

Algumas propostas para relaxar o monopólio foram levantadas nos anos 1820 e 30 e, ainda que nenhuma delas tenha sido efetivada, o setor privado gradativamente foi tomando parte no negócio. Aos administradores do governo, porém, era temeroso abrir mão de uma de suas principais fontes de crédito sem a garantia de que o aumento da comercialização superaria de fato a renda que se deixaria de ganhar com a eliminação irrestrita do monopólio de plantio e de comércio. A quebra do monopólio deu-se, mais bem, como um processo gradual de renúncia do Estado, pois a impossibilidade financeira do governo em continuar comprando as colheitas nas feitorias deu mais vigor ao coro quase uníssono de defesa da iniciativa particular.

Em 1835, diante da penúria fiscal dos cofres públicos, foram fixados lotes de cultivos que foram rematados por particulares, aos quais foi entregue o comércio de exportação. Além disso, o governo havia contraído vários empréstimos internos com o compromisso de usar o tabaco como pagamento. O tabaco estava, portanto, literalmente hipotecado. Ao ritmo da produção, a dívida não seria paga antes de dez anos, e isso apenas aconteceria se novos empréstimos não fossem contraídos.

A partir de 1844, quando o tabaco já havia penetrado nos mercados europeus, a pressão para a eliminação do estanco tornou-se cada vez mais forte. No ano seguinte, foi permitido o estabelecimento de fábricas de companhias privadas, que passaram a comprar e processar a folha para o mercado interno e para exportação. A mais importante delas foi sem dúvida a firma Montoya & Sáenz, que arrendou a feitoria de Ambalema por quatro anos. Empregava cerca de 500 trabalhadores assalariados e era a maior empresa econômica da época. A única firma que lhes podia fazer frente era a Powles, Wilson y Cía, formada por empresários colombianos e estrangeiros. As duas firmas juntas controlaram mais de 75% das exportações de Ambalema durante a década de 1850.[75]

O crescimento das exportações nesse período foi tão notável que, pela primeira vez, conseguiu-se empreender com sucesso a operação de balsas a vapor no Rio Magdalena a partir de 1847.[76] Ainda que precário, como bem pôde experimentar Miguel Maria Lisboa, tal sistema de navegação, subsidiado pelo Estado e com sociedade da Montoya e Sáenz, representou enorme avanço.

Do ponto de vista da organização da produção, há uma clara diferença na maneira como evoluiu o cultivo de tabaco em Nova Granada, quando comparado a outros cultivos de exportação em Cuba, no Brasil ou na Venezuela, por exemplo, fortemente apoiados na mão-de-obra escrava. Sabe-se ainda muito pouco sobre como se conformaram várias das relações servis ou semi-servis de produção no campo colombiano antes do auge da fazenda do café, pois estão por ser feitos estudos que detalhem as mudanças e permanências dessas relações após o período colonial e a virada da metade do século XIX, bem como diferenças regionais e formas específicas de "servilização". Não obstante, é inquestionável a existência generalizada de mecanismos de coação extra-econômica, a utilização restrita e sazonal do trabalho livre assalariado e o predomínio do arrendamento pré-capitalista e de formas de parceria que prendiam o pequeno camponês ao domínio dos grandes proprietários.[77]

Nas áreas onde se concentrou a produção de tabaco, a mão-de-obra era constituída por cultivadores livres que plantavam a partir de permissão concedida pelo Estado.[78] Durante a administração espanhola do monopólio, a autorização para o cultivo em determinadas áreas era dada diretamente ao cultivador. Sob o governo republicano, sobretudo após 1845, essas autorizações passaram a ser dadas em porções maiores a grandes fazendeiros, que por sua vez parcelavam-nas entre pequenos cultivadores, os quais assumiam quase todo o risco da empreitada. Ao fazendeiro ficava apenas o trabalho de comprar a folha dos cultivadores e revendê-la às firmas que tinham permissão para o comércio do produto. Com o aumento das exportações, contudo, os fazendeiros passaram a opor-se mais vigorosamente às facilidades que o monopólio concedia a essas empresas privadas, cujo poder econômico era visto como ameaça à hegemonia dos proprietários de terra locais. Portanto, ao lado da forte crença em relação aos preceitos do liberalismo econômico por parte dos políticos atuantes no aparelho estatal, estavam também as pressões dos fazendeiros das regiões produtoras para o fim do monopólio.

Ainda em 1847, sob a presidência de Mosquera, aprovaram-se a criação de novas feitorias destinadas exclusivamente à exportação que acabaram arrendadas a empresários de Bogotá. Em 23 de maio de 1848, apesar da oposição do Executivo, o Congresso aprovou a lei que previa o livre cultivo do tabaco em toda a República a partir de janeiro de 1850 e o livre comércio a partir de setembro daquele mesmo ano. Tal medida foi importante, mas era considerada ainda insatisfatória pois, devido aos impostos fixados ao plantio e à exportação, a liberdade era relativa. Queria-se a liberdade completa. Em artigo publicado no *Neogranadino*, o liberal José Maria Samper enumera, com eloqüência que dispensa comentários, a prioridade das reformas para as quais seus co-paridários deveriam empenhar-se: "1ª Tabaco, 2ª Tabaco, 3ª Tabaco. Depués reforma de la Contitución, libertad de instrucción y manumision de esclavos".[79]

Em 12 de junho de 1849, nova lei foi aprovada reduzindo à metade os impostos. Choveram na imprensa artigos festejando a nova era

Plaza de la Catedral en Bogotá

In LISBOA, Miguel Maria. *Relación de un viaje a Venezuela, Nueva Granada e Ecuador.* Bogotá, Fondo Cultural Cafetero, 1984.

Champan del río Magdalena

In LISBOA, Miguel Maria. *Relación de un viaje a Venezuela, Nueva Granada e Ecuador.* Bogotá, Fondo Cultural Cafetero, 1984.

Vista de Bogotá

In LISBOA, Miguel Maria. *Relación de un viaje a Venezuela, Nueva Granada e Ecuador.* Bogotá, Fondo Cultural Cafetero, 1984.

Trajes neogranadinos: proprietário agricultor

In LISBOA, Miguel Maria. *Relación de un viaje a Venezuela, Nueva Granada e Ecuador.* Bogotá, Fondo Cultural Cafetero, 1984.

Mapa 1 – República da Colômbia

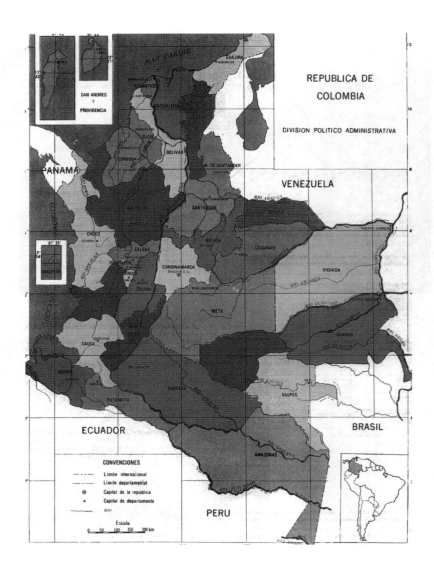

Mapa 2 – As Provincias da Colômbia até 1842

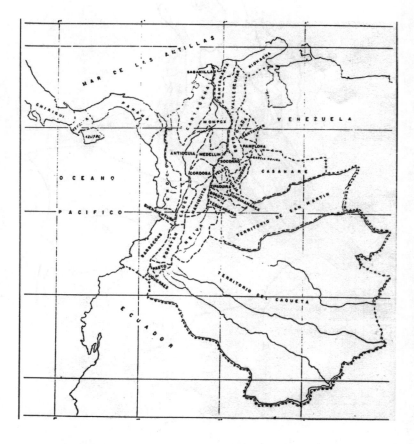

In VARGAS LÓPEZ de MEZA, Gloria Maria. *Território e Poder: a formação sócio-espacial colombiana*. São Paulo, tese de doutorado, USP/1999.

Mapa 3 – Colômbia Física

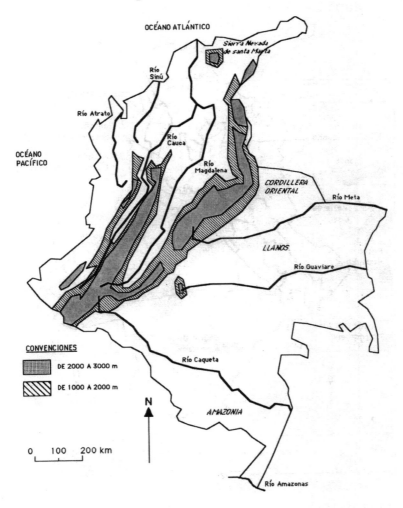

In ZAMBRANO, Fabio & BERNARD, Olivier. *Ciudad y territorio - el processo poblamiento en Colombia*. Bogotá, Instituto francês de estudios andinos, 1993.

Mapa 4 – Colômbia Urbana

PRIMACÍA URBANA EN 1851

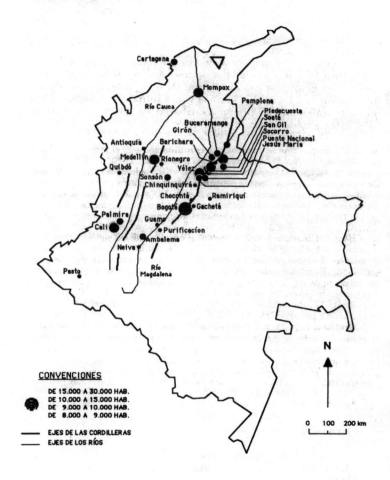

Fuente: Base de datos "Historia Municipal". Fundación de Estudios Históricos Misión Colombia.

In ZAMBRANO, Fabio & BERNARD, Olivier. *Ciudad y territorio - el processo poblamiento en Colombia.* Bogotá, Instituto francês de estudios andinos, 1993.

Mapa 5 – Regiões e sub-regiões

UBICACIÓN DE LAS REGIONES Y SUBREGIONES

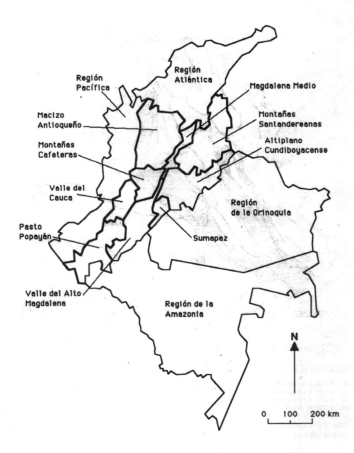

Fuente: Base de datos "Historia Municipal". Fundación de Estudios Históricos Misión Colombia.

In ZAMBRANO, Fabio & BERNARD, Olivier. *Ciudad y territorio - el processo poblamiento en Colombia.* Bogotá, Instituto francês de estudios andinos, 1993.

de prosperidade que poderiam esperar as províncias: a liberdade do tabaco faria crescer a riqueza individual, traria prosperidade à agricultura, tiraria muitos braços da inércia e poria em circulação valores que permaneciam até então improdutivos. Essa lei foi complementada por outra, de 26 de maio de 1850, que aboliu completamente a taxação.[80]

Um documento ilustrativo das expectativas geradas com a liberdade irrestrita do cultivo e comércio do tabaco está nas páginas da *Gaceta Oficial* do dia 26 de setembro de 1850. Trata-se da publicação de uma carta endereçada ao Secretário de Estado de Despacho de Relações Exteriores. Nessa carta é descrita uma festa realizada no cantão de Oiba em comemoração ao aniversário de um ano da lei de 1849:

> Aniversario de la libertad del tabaco
>
> Mas de cuatro mil personas se congregaron en la plaza pública de esta villa el dia de ayer para celebrar la lei de 12 de junio de 1849, sobre el cultivo y comercio libre del tabaco. Los congregados en la mayor altura de su entusiasmo ordenaron enterrar el símbolo del estanco y luego traer en triunfo una mata de tabaco para plantearla en el mismo sitio, para con este nuevo símbolo significar que se deben sepultar para siempre los elementos de la tirania y de las preocupaciones y hacer nacer el árbol que da derechos a la humanidad. Los vecinos notables de esta villa dieron en aquel momento libertad a una esclava y se espraron con indignacion al recordar el brutal abuso del hombre sobre el hombre, del individualismo sobre el socialismo, de la fuerza sobre la razon y de la tirania sobre los preceptos de Dios. (...) En los demas pueblos de este canton se sintió y obro del mismo modo.[81]

A muda de tabaco, plantada no mesmo lugar onde fora enterrado o símbolo do estanco, mostra o esforço dos protagonistas em reforçar ritualisticamente que uma nova fase era agora iniciada na história do país. E não apenas econômica: em oposição à tirania, ao individualismo e à força, nascia uma era de respeito aos direitos humanos, de socialismo,[82] de razão e de valorização dos preceptos de Deus. Para confirmar esse sentimento, os notáveis da vila deram alforria a uma escrava, quando a abolição definitiva da escravidão ainda não havia sido aprovada. A liberdade de uma escrava nessa festa, no justo momento em que estava por ser aprovada a lei de abolição da escravidão, marca a forte diferença que havia entre essa nova classe de proprietários de terras (muitos deles provindos de áreas urbanas com capitais conquistados em atividades de comércio) e a oligarquia escravista das províncias do sul (Chocó, Cauca e Vale do Cauca).

De outro ponto de vista, porém, a lei de 1850 ao invés de abolir o monopólio, apenas institucionalizou uma série de monopólios particulares. Os proprietários de terra de Ambalema trataram logo de apropriar-se dos benefícios provindos das novas leis. Continuaram a interpor-se entre os cultivadores e as casas comerciais. Por dívidas assumidas, os cultivadores não conseguiam desligar-se e procurar outros locais de plantio. As dívidas também forçavam os cultivadores a vender a totalidade do tabaco ao proprietário das terras a um preço fixo da mesma maneira como eram obrigados a fazer ao governo nos tempos do monopólio. Quando isso não ocorria, a própria concorrência entre os cultivadores, sobretudo entre 1850 e 1858, fazia contrair sua margem de ganhos. Um rude sistema de vigilância com guardas armados que patrulhavam as estradas foi instalado pelos proprietários, a fim de evitar a evasão da colheita para os centros comerciais próximos.[83]

Todos esses problemas não eram ignorados pela elite dirigente neogranadina, que acompanhava com atenção o que se passava às margens do rio Magdalena. Ambalema, como principal centro produtor e comercial do tabaco, era vista então como pequeno laboratório que serviria de modelo para o desenvolvimento de culturas de exportação para o restante do país. Foi tomada como referência nas discussões travadas na imprensa e no congresso a respeito da legislação agrária, como se verá a seguir.

III.

As leis de terras

Terrenos baldios, a grande polêmica

Em meados do século XIX, a elite dirigente de Nova Granada continuava enxergando os terrenos baldios como um patrimônio do Estado cuja comercialização poderia gerar recursos para abater a dívida pública externa e interna. Da mesma forma, cabia ao Estado estimular a colonização e a imigração nas áreas despovoadas da República, e isso poderia ser feito por meio da adjudicação de parcelas de baldios. A diferença em relação às primeiras décadas republicanas é que agora os debates sobre baldios dariam-se à luz do sucesso exportador do tabaco. Tal fato deve ser levado em consideração porque, até então, mesmo nas regiões de *haciendas*, a terra nunca havia passado por um processo de valorização tão rápido e acentuado como estava acontecendo na cidade de Ambalema e seus arredores. Além disso, o clima era propício para fazer avançar as reformas que favoreceriam a iniciativa de particulares.

Devido ao protagonismo alcançado na cena política com a ascensão de José Hilário López, os principais porta-vozes no debate a respeito dos baldios provinham neste momento das fileiras do Partido Liberal. Tal fato não impediu que opiniões bastante diferentes tenham entrado em choque. A polêmica entre Manuel Murillo Toro e o presidente López sobre o projeto de lei apresentado no Senado é expressão dos diferentes diagnósticos e interesses que permeavam a reforma das leis sobre terras no período.

Propostas e discussões sobre o projeto de lei de terrenos baldios

O projeto apresentado por Murillo Toro

O projeto de lei para distribuição e venda dos terrenos baldios foi apresentado ao Senado por Manuel Murillo Toro, então Secretário da Fazenda, no início de março de 1850. Trata de disposições gerais para regulamentar a forma como deveriam ser doadas ou colocadas a venda as terras baldias. Um resumo dos principais artigos:

Art 2º - as terras baldias que tivessem sido possuídas durante 20 anos antes da sanção da lei e que tivessem mais que[1] 10 fanegadas (64 ha.*), utilizada para agricultura ou criação de gado, seriam adjudicadas aos respectivos possuidores (ou posseiros) sem que fosse preciso nenhum pagamento por elas, desde que provado o período de ocupação e o uso do terreno em questão.

Art 3º - os possuidores que tivessem ocupado terreno de mais de 6,4 hec. por menos de 20 anos deveriam pagar o valor correspondente, mas sem que precisassem arrematá-las em pública subasta. Os possuidores de terrenos baldios que não excedessem a 6,4 hec., com casa e lavoura, teriam o direito de serem declarados proprietários, mesmo que não tivessem decorrido 20 anos.

As terras baldias que não se encontrassem entre as condições acima seriam vendidas sob solicitação de denunciante, em pública subasta, desde que tais terras não fossem usadas para fins públicos e desde que ninguém apresentasse a escritura dos terrenos pretendidos dentro de um prazo de 30 dias.

A venda deveria se dar em lotes de cem fanegadas (640 ha.), se o terreno tivesse mais de 200. Importante dizer que, nesse projeto, um mesmo indivíduo poderia rematar muitos lotes de cem fanegadas, obtento uma só escritura que corresponderia a todos eles. Não há nenhum artigo que imponha um limite máximo de lotes que se poderia adquirir. Além do mais, não há nenhuma cláusula exigindo a lavoura nos terrenos adquiridos ou sua utilização.

Pouco mais de um ano depois, no dia 22 de abril de 1851, o mesmo Manuel Murillo Toro apresentou um projeto radicalmente novo ao Senado.[2] Do original pouco restara, e o que mais surpreende é a orientação completamente transformada que se percebe entre as linhas do

---

* 1 fanegada = 6,4 hectares

texto. Logo na apresentação, aparecem inequivocamente disposições de suma inportância para a distribuição da propriedade territorial. As duas idéias que balisam o projeto são: "1º - que nadie sea propietario por mas estension de tierra que la necesaria para proveer comodamente a su subsistencia, y 2º que es el cultivo la base de la propiedad."

Portanto, dois princípios extremamente polêmicos que não haviam sido mencionados anteriormente, aparecem agora como norteadores do novo projeto.

Com tais princípios norteadores, Murillo Toro pretendia garantir que o maior número possível de membros da sociedade pudesse tornar-se proprietário de um lote, se assim o pretendesse, garantindo com independência seu próprio bem-estar. Para ele, isso seria forte estímulo para o cultivo. Adverte ainda que não se tratava de despojar ninguém do que já possuísse, mas de lançar as bases de uma repartição eqüitativa da terra que ainda não tivesse sido apropriada e "de promover su labor haciéndola pasar de manos inertes a manos activas y laboriosas".

É explicitamente declarado no texto que tal projeto para terrenos baldios tinha também objetivos políticos claramente definidos: um suporte à democracia e uma prevenção a futuros conflitos sociais, propícios a surgirem em um ambiente que consagra grandes fortunas em meio à pobreza geral.

Para Murillo Toro, as leis que não prevêem a sobrevivência da maioria trabalhadora entregam-na à codícia dos mais fortes e dos mais vantajosamente situados, os quais tiram proveito "del dejar hacer del dejar pasar, de lo que se há llamado la concurrencia libre, cuando ya unos pocos se habian adueñado del teatro en que debe representarse la farsa de libertad industrial".

Germán Colmenares chamou a atenção para o fato de que Murillo Toro dirigiu o mais duro argumento de um político de sua época contra a fórmula primordial do liberalismo, pois igualou o "deixar passar" ao "deixar apropriar", que só poderia trazer a concentração acentuada de capitais e a pauperização das massas.[3] Seria essa uma atitude radicalmente socialista, como afirma Colmenares? Pode-se dizer que sim, mas apenas na medida em que se tenha claro os limites do socialismo proclamado pelos gólgotas. Talvez seja mais adequado afirmar que Murillo Toro, ainda que falando das fileiras liberais, acreditava em uma postura interventora e reguladora do Estado a fim de evitar explosões sociais imprevisíveis. Temia ele as conseqüências da comercialização desenfreada da agricultura sobre os camponeses e acreditava que ainda era tempo de criar as condições adequadas ao aproveitamento agrícola do minifúndio. Contudo, outra afirmação de Colmenares parece acertada: Murillo Toro teria cometido um erro, talvez involuntariamente, ao igualar o processo de proletarização que se passava na Europa capitalista industrial com a proletarização decorrente em Nova Granada do sistema latifundista.[4] Inspirado pelos liberais europeus, igualou a aristocracia da terra do Velho Mundo com a elite agrária de seu próprio país.

O projeto apresentado por Murillo Toro ao Senado, tinha ainda por objetivo dar fim à desordem com que eram vendidos ou distribuídos os baldios e à dilapidação que se fazia, segundo ele, às terras do Estado. Percebe-se que Murillo também enxergava a terra como recurso de arrecadação fiscal e tentava aliar as duas tendências contraditórias que o governo republicano havia assumido até então em relação aos baldios, ou seja, procurava conciliar uma política fiscalista (conseguir recursos para o Estado deficitário) com uma política de povoamento e colonização. Em sua proposta, a alienação das terras pertencentes ao Estado faria-se por meio de pública subasta, por adjudicações como remuneração aos que trabalhassem na abertura de vias de comunicação, ou por meio de concessões gratuitas às novas populações que se estabelecessem em terrenos do Estado, aos estrangeiros imigrantes, a jornaleiros que trabalhassem em caminhos públicos e aos colonizadores que se estabelecessem em povoados. Isso não difere muito de outras leis que procuraram estimular a ocupação das áreas despovoadas do país desde o início do século XIX. A surpresa vem a seguir.

O Capítulo 1 trata das vendas de terras baldias em pública subasta e o artigo 4º é, certamente, o mais polêmico: a partir da vigência da lei, ninguém poderia fazer-se proprietário de uma extensão de terras baldias que excedesse a mil fanegadas, ou 6400 ha. Os artigos 5º a 10º esmiuçam essa disposição geral: aquele que infringisse essa proibição perderia a quantia que excedesse o limite estipulado em favor do Tesouro Nacional. A proibição compreendia não apenas as compras que se fizessem em um só ato, lugar ou província, mas também as que se fizessem em atos, lugares e províncias distintas. Todo aquele que já fosse dono de mais de mil fanegadas de terra, cultivadas ou não, não poderia comprar nenhum lote a mais de terras baldias, e os que fossem donos de uma extensão inferior poderiam comprar lotes somente até completar as mil fanegadas.

O artigo 11 detalhava o procedimento para a venda das terras baldias. Em relação ao projeto anterior, uma das principais diferenças de procedimento estava no fato de que o início do processo não se daria mais em virtude de solicitação de denunciantes, mas sim da iniciativa do Estado. Era o Poder Executivo, no mês de junho de cada ano, que disporia à venda até 51.200 ha. de terras baldias em cada província cujo governador o achasse conveniente. O governador da província faria a medição das terras que haveriam de vender-se, a cargo do Tesouro Nacional. No projeto anterior, era o denunciante que deveria arcar com a medição, e essa é uma diferença significativa, pois os custos de mensura eram bastante elevados, de modo que pelo projeto anterior apenas aqueles que já dispusessem de consideráveis recursos poderiam solicitar a compra de lotes. Depois de delimitadas as tais terras e de publicados avisos nos periódicos, daria-se o prazo de dois meses, para que aqueles que se achassem no direito de adquiri-las ou que já possuíssem escrituras de propriedade se manifestassem. Decorrido esse prazo, caso não aparecesse nenhum reclamante, as terras seriam colocadas a remate, após o que o governador expediria título de propriedade aos compradores. No artigo 12, estipula-se que a venda das terras baldias se faria por lotes de 64 até 320 ha. Novamente, aqui se percebe uma preocupação com os compradores de menos posses, já que o tamanho dos lotes a serem vendidos diminuiu consideravelmente dos 640 ha. do primeiro projeto apresentado.

Outro artigo de suma importância do novo projeto é o 13, que estabelece que as terras baldias vendidas aos particulares deveriam estar cultivadas dentro do prazo de cinco anos, após o qual, não cumprida a exigência, o terreno tornaria-se novamente propriedade do Estado, que devolveria o preço pago pelo comprador menos 5% anuais. Nas disposições gerais esclarecia-se que entenderia-se como terra cultivada aquela da qual se fez uso produtivo, conforme a natureza do terreno e as circunstâncias da localidade.

O capítulo 2 da lei trata das concessões de terras baldias aos trabalhadores das vias de comunicação: o Poder Executivo estaria autorizado a conceder até o total de 128 mil ha. de terras baldias aqueles que levassem a efeito a construção de novos caminhos nacionais. As terras assim concedidas também deveriam ser cultivadas dentro do prazo de cinco anos. As concessões de terras baldias para o estabelecimento de novos povoadores é matéria do capítulo 3º da lei. Para cada novo povoado com mais de 200 pessoas que se estabelecesse em terras baldias do Estado e que mantivesse uma escola de primeiras letras, seriam concedidos até 38.400 ha. de terras.

O capítulo 4 trata das concessões gratuitas de terras baldias. Estas seriam concedidas em plena propriedade aos pobres que, ao tempo da publicação da lei, se encontrassem estabelecidos com casa e lavoura em terras baldias do Estado, em uma extensão de até 64 ha.; àqueles que tivessem cultivado por sua própria conta uma extensão de mais de 64 e até 128 ha.; aos jornaleiros que trabalharam 150 dias na abertura de novos caminhos públicos, para os quais seriam destinados lotes de até 102,4 ha. às margens desses mesmos caminhos; às famílias de imigrantes estrangeiros, que teriam direito a até 128 ha. de terras no lugar em que escolhessem; às famílias de granadinos que se estabelecessem em áreas despovoadas, das quais poderiam reivindicar até 64 ha. de terra.

Tal como no primeiro projeto apresentado por Murillo, não há menção do que seria feito caso aparecesse um reclamante que apresentasse título legal de propriedade do terreno ocupado. Nessa situação, somente a legislação de 1870 adotou uma posição clara e favorável ao possuidor lavrador.

Os debates no Senado

Logo após a apresentação do projeto de lei sobre alienação de terras baldias, iniciaram-se as discussões no Senado. É notável que havia real disposição para que o projeto fosse aprovado, o que mostra que as preocupações de Murillo Toro sobre o perigo da formação de grandes latifúndios nas mãos de homens que se fariam pequenos senhores regionais era compartilhada por setor significativo da elite política do país, sobretudo aquele mais diretamente ligado aos canais de representação do Estado.

Nos debates do dia 28 de abril de 1851, houve inclusive proposta de modificação do artigo 4º do projeto, para que se diminuisse a apropriação máxima permitida de mil fanegadas para 500 (3200 ha .). A proposta de alteração foi feita por Manuel M. Mallarino, que havia sido Secretario de Relações Exteriores e Melhorias Internas do governo Mosquera.[5]

No dia 4 de março de 1852, foi retomado o debate referente ao projeto de Murillo Toro. Nessa ocasião, foi negada a proposta de alteração de Mallarino, mas foi admitida, sem alteração, a parte mais substanciosa do projeto. Houve outras sugestões de mudanças, algumas negadas (como a de que se exigisse que as terras adjudicadas começassem a ser cultivadas no prazo de um ano) e outras aceitas (como a que ampliava para 192 ha. as terras concedida aos possuidores de casa e lavoura estabelecidas em terreno baldio do Estado, às famílias que se dispusessem a estabelecer-se em áreas despovoadas, ou às famílias de imigrantes).[6]

O terceiro debate aconteceu no dia 6 de março de 1852, durante o qual o projeto foi finalmente aprovado.[7] Depois de passar pela Câmara dos Representantes, o projeto voltou a debate no Senado e, a não ser por algumas alterações (como a introdução do artigo que afirma que continuaria em vigor os direitos sobre terras baldias que tenham sido concedidas em leis anteriores da República), foi aprovado em sua inteireza.[8]

No dia 21 de abril de 1852, chegou ao Senado o informe de que o *Projeto de lei sobre enajenacion de terras baldias* havia sido recusado em sua inteireza pelo Presidente López, quatro dias antes. A reação dos senadores foi imediata e pode-se imaginar o clima tenso da sessão daquele dia. Houve sugestão de que se utilizasse um mecanismo constitucional (haveria alguma irregularidade na forma como foi objetado o projeto) para fazer passar a lei de toda maneira, o que foi negado. Propôs-se também que se reunisse um congresso do Senado com a Câmara de Representantes para tomar em consideração a objeção, mas tal proposição não foi admitida. Propôs-se ainda que se adiasse a discussão para a sessão seguinte. Contudo, a proposição aceita foi a de simplesmente suspender a discussão e passar às demais questões da pauta.[9]

A justificativa dada pelo presidente López à objeção do projeto[10] é sumamente interessante e, de certa forma, antecipa os termos em que seriam discutidos o projeto na imprensa, entre o seu autor, Murillo Toro, e Miguel Samper, também do Partido Liberal. López não nega a boa intenção da lei e reconhece os males políticos e econômicos da concentração de terras nas mãos de poucos beneficiados particulares. Contudo, para ele, Nova Granada não estava sujeita a esse tipo de mal, já que uma de suas maiores desgraças era a escassez de população. Não era à toa que um grande número de atos do Congresso se destinava a estimular a imigração.

Sobre as disposições em favor do povoamento de terras incultas, previstas no projeto de lei, nada tinha contra. Porém, era contrário à limitação da aquisição de terras, porque "por ahora, no se pueden temer males provenientes de la adquisición de tierras baldias, cualquiera que sea su estension, por una o por muchas personas (...)". A restrição à aquisição de terras teria conseqüências perniciosas ao país: obstaculizariam os ramos mais importantes da indústria; reduziriam a criação de gado; trariam enormes prejuízos à agricultura; perda da esperança de se obter uma vasta imigração européia ("porque nadie inmigra a un pais onde las leyes limitam la riqueza"); perda dos ingressos nacionais porque as terras baldias alcançariam um preço menor, caso a compra fosse limitada. Além disso, o confisco das terras que excedessem às mil fanegadas faria multiplicar o número de pleitos intermináveis, emperraria os contratos e as divisões de heranças e traria um alarme geral aos donos de baldios e aos demais proprietários de terras.

Em seguida, López se pergunta se Nova Granada enfrentará algum dia os males que a lei pretende evitar: "Para mí és fuera de duda que esos males no existirán jamás, mientras exista al mismo tiempo la libertad mas completa en los contratos, es decir, miéntras que la tierra, como cualquiera otro valor, pueda ser objeto de venta, permuta, herencia, pago, donacion (...)"

Para ele, "el sistema de libertad por sí solo, corrije las desigualdades monstruosas que en la materia existen en otros países, por su inmutable tendencia a equilibrar las industrias". Em seguida, alude ao modelo a que sempre recorrem os liberais latino-americanos do período:

> Los Estados Unidos de América, apesar de ser hoi ocho veces mayores en poblacion que en la época de su independencia, no se resienten en la parte en que no existe la esclavitud, de los males que aquejan algunas naciones de Europa; y esto se debe a la libertad absoluta en el derecho de adquirir, de que alli se goza, y de que no hai motivos de creer que en lo sucesivo deje de gozarse.

López também se diz contrário a outros pontos importantes do projeto: ao preço mínimo estipulado para os lotes, que para ele era muito elevado, e à limitação de oito mil fanegadas (51.200 ha.) de terra anuais para venda em cada província. Também se opôs à obrigatoriedade do cultivo dos terrenos no prazo de cinco anos sob pena de perda das terras cedidas. Para ele, em primeiro lugar, deve vigir o princípio da inviolabilidade da propriedade, e a lei não deve injerir no destino que um indívíduo pretende dar à terra que adquiriu. Em segundo lugar, tal exigência partiria do pressuposto equivocado de que o interesse individual necessita de guia "cuando no hai nada más inteligente, activo i económico que esse mismo interés". Por último, essa medida, caso fosse adotada, poderia fazer baixar consideravelmente o valor das terras a serem postas à venda. Tal exigência só poderia ser pertinente aos lotes cedidos gratuitamente pelo Estado.

Por tais razões, e por outras que julga não ser necessário dar-se o trabalho de justificar, López prefere objetar o projeto como um todo. O projeto de lei que o próprio López irá remeter ao Senado, em maio de 1853, é totalmente diferente: nenhuma referência à função social da terra, nenhuma menção à limitação da aquisição de terrenos. Trata-se mais de regulamentar o procedimento que os administradores deveriam ter para adjudicar as terras de sua província assim que fosse conveniente.[11] O projeto passou para debate do Senado, mas acabou sendo aprovado por decreto, com algumas modificações, pelo presidente José Maria Obando.[12]

As rusgas decorrentes de tais discussões fizeram com que Murillo Toro renunciasse ao cargo de Secretário. De seu lado, apenas um ano após a aprovação da lei de concessão de baldios, entre 1855 e 1856, José Hilário López aparece como grande beneficiário de títulos concedidos: quase cinco mil fanegadas (32.000 ha.) de terra em Tolima,[13] região cujos terrenos foram bastante valorizadas pelos efeitos positivos da comercialização do tabaco e pela regularização da navegação no Magdalena.

A polêmica ganha as páginas dos jornais

Apenas poucos meses depois da recusa do projeto de lei de Murillo Toro pelo presidente López, o debate seguiu quente na imprensa e foi travado entre os liberais Miguel Samper e Murillo Toro por meio de uma troca de artigos no *Neogranadino*, de agosto de 1852 a julho de 1853. Trata-se de um debate entre os princípios do *laissez-faire*, de um lado, e a crença no papel do Estado para orientar o progresso que se pretendia para a nação, do outro. Em outras palavras, trata-se do embate entre duas vertentes do pensamento liberal da elite colombiana em relação à propriedade territorial, já no contexto de valorização das terras durante o crescimento da produção e comércio do tabaco em Ambalema.

O debate se dá no campo das teorias de economia política, mas também, simultaneamente, no campo da observação de sua realidade mais próxima, ou seja, na maneira distinta com que os interlocutores enxergavam os problemas mais imediatos para desatar os nós que dificultavam a produção. É a partir desse embate que se discute o regime de leis agrárias que deveria vigir no país. Punha-se em julgamento a validade da apropriação da terra e dos limites que seriam ou não impostos para tal apropriação. Nos debates, são citados vários autores europeus de economia política (Ricardo, Smith, Say, Sismondi, Bastiat), pois foi na Europa que o debate fora iniciado, desde que Phrodon e outros autores de vertente socialista passaram a questionar a legitimidade da propriedade privada de terras. No plano mais concreto, o que estava em jogo era o projeto de lei para distribuição e venda dos terrenos baldios.

Miguel Samper e Murillo Toro

Iniciou a polêmica um artigo de Miguel Samper[14] de agosto de 1852, no qual o autor comunica com satisfação aos leitores dos sucessos que se vinham verificando em Ambalema. Após oferecer números do movimento comercial do tabaco, posterior à instalação da Montoya & Sáenz y Cía. e da Powles Wilson y Cía., comentou também a importância dos comerciantes miúdos, como os *maleteros antioqueños* que levavam nas costas sua provisão do produto. Além disso, muitas casas comerciais de Bogotá e Antióquia haviam aberto estabelecimentos em Ambalema, antecipando-se ao sucesso que a região teria como empório central de comércio de tabaco.

Contudo, continua Miguel Samper, ninguém procurava casas para morar em Ambalema. Estabeleciam-se tendas, armazéns, pátios, corredores, mas não casas. Samper via nisso tudo um instinto de urgência animado por uma febre especuladora, mas o qual deveria em breve dar lugar a uma situação mais estável, já que a cidade prometia tornar-se em breve um centro mercantil, industrial e político de importância – capital de um grande estado federado composto de Neiva e Mariquita.

Mais importante: para Samper, o grande impulso comercial verificado em Ambalema com a liberdade da produção e comércio do tabaco era apenas uma das portas para o progresso, dentre as muitas que estavam por se abrir em todo o país. "Es fuera de duda que la libertad del cultivo y comercio del tabaco ha sido una verdadera Era, no solo para Ambalema, sino para el país entero."

Em seguida, o autor trata mais especificamente do problema da concentração de terras na região. Segundo ele, o estudo do exercício da propriedade territorial em Ambalema é da mais alta importância para o futuro de seu povo e para o de toda província que seja essencialmente agrícola. Em Ambalema, a terra pertence a um círculo muito estreito de indivíduos que, à medida que vislubraram o futuro da podução de tabaco, adquiriram a preços muito baixos os terrenos adjacentes, até formarem grandes fazendas "o mejor dicho, feudos, que hoi componen el distrito de siembras".[15] Assim, os proprietários conseguiram organizar seus negócios de tal modo, que as "leis naturais" de distribuição da riqueza foram afetadas, neutralizando os efeitos benéficos da liberdade. Refere-se então o autor às relações estabelecidas entre proprietários de terras, cultivadores de tabaco e firmas comerciantes, conforme visto no capítulo anterior.

A partir disso, deduz que o comércio do tabaco, reduzido a poucas mãos, inviabiliza o funcionamento da Lei da Livre Oferta e Procura. O futuro de Ambalema estaria, portanto, seriamente comprometido. Apressa-se o autor em dizer que não é por tais ad-

Terra e capitalismo   145

vertências que ele deve ser confundido com aqueles que põem em dúvida os fundamentos da propriedade territorial, "pues léjos de esto, sostengo esse derecho como que sin él, la sociedad se veria espuesta a retrogradar hasta, la barbárie, y como interessado en que el partido liberal de la Nueva Granada aparezca siempre defendiendo por médio de sus afiliados la causa de la civilización".

Para ele, tal estado de coisas era apenas transitório e o remédio continuava sendo a liberdade: em breve, o plantio do tabaco ultrapassaria os limites a que estava submetido, o que aumentaria a concorrência e corrigiria as imperfeições iniciais. Sendo assim, o papel do legislador seria o de garantir a liberdade e não adotar medidas violentas, opressivas e injustas, que afetam os fundamentos da propriedade "y hacen un mal irreparable a la sociedad, cuya principal base, es el goce ilimitado de aquel precioso derecho". Esperava ele o surgimento natural de fundamentos para a concorrência em um regime de liberdade absoluta.[16] Embora sem citar nome, Miguel Samper está aqui fazendo um ataque direto ao extinto projeto de limitação da venda dos terrenos baldios de Murillo Toro. Conclui ele,

> Los que claman en favor de las clases que ellos llaman desheredados porque no poseen tierra, especulan deplorablemente con el favor popular que sus declamaciones pueden adquirirles entre los hombres corrompidos, entre los crédulos o incautos, o desconocen absolutamente la verdadera naturaleza del valor o de la riqueza.

Em resposta, Manuel Murillo Toro escreveu um artigo[17] dirigindo-se diretamente a Miguel Samper e às questões levantadas por ele, seriamente ligadas ao progresso do país.

Diz ele que lhe dava pena perceber o ardor com que se discutiam as várias reformas políticas (sufrágio direto e universal, federalização), sem que os protagonistas do debate se dessem conta de que tal reforma é apenas um verniz para uma reforma verdadeira, a saber, a reforma econômica. Para ele, tratava-se de grande precipitação discutir primeiro as reformas políticas, pois se estas não se apoiassem em mudanças econômicas verdadeiras, acabariam por descambar em autoritarismos, como a França de Luis Bonaparte.

Ao mesmo tempo em que discute as questões levantadas por Miguel Samper, Murillo Toro também faz uma defesa de seu derrotado projeto sobre alienação de terras baldias. Para ele, o veto ao projeto tirava um impulso fundamental às leis de descentralização.

O autor adverte ainda que,

> voi a poner el dedo sobre úlceras mui delicadas, voi, tal vez, a inquietar intereses de mucha monta (...). Voi a tratar de la propiedad en los momentos en que se trata de fijar la fisionomia politica de nuestra sociedad, porque "es la constitucion de la propiedad la que determina el carácter político de la nación"

diz ele, citando Leon Fancher.

É a propriedade territorial, continua, a causa permanente e incontestável da desigualdade social, ou seja, da exploração sistemática de muitos em favor de poucos. Do mesmo modo que Samper, Murillo apressa-se em dizer que não entra no estudo dessa matéria como socialista, antes que disso o acusem, e sim, simplesmente como eclético.

Ele resume as explicações dadas pelo próprio Samper sobre a formação das grandes propiedades em Ambalema e a exploração dos grandes proprietários sobre os *cosecheros*, mas aponta a incrongruência do amigo em, após apontar todos os problemas, dizer que é o "deixar passar, deixar fazer" a fórmula mágica que irá resolver todos os problemas. Sem um esforço para deter as causas das desigualdades, um cataclisma sobreviria, tal como ameaçava acontecer na Europa.

Citando autores europeus e representantes do Parlamento britânco, Murillo Toro diz que no velho continente, tal como começava a suceder em Nova Granada, o fruto da escola econômica que tem como fórmula o "deixar fazer, deixar apropiar indefinidamente" tem sido o de aumentar imensamente a riqueza dos que já eram ricos e a pobreza dos mais pobres. Faltavam regras acertadas para verificar uma repartição eqüitativa do valor dos produtos criados entre todos os que participavam de sua produção. Todo o mal, continua, vem da forma como está constituída a propriedade territorial; esse é o fato gerador que com a doutrina do *deixar fazer* está agravando essa deformidade social, tornando estéreis os progressos da indústria e da civilização. Fazia-se necessário cuidar para que as novas descobertas e conquistas feitas no campo da indústria fossem benefício de todos.

Em termos concretos para a realidade granadina, Murilo Toro acredita ser indispensável impedir que a indústria do tabaco venha a ser o negócio de alguns poucos, em cujas mãos se acumularão imensas riquezas, enquanto que os demais que também têm contribuído à criação desse produto apenas poderão alimentar-se para não morrer e poder seguir trabalhando como bestas de carga. Afrontando diretamente a receita de Miguel Samper, a prevenção de tais males estaria em impedir de antemão a excessiva concentração de terras:

> Para mí, el remedio para los males que U. há espuesto, para los riesgos que U. prevee para la industria del tabaco, estaria en prohibir las grandes acumulaciones de tierra: esse es el único remedio y no hay que asustarse. Tal fué mi propósito cuando sometí a las Cámaras (...) esse proyecto de lei sobre terras baldias.

Na argumentação de Murillo aparece claramente o caminho que ele vislumbrava para Nova Granada inserir-se no mundo comercial e constituir-se como nação: pela configuração do território, cabia ao país o papel de um povo agricultor e nada mais. Entretanto, desde que se esperasse viver sob as leis de uma democracia, deveria-se restringir a aquisição de terras, tal como se proíbe a compra de votos para as eleições, "sin olvidar que el voto está en relación directa con la tierra; i que este es el primer paso forzoso para dar a las transaciones por base permanete la equidad".

Cita Bastiat, cuja leitura havia sido recomendada por Miguel Samper, dizendo que ninguém tem o direito de apropriar-se dos serviços gratuitos da terra. O serviços da terra, como o ar, a luz, o calor do sol

148   Cristiane Checchia

e demais agentes naturais da produção, não podem constituir uma riqueza de apropriação infinita de determinadas pessoas.[18] Ainda assim, ele não ataca incondicionalmente a apropriação das terras, pois a considera útil e necessária, mas sustenta que essa apropriação tenha limites, de cujo respeito deve se encarregar a sociedade. A terra é um bem gratuito da natureza e não um produto fundado no trabalho do homem e, por isso, ela não poderia ser apropriada, tal como o ar e o calor do sol. Acontece que, como não é infinita como estes últimos, caberia delimitar a porção de terra que cada homem poderia usufruir.

A liberdade industrial só pode ser exercida quando são derrubados todos os monopólios, seja do Estado, seja de particulares, diz Murillo Toro. Nesse ponto, não haveria oposição em relação ao que disse Samper, não fosse pela importante diferença de que, para Murillo, a quebra do monopólio envolve necessariamente a intervenção do Estado para garantir a infinita divisão da terra, que é o primeiro elemento do trabalho: "és una condición indispensable para el progreso i para hallar la solución del problema de la equitativa distribucion de los frutos del trabajo en razon del esfuerzo hecho". O direito sobre a terra deveria reduzir-se, portanto, aos limites indispensáveis para garantir o cultivo e de forma a garantir uma distribuição eqüitativa a todos os envolvidos na produção agrícola.

Como já ficara claro no texto do projeto de lei, para além das preocupações com o progresso econômico, Murillo Toro estava profundamente convencido de que uma nação de cidadãos não poderia nascer sob o signo da dominação política das aristocracias regionais. A limitação para aquisição de terras assegurava não apenas a subsistência de grandes massas trabalhadoras mas também a conservação de sua liberdade política "porque es evidente que cada porcion de tierra representa una porcion equivalente de soberania".

Atacando novamente a máxima liberal suprema do "deixar fazer", afirma que esta é a negação dos princípios de associação e de fraternidade, pois consagra vantagens obtidas sob uma organização social extremamente desigual. E termina seu artigo afirmando que, apesar de essas questões inquietarem os interesses de certa classe da sociedade, devem ser enfrentadas antes que os proprietários territoriais ampliem ainda mais seu poder de influência.

As teses de Murillo Toro fazem pensar nos princípios adotados por todas as constituições colombianas, desde o período da Pátria Boba até 1853. Por elas, estavam excluídos dos direitos de representação todos aqueles que não comprovassem a posse de propriedades territoriais ou de certa quantidade de renda. Isso esteve muito de acordo com a visão amplamente presente na história das idéias políticas do século XIX, de que aqueles que não têm propriedade territorial não desenvolvem a liberdade, a responsabilidade e o discernimento necessários para a participação das decisões de Estado. Segundo Jaramillo Uribe, tal idéia teria se difundido com vigor em Nova Granada, bem como em outros países americanos, por vários fatores: nas sociedades desses países, os privilégios hereditários jamais puderam ser comparados aos da nobreza européia do Antigo Regime, e não se desenvolveram corporações ou estamentos de consistência vigorosa (a não ser as comunidades religiosas). Tudo isso teria feito com que os elementos objetivos de diferenciação social, a propriedade territorial e o dinheiro, fossem elevados a elementos de diferenciação política.[19] Haveria que levantar algumas ressalvas quanto à tese de Jaramillo Uribe, já que o critério censitário prevaleceu no século XIX mesmo em sociedades cuja estratificação social poderia ser considerada mais fechada ou cujos privilégios de nobreza foram mais enraizados. Ainda assim, a idéia de que homens sem propriedade alguma seriam sempre um fator de decomposição social deu origem tanto às medidas que efetivamente excluíram tais homens da esfera de decisões políticas (pelo menos até imporem-se gradativamente as leis de sufrágio universal), quanto a propostas para aumentar a participação política da população democratizando o acesso à terra. A partir desses princípios, John Adams, um dos fundadores da República norte-americana, propôs medidas para fazer de todos os cidadãos da União proprietários de terra, e foi essa a posição adotada por alguns liberais neogranadinos, pelo menos no discurso.[20]

A resposta de Ricardo Vanegas

Em resposta ao artigo de Murillo Toro, antes de Miguel Samper, adiantou-se Ricardo Vanegas.[21] Nesse artigo resposta, Vanegas resume a teoria de Murillo Toro em dois pressupostos: o de que o mal-estar entre as classes trabalhadoras da sociedade tem como causa permanente a acumulação em poucas mãos da propriedade territorial e o de que o único remédio para esse mal-estar seria impedir as grandes acumulações de território.

O autor tece sua argumentação para questionar tanto a validade do diagnóstico quanto das soluções apontadas por Murillo Toro. De pronto, afirma que não há como comparar a realidade da questão de terras na Europa com a de Nova Granada (o que, de fato, o faz atingir o ponto mais frágil da argumentação de seu opositor). Segundo ele, diferentemente do que ocorre na Europa, não há entre os neogranadinos um sistema determinado de monopólio e leis de exceção a favorecerem uma classe determinada. Além disso, não haveria sobra de trabalhadores e falta de trabalho e sim o contrário, sobra trabalho e faltam trabalhadores, daí o esforço para atrair imigrantes a todo o custo. A partir desse ponto, porém, o autor irá descambar para a apologia dos grandes proprietários, como se verá a seguir, o que explicita as diferentes posições que ele e Miguel Samper ocupavam no amplo espectro ideológico liberal da época.

Não é, para ele, a acumulação da propriedade nem a falta de uma nova organização política e social "como pretendem diferentes sectas socialistas" a origem do mal que todos reconhecem e deploram. As causas para o lamentável atraso na agricultura e das demais artes industriais devem ser encontradas em outros fatores: o sistema tributário, obstáculo perene para o desenvolvimento em grande escala de um comércio ativo com o estrangeiro; e a natureza do território, devido às dificuldades de transporte. Apesar dos esforços que já se haviam empreendido para combater tais causas, os resultados não tinham sido mais que adversos.

O autor não foge à questão dos aspectos políticos ligados à terra, mas discorda da idéia de que a distribuição territorial é um fator fundamental para garantir a liberdade política dos eleitores. Para ele, é preciso dar todas as garantias aos sufragistas para assegurar a emissão de um voto livre e espontâneo. Contudo, alude que em países novos como Nova Granada, em que a civilização ainda fez poucos progressos e onde as massas ignoram profundamente até o nome de quem favorecem com seus votos, a influência das classes adiantadas passa a ser desejável. Segundo ele, os proprietários, ainda que por egoísmo, têm necessariamente o interesse de manutenção da paz pública e, por isso, devem apoiar um regime que dê todas as garantias e fomente o desenvolvimento e prosperidade do país em que vivem. Portanto, não haveria motivos para temer sua liderança sobre a sociedade: "Miéntras que la naturaleza de las cosas no varie, forzoso és que haya cien pobres al lado de un rico, cien ignorantes al lado de un filósofo, y forzoso que la riqueza predomine sobre la indijencia, la ilustracion sobre la ignorancia."

Um artigo publicado em um periódico venezuelano e reproduzido na *Gaceta Oficial* colombiana nº 1313, de 11 de fevereiro de 1852, entitulado "Agricultura – proprietários – agronômos arrendatários", atribui papel semelhante aos proprietários de terras:

> los propietarios tienen en sus manos los destinos de Venezuela, porque, dando a las tierras que poseen todo el valor que les corresponde, no pueden menos que adquirir asi una gran influencia de localidad, que, haciendolos pasar gradualmente por el electorado y el municipio, inevitablemente los conduce a la representacion de los intereses nacionales, y al logro de un conocimiento profundo de las necesidades del país.[22]

Por esse mesmo artigo, aos pequenos proprietários caberia vender suas terras aos de maior patrimônio e tornar-se arrendatários.

Vanegas acredita que, sob um regime de liberdade econômica, a acumulação de terras e capitais, antes de ser um mal que é preciso evitar, é justamente uma fonte de riqueza e bem-estar e um poderoso elemento de civilização. Por isso, usará de todos seus argumentos para desmerecer as proposições de Murillo sobre a limitação da apropriação de terras. Mesmo admitindo que tal idéia se transformasse em lei, diz ele, seria impossível dar aos trabalhadores meios para que se apropriassem dos terrenos disponíveis. Assim, estariam insatisfeitos os proprietários que poderiam comprar mais terras se a venda não fosse limitada e estariam insatisfeitos os trabalhadores, por não poderem adquiri-las. Mesmo concedendo a idéia absurda de que a lei aprovada converteria a classe agrícola em proprietária, o que fazer com os pedreiros, artesãos etc.? Se eles se convertessem em agricultores, não haveria quem fizesse casas, sapatos etc., e as pessoas padeceriam do mesmo mal que a lei procura combater.

O autor continua o raciocínio levantando as dificuldades de ordem prática para fazer cumprir a lei caso tivesse sido aprovada (a desigualdade dos terrenos e a falta de extensão do território da República, insuficiente para uma repartição tão geral). Termina este primeiro artigo procurando apontar a incongruência de Murillo no que diz respeito à teoria em que apóia sua idéia. Se a terra deve ser concebida como um meio natural do qual nenhum homem poderia se apropriar, como o ar e a luz, e apenas os produtos que ela produz pelo trabalho do homem, então, porque Murillo admite a apropriação de terras, mesmo que limitada? Se fosse o caso de admitir alguma apropriação, não se poderia limitá-la, conclui ele.

Vanegas volta a essa questão em um segundo artigo,[23] no qual expressa a opinião de que não haveria nenhum motivo para distinguir a propriedade territorial das demais propriedades, como fizera Murillo: o capital que aparece em uma máquina de vapor, diz Vanegas, é o mesmo que se emprega nessa outra máquina, "complicada i desconocida, que se llama tierra". Portanto, a intervenção nos negócios relacionados à terra deve ser nula, como nos demais ramos de atividades econômicas, pois toda lei que tente limitar a liberdade de contratos e aquisições é contrária à riqueza.

Vanegas atribui a existência da desigualdade econômica entre os homens e as conseqüências desse fato à sociedade. Em todas as transações, de toda espécie, não se pode ignorar o fato de que o mais rico ocupa uma posição privilegiada em relação ao mais pobre, e se vale da mesma para obter ainda mais vantagens. Mas a pergunta que faz o autor diante dessa constatação é: haveria posibilidade de impedi-lo? Se houvesse, seria justo?

Respondendo negativamente às duas questões, conclui ele que qualquer restrição à aquisição de terras seria o primeiro passo para um sistema geral de restrições de todo o gênero, fazendo minguar a importância da propriedade e da produção ainda tímida e insegura que surgia em benefício da nação. Em sua visão, portanto, a ação do Estado deveria priorizar a necessidade de formar capitais particulares e não preocupações sociais excessivas.

"Dejad hacer", resposta de Miguel Samper a Murillo Toro

Em sua resposta[24] a Murillo Toro, Miguel Samper teceu sua argumentação primeiramente no plano teórico da economia política, a partir da discussão de dois princípios: que a propriedade absoluta não pode ser reconhecida senão nas coisas que são de criação humana e que, sendo a terra o primeiro elemento do trabalho, a liberdade de indústria presupõe a infinita divisão daquela.

Para Samper, o homem, por sua própria natureza, é um ser organizado sujeito a necessidades materiais e aspirações morais, que não se satisfazem senão por meio do consumo da riqueza. Em seguida, define o que ele entende por *apropriação*: o ato pelo qual o homem une à sua própia existência as coisas da natureza que lhe são úteis, mediante um esforço da potência intelectual e física. Assim definida, a *apropriação* funda-se na própria natureza humana e por isso "és incontestable que no puede tener otros limites que las necesidades del hombre por una parte, y sus potencias por outra". Somente a transferência da riqueza *criada* por meio da violência pode ser considerada *despojo*. Mas o fato de uma desigualdade de riqueza e de bem-estar "que no proviene sino de la desigualdad de potencias creadoras, léjos de ser contrario a la naturaleza humana es una consecuencia forzosa de ella".

Sendo assim, as apropriações de terras pelo esforço criador e pelas necessidades dos homens seriam mais do que justificáveis. Se o ar, a água, a luz, ou o calor do sol não foram apropriados pelos homens em particular, é somente porque a natureza os fez inesgotáveis, infinitamente superiores às exigências de um só homem. A terra é um elemento apropriável como todos os outros elementos naturais, e deles se diferencia apenas porque pode ser marcada permanentemente com o selo da propriedade.

Defendida a legitimidade da apropriação de terra, Miguel Samper discute o que seria o monopólio: a exploração de certa indústria por uma só ou poucas pessoas, com expressa exclusão de outras que tenham capacidade para explorar o mesmo ramo. Para que seja possível dizer que um setor está sob monopólio, é necessário não somente que tenha havido a exclusão de concorrentes, mas que estes sejam ou possam ser efetivamente concorrentes. A conclusão inevitável é a de que os proprietários não exercem monopólio, porque todos aqueles que tenham valores equivalentes a suas *haciendas* podem adquiri-las e explorá-las mediante compra.

E como explicar as denúncias de monopólio feitas pelo próprio Miguel Samper no artigo sobre Ambalema que estimulou a resposta de Murillo Toro? Diz ele que os fatos a que havia se referido no artigo "Ambalema" deviam-se unicamente ao estado a que estivera sujeita a produção de tabaco. As circunstâncias vantajosas dos proprietários de Ambalema e o fato de a exportação de tabaco ter estado circunscrita a duas casas fortes e respeitáveis contribuíram para que os benefícios dos *cosecheros* fossem muito limitados, porque essas casas puderam, a princípio, fazer contratos muito vantajosos com os proprietários, livres como se achavam de uma concorrência séria. Para ele, contudo, a denúncia dessa situação não poderia extender a acusação de monopólio no que diz respeito à propriedade territorial.

Partindo do princípio de que a propriedade, ou melhor, a apropriação não tem outros limites que não os meios de produção de que cada um dispõe, Samper, em uma segunda carta,[25] discute mais especificamente a divisão da terra em suas relações com a liberdade industrial.

Segundo ele:"para que la division industrial de la tierra sea natural, es decir, acertada y ventajosa para una esplotación fecunda, es preciso que sea permitido comprar, y vender tierras con la misma libertad con que se permiten todas las demas transaciones."

A exigência de grandes somas de capital em empresas como a do açúcar, por exemplo, não permite a exploração por pequenos produtores e, conseqüentemente, zonas apropriadas para o cultivo da cana acabam ficando em poder de poucos e acaudalados proprietários. Longe de ser algo ruim, essa concentração traz benefícios ao comércio do país e às classes pobres, que compram o açúcar mais barato do que se este fosse produzido nos pequenos trapiches de madeira: "Véase, pues, que si la lei pretendiera dividir la tierra con una medida arbitraria, no lograría outra cosa que desconocer los negocios".

Samper não nega que a aglomeração de propriedades em poucas mãos produz, às vezes, inconvenientes às famílias pobres de lavradores, mas não está de acordo com a solução proposta por Murillo e nem em atribuir à constituição da propriedade territorial os males da pobreza.

Para Miguel Samper, como para tantos outros, o modelo das regras que deveriam pautar o mercado de terras no país deveria ser tomado nos Estados Unidos:

> El gobierno vende anualmente cierto número de lotes divididos en secciones y estas en quartas de [?] a 160 acres a un precio cuyo mínimum es de 10 pesos por acre. Todo ciudadano y todo estranjero tienen el derecho de comprar el número de acres que tengan por conveniente, y sin embargo, se

há observado que la tierra en los Estados del Oeste se há mantenido dividida y poseida por pequeños propietarios llamados formers. La esplotacion de sus inmensos territorios asi lo há requerido y la lei no há necesitado hacer ninguna indicacion al interes individual.

O autor procura ainda apontar os inconvenientes da proposta de limitação da apropriação de terras de Murillo: qual o critério para escolher mil fanegadas por lote? Mesmo que essa medida fosse acertada, deveria ser a mesma para o homem sério e trabalhador e para o preguiçoso? Haveria que aumentar a divisão a cada nascimento e diminuí-la a cada morte? E a desigualdade da qualidade dos terrenos?

Ao resumir os principais pontos de seu pensamento sobre a matéria, Miguel Samper deixa bem claro que, para ele, a conduta do governo em relação à produção e divisão da riqueza não deveria ser outra que não a de afastar-se dos negócios dos particulares e proteger os direitos de todos os cidadãos.

A opinião de José Maria Samper

Fato curioso é que o irmão de Miguel Samper, José Maria Samper, em seu *Apontamientos para la história política de Nueva Granada*, escreveu páginas elogiosas a Murillo Toro. Infelizmente tais páginas não foram localizadas, mas a prova de sua existência é uma carta publicada no *Neogranadino* de 22 de dezembro de 1853,[26] dirigida a José Maria Samper, criticando os ditos elogios. Na carta, assinada pelo pseudônimo Ictiopolitanus, seu autor questiona a atuação de Murillo, quando Secretário da Fazenda, no que diz respeito exatamente à venda de terrenos baldios. Repreende Murillo por querer limitar a propriedade da terra e criticar os princípios do *laissez-faire*. Acaso não teria visto ele os imensos baldios que a República possui a espera de serem apropriados e cultivados?

> Cuando el Señor Murillo deliraba con la limitación de la propiedad territorial; o pensaba su cerebro, como com mano de bronce, la conocida

sentencia de Proudhon, "La propiedad es un robo"; o, léjos de fijar su vista en el suelo granadino, la paseaba por el de Inglaterra, sin encontrar una pulgada de terreno, para el infeliz proletario.

La manera como el Doctor Murillo manejó esta cuestion, nos seria suficiente para dejar probado, que no há sido, ni és más, que un pobre imitador de los socialistas europeos (...)

O fato de José Maria ter elogiado o projeto de Murillo mostra a diferença marcante entre o pensamento dos dois irmãos, mas também, as diferenças entre os liberais na discussão a respeito da terra. Apesar de José Maria ser fervoroso defensor da iniciativa individual e admirador do sistema constitucional inglês, como seu irmão, havia em seu pensamento forte influência do romantismo francês, ausente na formação de Miguel. Este último, talvez o representante mais puro do liberalismo clássico europeu de meados do século, nas palavras de Jaramillo Uribe, defendia às últimas conseqüências o harmonismo econômico, ainda que visse no plano político a necessidade de um Estado que pudesse restaurar o equilíbrio social quando este é ameaçado por indivíduos parasitas que não se integram a nenhuma atividade econômica.

Assim, fica evidente que não havia um projeto político único e pré-traçado com relação à destinação que se daria ao enorme patrimônio representado pelas terras baldias. Esse é um fato importante, ainda mais quando se tem em vista que o projeto modernizador estava fundamentalmente calcado no estímulo à agricultura e na atração de mão-de-obra estrangeira por meio da distribuição de terras. Seria, portanto, simplificação excessiva dizer que apenas os interesses de particulares permearam as dicussões, pois, para além disso, tratava-se de um debate sobre diferentes projetos de Estado. Evidentemente, isso não significa que na prática os mesmos porta-vozes da regulação não tenham cedido ao que criticavam, mas que o debate das leis tinha como pano de fundo um debate teórico sobre as bases que deveriam estruturar o Estado.

Os efeitos da política de baldios de meados do século XIX

No que concerne a política de baldios, o período das reformas liberais de 1850 não representou uma mudança de rumos significativa. Pelo levantamento feito pelo geógrafo Agustín Codazzi em 1850, aproximadamente 75% do território colombiano era composto por terrenos baldios, sobre os quais ninguém reclamava direitos de propriedade. A maior parte desses terrenos encontrava-se em regiões que ainda hoje são fronteiras inexploradas (os *llanos* orientais e as selvas amazônicas do sul).[27] Essa imensa porção de baldios permaneceu despovoada e sem cultivo pelo menos até o último quartel do século, e tampouco a dívida externa pôde sequer ser reduzida. Isso porque, apesar da forte efervescência do debate nas instâncias políticas de decisão e na imprensa, as leis sobre transferência de baldios seguiram, na prática, dinâmicas próprias.

Rumo ao processo de descentralização e federalização do poder, o governo central, dando maior autonomia às províncias, cedeu por uma lei de 1º de junho de 1853 até 25 mil hectares de terrenos baldios a cada província, que deveriam ser adjudicados com o objetivo de facilitar e estimular o cultivo e a colonização. Um decreto de 29 de novembro do mesmo ano regulamentava a cessão e o arrendamento de terras baldias com o mesmo propósito. Contudo, tais leis (e outras adotadas pouco mais tarde em caráter semelhante) nunca conseguiram cumprir seu objetivo. O governo perdia-se freqüentemente em sua própria malha burocrática, na qual quase todas as Secretarias (de Fazenda, do Estado, de Relações Exteriores, de Governo, de Guerra) eram responsáveis, em diferentes instâncias, pelo assunto da concessão de baldios.

Além disso, no nível das províncias, nem mesmo as que contavam com mais recursos conseguiam vencer os obstáculos técnicos e econômicos da agrimensura, e muitas adjudicações de terrenos a particulares foram pautadas com base em limites fictícios, o que gerou uma infinidade de litígios no decorrer de todo o século XIX.

Freqüentemente, tais litígios deram-se em prejuízo dos pequenos agricultores sem títulos. Mesmo que alguns dispositivos legais tenham sido criados para protegê-los, como o que previa a concessão de até 6,4 hec. de terras ao colono que as tivesse cultivado (lei de 29 de abril de 1848), era difícil vencer a pressão dos fazendeiros e comerciantes com mais recursos. Em muitos casos, os colonos ignoravam a existência de recursos legais que lhes seriam favoráveis ou não tinham meios econômicos para recorrer às autoridades em sua defesa. Exemplo disso encontra-se em uma circular do governador de Santander, Isidro Villamizar, sobre as irregularidades que observava no tocante ao cumprimento das leis sobre terras. Nela, o governador faz um alerta sobre o tenebroso e impenetrável labirinto da legislação que vinha favorecendo a famosos salteadores, em detrimento à viúva, ao órfão, ao laborioso lavrador ou ao pequeno comerciante, que fundam sua propriedade sobre o trabalho e a fadiga de muitos anos:

> Una legislación en que la falta de una simples formula es bastante para despojar a una población, a una familia o a un indivíduo de derechos que en lo substancial son incuestionables, es una amenaza continua y aterradora contra la propiedad, y por esto algunos de nuestros lejistas son el mas horrible espanto para el hombre de bien, il el azote mas asolador de algunas poblaciones...[28]

Nesse caso, a defesa da propriedade pelo governador de Santander dá-se sob o ponto de vista inverso ao que foi normalmente adotado pelos políticos da época, que viam nos pequenos agricultores e colonos uma ameaça à propriedade particular dos grandes titulares.

Em um resumo das adjudicações de terras baldias realizadas entre 1827 e 1881, feito pela Secretaria de Fazenda, verificou-se que do total de todos os terrenos adjudicados (1,3 milhão de hectares) no período, apenas uma parte ínfima (6 mil hectares), equivalente a 0,46% do total, havia sido entregue a cultivadores. Quase metade dos terrenos adjudicados foi cedida em grandes lotes em troca de documentos da dívida pública, títulos de concessão e bonos territoriais. Uma listagem alfabética com todos os grandes beneficiários, publicada nesse mesmo documento, mostra como os poderes político e econômico estiveram diretamente ligados à concessão dessas grandes extensões de terras.[29] Isso também é verdadeiro para os dois períodos em que o próprio Murillo Toro alcançou o posto de presidente, em 1864-1866 e 1872-1874. Embora tenha criticado tão enfaticamente as grandes acumulações de terras e a omissão do governo frente à tão contrastante desigualdade social, Murillo Toro adotou uma política extremamente benevolente aos grandes latifundiários e comerciantes, concedendo-lhes grandes lotes de terrenos a preços insignificantes. A distribuição de terras feita por ele foi tão escandalosa que Tomás Cipriano Mosquera, eleito novamente presidente em 1866, tentou deslegitimar parte das vendas. A reação dos latifundiários foi tal que provocou a queda de Mosquera em 1867.

Continuou-se fomentando a colonização, mas não foram criadas as mínimas condições para o surgimento de novos povoamentos nas regiões de terrenos baldios que se pretendia adjudicar a colonos. Como bem disseram os historiadores Villegas e Restrepo, os baldios eram, na verdade, uma expectativa para o futuro: "Até esse momento são simplesmente selvas insalubres, impenetráveis, com algumas riquezas tais como o caucho, a quina, algumas resinas e a tágua, mas em condições muito difíceis de exploração".[30] Nas mãos dos particulares, de pequenos colonos a grandes proprietários, portanto, os terrenos não tiveram melhor proveito do que haviam tido em mãos do Estado.

Os melhores terrenos para serem povoados (próximos a centros de atividades econômicas e adjacentes a regiões já povoadas) eram freqüentemente adjudicados a militares[31] ou reservados a vendas para pagamento da dívida pública ou ainda a concessões a companhias nacionais e estrangeiras. É evidente que os maiores incorporadores de terrenos esperavam sua valorização e não estavam interessados em fazê-los produzir em condições que exigiriam ainda tantos investimentos. Não foi por acaso que, mais tarde, quando colonos começaram a ocupar as terras de encosta em Antióquia, no período de expansão dos cafezais, fortes conflitos se deram entre eles e os proprietários de títulos.[32]

Somente a legislação adotada a partir da década de 1870 apresentaria dispositivos que claramente estimulavam a colonização, protegendo o colonizador que ocupasse terrenos, em detrimento ao proprietário titular. Desde o início da República, portanto, decorreria mais de meio século para que os legisladores decidissem proteger efetivamente os ocupantes produtivos dos baldios, o que foi feito somente após a falência completa dos utópicos planos de imigração e da vã esperança de pagamento da dívida externa com a venda de terrenos.[33]

O parcelamento dos resguardos indígenas e os terrenos de mão-morta

Viu-se na primeira parte deste trabalho que as terras de resguardos indígenas, após terem sido reduzidas durante o período de reformas bourbônicas, estiveram sob o alvo dos legisladores desde o início da República. Contudo, a partir do final da década de 1830 e início da década de 1840, inúmeras dificuldades impediram as divisões das terras coletivas em diferentes províncias e decretos foram expedidos para suspender os processos em curso. Além dessas medidas, a lei de 1843 proibiu pelo prazo de vinte anos a venda de terras indígenas divididas.

As reformas na legislação de meados do século marcam novamente um período de avanço da política de dissolução dos resguardos. Sobretudo duas diretrizes são importantes. A primeira delas foi dada por uma lei de 3 de junho de 1848, referente a administração e regime municipais. Em seu artigo 17 do capítulo 2º, fica reservado exclusivamente às Câmaras provínciais a organização de tudo que dissesse respeito a resguardo de indígenas. Tal medida prometia sanar as dificuldades que haviam feito emperrar a implementação da mensura, divisão e adjudicação dos terrenos de resguardos pelas leis anteriores, o que ocorrera devido à diversidade das situações em que se encontravam as comunidades indígenas em cada região. Assim, pela lei de 1848, as províncias passavam a ficar responsáveis por todo o processo, pois teriam melhores condições de analisar cada caso.

Um pouco antes de ser votada essa lei, Manuel Mallarino, então Secretário de Relações Exteriores e Melhorias Internas, já demonstrava impaciência em relação aos morosos processos relacionados aos resguardos indígenas, dos quais o governo central não conseguia dar conta. Era tempo, dizia ele, de as autoridades locais tratarem dessa classe de negócios. Mallarino não ignorava o fato de que tal descentralização favoreceria a ocorrência de abusos contra os indígenas, pois colocava os principais interessados nas terras de resguardo em posse total dos meios administrativos para usufruir da liberalização das mesmas. Apesar de consciente do que tal medida poderia promover, o Secretário continuou a defendê-la com o argumento de que o governo central, de fato, tampouco se mostrara competente para inibir tais abusos.[1]

Tais disposições foram ainda acompanhadas de outras medidas que fragilizaram a situação das comunidades indígenas. Exemplo disso é a resolução de 3 de junho de 1848, que eliminou o cargo do *personero municipal*, o qual era designado como defensor dos indígenas. A extinção de tal cargo não foi acompanhada pela transferência das antigas atribuições do *personero* a nenhuma outra autoridade, de modo que os indígenas deveriam promover suas ações judiciais e defender seus direitos como os demais granadinos.[2] Em virtude disso, em diversos lugares, começou-se a persuadir aos indígenas de que tal resolução lhes autorizava a arrendar seus terrenos sem a necessidade de intervenção de nenhuma autoridade. Tornado ciente de tais irregularidades e do fato de que "los terrenos de los indígenas son un objeto sobre el cual tiene fijos los ojos la codicia",[3] o Secretário de governo Francisco Zaldúa foi obrigado a ditar outra resolução, pouco mais de um ano depois, pela qual os governadores das províncias passavam a ser responsáveis por evitar abusos.

A segunda diretriz importante das reformas de meados do século foi dada pela lei de 22 de junho de 1850.[4] Para alguns autores, essa lei marca a viragem definitiva na política de proteção aos indígenas que prevalecera até então. Em seu artigo 4º, confirmou-se a prerrogativa das Câmaras de província sobre os processos de mensura, divisão e adjudicação dos resguardos. O mais importante da lei, contudo, é que a isso se somou a autorização para os indígenas disporem de seus bens como os demais granadinos imediatamente após concluído o processo de divisão e adjudicação dos resguardos, ou seja, podendo vendê-los como qualquer cidadão livre. Portanto, definitivamente, estava abolido o prazo de proibição de venda de vinte anos, que havia sido instituído pela lei de 1843.

Cabe perguntar por que tais medidas estavam agora sendo reeditadas, após um período em que haviam sido suspensos processos de divisão de resguardos que já estavam em curso em diversas províncias.

Em uma primeira análise, pareceria plausível que a maior pressão para a dissolução dos resguardos estivesse diretamente ligada à lei de abolição da escravidão: o raciocínio seria o de que o temor de uma crise de falta de mão-de-obra causada pela libertação dos escravos fortaleceria as pressões sobre os resguardos, para que ficassem disponíveis não apenas os ambicionados terrenos, como também a força de trabalho dos indígenas que venderiam suas terras. Viu-se que no caso brasileiro há, de fato, íntima relação entre a aprovação da Lei de Terras de 1850 e a Lei Eusébio de Queiróz, que proibiu o tráfico de escravos para o Brasil. No caso colombiano, contudo, a relação só existe no sentido de que as reformas da legislação de resguardos e a lei de proibição da escravidão deram-se no contexto comum das reformas políticas de meados do século XIX e da adoção de medidas que visavam superar a vigência do conceito de castas (como ver-se-á a seguir). No mais, não há conexão direta entre ambas: em primeiro lugar, como já foi afirmado mais de uma vez, nas regiões produtoras de tabaco e no altiplano de Cundinamarca, onde a mão-de-obra se fazia mais necessária nesse período, a escravidão era apenas residual e a abolição não teve grande impacto econômico; em segundo lugar, mesmo no Sul, onde a abolição exerceu forte impacto no quadro da mão-de-obra da região, os resguardos indígenas não sofreram ataque frontal dos fazendeiros, que deveriam ser os maiores interessados em desfrutar da mão-de-obra indígena.

Além de tudo isso, não havia a rigor a garantia de que, repartidos os resguardos, os indígenas fossem de fato trabalhar nas fazendas de sua região. Em alguns casos, temia-se justamente o contrário: que a dissolução dos resguardos promovesse uma dispersão da mão-de-obra dos indígenas que trabalhavam em carácter ocasional nas fazendas vizinhas. Já se comentou anteriormente que talvez tenha sido esse temor um dos fatores que estimularam a criação dos períodos de quarentena aos quais eram submetidas as terras de resguardo antes de entrarem no mercado de compra e venda.

Em outras regiões, parte da população indígena continuava vivendo em seus terrenos divididos dos resguardos, ou mudava-se para outras áreas. Agregue-se a isso que, segundo José Antonio Ocampo, não há nenhum indício importante de que os indígenas dos resguardos tenham desempenhado um papel relevante no suprimento de força de trabalho aos setores exportadores em expansão.[5] Ao menos para o caso de Ambalema, completa Bejarano, o *boom* do tabaco não se teria apoiado sobre a mão-de-obra liberada dos resguardos do altiplano, pois as escassas migrações parecem provir de outras regiões das terras quentes, e o campesinato, portanto, não teria origem indígena.[6] Já no altiplano de Cundinamarca, a liberação da mão-de-obra dos resguardos parece ter sido significativa em meados do século XIX, mas é difícil dizer se o fato de parte dos indígenas que antes trabalhavam suas terras terem se tornado trabalhadores das fazendas após a venda de seus terrenos foi uma conseqüência "bem-vinda" do processo ou o resultado esperado de um plano pré-traçado pela elite local de incremento de mão-de-obra.[7] De todo modo, não há ainda estudos quantitativos conclusivos sobre a dimensão dessa liberação de mão-de-obra dos resguardos.

Se é preciso descartar a relação de causa e efeito entre as reformas na legislação de resguardo e a lei de abolição da escravidão, continua a pergunta sobre a razão dessa nova orientação das leis. A diferença do período anterior, ao final dos anos 1830 e início dos anos 1840, durante o qual prevalecera a adoção de medidas mais cautelosas, deve ser encontrada na pressão que novos ou tradicionais agricultores, estimulados pela bonança econômica do sucesso do tabaco, passaram a exercer sobre os cobiçados terrenos indígenas. Tanto assim que tais disposições legais só tiveram verdadeiro impacto nas regiões mais diretamente influenciadas pela bonança exportadora.

Nos textos da imprensa do período várias justificativas são dadas para impulsionar as reformas das leis sobre os terrenos de resguardos, muitas das quais já eram enunciadas desde o início da República, mas ganharam reforço nesse contexto do meio do século XIX. Uma delas é a necessidade de promover a integração definitiva do indígena ao restante da sociedade. É evidente que há a preocupação de tornar o indígena um elemento útil à nação, mas isso não explica tudo. Os informes dos governadores desse período, apresentados anualmente às Câmaras de suas respectivas províncias, apresentam as reformas liberais como um esforço de tirar a "raça indígena" de seu estado de abjeção e degradação, tornando-a capaz de manejar-se por si mesma.[8] A República não admite castas, privilégios nem exceções pessoais, e está unindo as classes (castas) que a política da Coroa havia mantido separadas – lembra o governador de Socorro, em Informe de 1851: para haver a grande fusão das diferentes personalidades que comporão a sociedade, os indígenas teriam que mudar seus hábitos e necessidades.[9]

Outro documento muito eloqüente a esse respeito é o texto de Manuel Ancizar:

> Los moradores de la provincia [de Velez] son todos blancos, de raza española pura, cruzada com la indígena, e indígena pura: la primera y la última forman el menor número; y cuando la absorción de la raza indígena por la europea se haya completado, lo que no dilatará mucho, quedará una población homogenea, vigorosa y bien conformada, cuyo carácter será medianero entre lo impetuoso del español y lo calmoso y paciente del indio chibcha; población felizmente adaptable a las tareas de la agricultura y minería, fuentes de gran riqueza para Vélez, y la fabricación de tejidos y sombreros para el consumo próprio, en la cual se enplean hoy mismo, aunque sin gran provecho, las mujeres.[10]

Se durante as primeiras décadas após a Independência, não obstante algumas reformas nas leis, as diferenças de castas permaneceram, os

168 Cristiane Checchia

reformadores de meados do século XIX, viam como urgente a tarefa por tanto tempo escamoteada, de rechaçar em definitivo as categorias sociais da colônia: "Uma parte da ideologia desta revolução [de 1850] considerava a igualdade, ao menos a igualdade retórica; portanto os conceitos de casta não se casavam bem com esta ideologia".[11]

Nos tantos agrupamentos onde conviviam indígenas e *vecinos* mestiços, se havia algum critério de diferenciação étnica, este era dado sobretudo pela relação do indivíduo com a comunidade, ou seja, por sua inserção reconhecida como membro da mesma, com direitos de participação política e religiosa nas instituições indígenas. Sendo assim, as medidas adotadas pelos legisladores de meados do século com o intuito de favorecer a integração do indígena à "nação granadina" dão-se justamente no sentido de promover o rompimento dos laços tradicionais, históricos e afetivos que constituíam as comunidades. Para isso, foi fundamental fragmentar a unidade espacial sobre e pela qual se concretizavam esses laços: as terras dos resguardos. Tal medida foi acompanhada de outras, como o enfraquecimento dos cabildos indígenas e a multiplicação de escolas no seio das comunidades.

Em suma, havia a preocupação de favorecer a integração da população indígena ao campesinato nacional para trabalhar nas fazendas ou para, na qualidade de pequenos proprietários, ajudar o povoamento de vastas porções desocupadas da República. Paralelamente a isso, em 1851, foi discutida e negada na Câmara dos Representantes a proposta de destinar terras às famílias de escravos recém-libertos pela Lei de Abolição da Escravidão.[12] Isso não é um fato isolado e ilustra as disposições da elite política em, por um lado, favorecer a criação de um campesinato livre e mestiço no país e, por outro, recusar a influência da população negra na formação desse campesinato.

Outro argumento muito utilizado pelos políticos em defesa das reformas das leis sobre resguardos indígenas, era que elas representariam apenas o reconhecimento jurídico de uma situação de fato. Realmente, em meados do século XIX, eram inúmeros os artifícios, legais e extralegais, que viabilizavam a alienação dos terrenos indígenas. Sobretudo desde a lei de 1834, o processo de mensura e divisão dos terrenos havia sido iniciado em diversos resguardos, em diferentes regiões do país. Ainda que essa lei e a de 1843 previssem um período de dez e vinte anos, respectivamente, de proibição de venda dos terrenos adjudicados, inúmeros indígenas acabaram "arrendando" seus terrenos por um período determinado, que coincidia com o final do prazo de proibição. Ao final deste, o terreno passava às mãos do arrendatário sem nenhum pagamento a mais. Outra maneira legal de antecipar a interdição dos terrenos era a venda de direitos sobre terrenos pró-indivisos: os indígenas solicitavam às autoridades locais permissão para vender seus terrenos até que o resguardo tivesse sido medido e dividido entre as famílias. Nessas solicitações às autoridades, os indígenas apresentavam diversos motivos para a antecipação da venda: necessidade de dinheiro devido a doenças; impossibilidade de cultivar por falta de recursos ou de mão-de-obra; distância do terreno em relação a outros lotes ou cultivos; casamento; abandono do resguardo; má qualidade do terreno ou lote muito pequeno.

O início do processo de divisão dos terrenos criou também, em muitos casos, uma transformação nas relações entre os membros da comunidade. Ainda que a idéia de propriedade não fosse estranha aos indígenas de resguardos, o processo de adjudicação dos terrenos aos indivíduos e famílias acrescentou um elemento novo a essa idéia e fez com que muitos pleitos fossem movidos entre os próprios indígenas, reivindicando parcelas melhores de terreno para si, como ocorrera no início das divisões do período bourbônico. Outra ocorrência freqüente: mesmo que não pudessem ser imediatamente vendidos os terrenos adjudicados, muitos indígenas venderam ou doaram terras a seus pares ou destinaram seus terrenos a heranças, causando grande confusão jurídica no seio das comunidades.[13]

Tudo isso fez crer aos administradores e legisladores do período que o ideal seria acelerar o processo de divisão e adjudicação dos resguardos, para que os indígenas pudessem fazer deles o que bem entendessem, sem sofrer todos os impedimentos legais que todavia perduravam.

Tais preocupações, retóricas ou não, com a incorporação da raça indígena à sociedade, ou com os prejuízos que vinham sofrendo, aparecem em inúmeros documentos. Em outros, porém, fica evidente o intuito de liberar terras para iniciativa individual. Tal como no final do século XVIII, as terras comunais indígenas eram vistas como uma situação anômala e ultrapassada de propriedade, danosa à riqueza pública.[14] No já citado artigo de Ricardo Vanegas, de 1853, o autor refere-se ao erro que o governo sustentara por tanto tempo de proporcionar proteção ilimitada aos indígenas, proibindo que vendessem seus terrenos. Reproduzindo opinião corrente, afirma que a "raça indígena", incapaz para o trabalho, deixava os terrenos sem cultivo. Com as reformas da legislação, imensas porções de terras puderam passar a outras mãos, graças ao princípio do livre câmbio e da livre concorrência. Quanto aos indígenas, vítimas de perseguições e de sua funesta tradição, continuava Vanegas, não caberia mais que lamentar seus infortúnios, porque há desgraças que afetam a gerações inteiras e contra as quais nada se pode fazer.[15]

As comunidades indígenas buscaram resistir como puderam a este processo de fragmentação dos resguardos e de sua comunidade e sabiam que o meio mais efetivo para isso eram os recursos legais. Uma infinidade de processos continuava sendo aberta para tentar barrar a ação de agrimensores, fezendeiros e autoridades locais corruptas. Em alguns casos, tal procedimento significou a sobrevivência do resguardo por diversas décadas. A importância desse recurso fica patente quando se sabe que algumas das comunidades que sobreviveram até os dias de hoje incorporaram em seus mitos de origem o momento de conquista do título do resguardo concedido pelo rei de Espanha.[16]

Efeitos do parcelamento dos resguardos indígenas: discussão historiográfica

Desde o século XIX, foram distintas as apreciações que se fizeram a respeito dos resultados da legislação dos resguardos indígenas de

1850. Dentre os pensadores liberais oitocentistas mais ilustres do país, não há voz uníssona a respeito. Camacho Roldán, por exemplo, escreveu:

> Ellos [los indios] inmediatamente vendieron sus tierras a los jefes urbanos a precios ínfimos. Los indios se convertieron en jornaleros, con salarios de 10 centavos diarios; los alimentos se hicieron escasos, los terrenos agrícolas se convertieron en pastos para el ganado, y el resto de la raza indígena, los antiguos propietarios de estas regiones durante siglos, se dispersaron en busca de mejores jornales en tierra caliente donde sus tristes condiciones no han mejorado.[17]

Também para o nosso já conhecido Miguel Samper, apesar de ardoroso defensor da iniciativa individual, a dissolução dos resguardos tornou o índio indefeso diante da pressão dos grandes proprietários, que se aproveitaram da liberação das propriedades indígenas para incorporá-las às suas terras, causando assim acentuado declínio em seu nível social.[18] Curiosamente, José Maria Samper, quem defendera o projeto sobre terrenos baldios de Murillo Toro, fez avaliação bem diversa da de seu irmão. Como crítico da organização artificial dos resguardos indígenas – "organización socialista del peor caracter" que imobilizava a propriedade, freava o desenvolvimento moral e intelectual das tribos e que travava da circulação dos bens, impedindo o funcionamento da iniciativa particular dos indivíduos[19] – José Maria desprezava os impactos negativos que as reformas pudessem ter tido sobre a população indígena.

As posições díspares dos dois irmãos ilustram como, no fundo, o que estava em discussão eram duas visões distintas em relação ao indígena e à organização da sociedade neogranadina, visões que estiveram em confronto desde a proclamação da República e que perpassaram todo o século XIX.

Embora, como se viu acima, tenha sido muito forte o discurso de que era preciso submeter o mais rapidamente possível o indígena aos deveres e direitos válidos a todos os cidadãos da República, alguns homens da elite intelectual neogranadina, conservadores e liberais, defenderam a manutenção de parte das leis de proteção depois de observarem os efeitos desastrosos das reformas sobre inúmeras comunidades.

De certa forma, essa polêmica permaneceu na historiografia do século XX e há diferentes opiniões sobre o real impacto da lei de 1850 e sobre a natureza benéfica ou não das mesmas. Segundo William Paul McGreevey, há duas posições distintas a respeito das reformas da legislação de resguardos de meados do século XIX: o enfoque "indigenista", que busca demonstrar suas conseqüências desastrosas; e outro enfoque, de que as ditas reformas não tiveram o impacto que se lhes quer atribuir sobre as comunidades.

No primeiro grupo poderia-se incluir a maior parte da bibliografia analisada neste trabalho, a qual inclui Nieto Arteta, Ospina Vázques, Kalmanovitz, Jorge Villegas, entre outros.[20] Juan Friede, ainda que veja positivamente o fato de a lei de 1850 ter descentralizado a legislação sobre a divisão dos resguardos, aponta, por outro lado, todas as irregularidades que aconteciam em prejuízo dos indígenas apesar disso.[21] No outro grupo, e com graus diferentes de crítica à visão "indigenista", estariam Glenn Curry e o próprio McGreevey.[22]

Para Glenn Thomaz Curry, a avaliação pessimista dos críticos das reformas, tanto os do século XIX quanto os historiadores do século XX, é incompleta e só pode ser aceita com ressalvas. A partir da análise de alguns processos de divisão de resguardos de Cundinamarca, a autora levantou alguns dados: muitos dos processos de compra e venda eram feitos entre os indígenas, sobretudo quando recebiam lotes em locais diferentes. Segundo ela, não é possível saber quanto dos indígenas que venderam suas terras passaram a trabalhar nas fazendas maiores, pois a distinção étnica não aparece nos registros. Além disso, muitos indígenas venderam seus lotes porque tinham oportunidades melhores fora do resguardo, ou porque estavam envolvidos em paróquias etc.

Terra e capitalismo   173

A autora parece não dar tanta relevância às condições adversas em que os indígenas se encontravam para realizar as transações de venda de seus terrenos, ou para tentar mantê-los. É fato que a mudança na legislação não pode explicar todo o processo de degradação pelo qual passavam as comunidades indígenas em meados do século XIX, como alguns autores deram a entender. Nesse sentido, a legislação de resguardos desse período apenas chancelou um processo de mudanças sociais que já acontecia desde finais do século XVIII, com a miscigenação étnica e a convivência de *vecinos* e indígenas no interior ou fora dos resguardos.

Contudo, embora reconheça que em um número considerável de casos os indígenas estavam em condições muito pouco favoráveis para tirar proveito da liberalização de seus terrenos, Glenn Curry acredita que as leis não foram necessariamente prejudiciais: ainda que alguns tenham claramente saído perdedores, outros indígenas souberam beneficiar-se da oportunidade que lhes foi aberta na sociedade republicana. Para ela, a proibição de venda dos terrenos pelas leis anteriores a 1850 protegia os indígenas não preparados a lidar com as pressões da economia liberal, ao mesmo tempo em que trazia problemas para aqueles indivíduos em condições de tirar vantagens das mudanças do século XIX.[23]

Nesse ponto, ainda que de fato sejam necessários estudos mais precisos sobre a *dimensão* do impacto das reformas sobre a população indígena, contrapõe-se desde já o fato de que colocar a questão em termos de *winners* e *loosers* é desconhecer por completo a *natureza* desse impacto. Ao tratar o problema apenas como uma questão de perdas e oportunidades individuais, Glenn Curry perde de vista um aspecto trágico das reformas, que foi justamente a perda de legitimação do caráter coletivo dos resguardos: "Los indíjenas de Guane, últimos representantes de los aoríjenes que en outro tiempo poseyeron el país, han recibido ya la notificacion de desbandarse, puesto que va a desaparecer el carácter colectivo de la tribu" – sentenciou, por exemplo, o governador de Socorro em 1851.[24]

Os efeitos das leis de meados do século XIX, portanto, ajudaram a consolidar o processo de dissolução dos laços comunitários nos locais em que eles já se encontravam fragilizados. Nas palavras de Marcos Palácios, ao mesmo tempo em que o clima de reformas do período ampliou o campo simbólico da nação moderna, as comunidades indígenas foram reduzidas, ou mesmo destruídas, pela via individualista do código civil.[25] Isso vale sobremaneira para Cundinamarca, onde a menor ou maior prazo, as terras dos resguardos que ainda restavam passaram rapidamente às mãos dos grandes fazendeiros locais.

Ver-se-á a seguir que a transferência da responsabilidade do processo de mensura e divisão dos resguardos às províncias e a suspensão do prazo de proibição de venda dos terrenos tiveram efeitos bastante diversos sobre as comunidades indígenas das diversas regiões. Evidentemente, não é possível fazer uma ampla e detalhada cobertura de todas as regiões do país. Dar-se-á destaque para Cundinamarca e Socorro, como áreas que sofreram o impacto do impulso exportador de meados do século; para a província de Mariquita, no epicentro da produção de tabaco; para as províncias do Sul colombiano, que passavam por período de evidente estagnação econômica; e, finalmente, para as áreas onde predominavam populações indígenas "selvagens".

As diferentes realidades regionais

Cundinamarca

Cundinamarca é a província onde as leis de 1848 e 1850 tiveram maior impacto.[26] Em 1849, o governador Patrocínio Cuellar reclamava à Câmara uma solução ao problema dos resguardos indígenas, um dos mais difíceis e que mais tempo tomavam do governo. Havia uma infinidade de pleitos movidos pelos indígenas, os quais não poderiam ser resolvidos enquanto continuasse a vigir a Ordenança

47, que determinara a suspensão da mensura e do repartimento de resguardos. Segundo o governador, a incerta situação dos terrenos favorecia a muitos brancos e indígenas astutos, que exploravam a indefinição daquele estado de coisas em seu proveito pessoal. A solução era apelar a recursos legais que pudessem remover todas as dificuldades práticas que se apresentavam à divisão dos resguardos indígenas.[27]

Dois anos depois, o governador retomou o assunto dizendo que a proibição de que os indígenas vendessem seus terrenos era altamente prejudicial à riqueza agrícola da província. Ainda que já tivesse sido aprovada a lei de 1850, que permitia aos indígenas disporem de seus bens como os demais granadinos, ficava a cargo da Câmara da província legislar a esse respeito no nível províncial, o que precisava ser feito com urgência em Cundinamarca. O governador fez menção ao argumento dos que eram contra a divisão dos resguardos de que tal medida reduziria os indígenas à miséria. Se isso fosse verdadeiro, disse ele, também seria preciso proibir que os indígenas vendessem os produtos de suas plantações e nomear um curador que interviesse em todos e cada um de seus contratos de venda. Continua seu arrazoado afirmando que as experiências das províncias de Antióquia, Tundama e Tunja mostravam que a possibilidade dada aos indígenas de venderem seus bens não produzia nenhum dos graves inconvenientes que se temiam, porque nem todos os indígenas vendiam seus terrenos e nem os que vendiam deixavam-se enganar com tanta facilidade como se supunha. Apelando à idéia tão corrente na época, disse que o indígena, naturalmente preguiçoso, não possuía capital para melhorar seus terrenos e nem constância em suas empresas e, despreocupado com o futuro, cultivava apenas uma pequena horta ao redor de sua choça para as suas necessidades básicas. Era preciso, portanto, acelerar a aprovação do projeto que o governador enviava à Câmara, no qual os indígenas da província pudessem vender seus terrenos como os demais cidadãos: "propongo que la facultad que debe darse para tal enajenacion, sea tan amplia como la que tienen los demás ciudadanos, para disponer de sus fincas raíces: cualquiera traba que quiera ponerse en ello será ilusoria i perjudicial".[28] Quanto à proposta de manter alguns resguardos sem repartir para que os indígenas os desfrutassem em comunidade, o governador julgava os inconvenientes tão manifestos, que absteria-se do trabalho de enumerá-los. Para ele, a aprovação do projeto de livre alienação dos terrenos indígenas, além de tudo, apenas legitimaria os contratos que indevidamente já estavam em curso, pois muitos indígenas empenhavam seus terrenos a terceiros. Estes, por sua vez, só passariam a cuidar de melhorias e investimentos efetivos, caso os contratos instáveis e provisórios pudessem ser substituídos por seguros títulos de propriedade. E conclui: "La facultad que se dé a los indios para enajenar libremente los resguardos, es el bien más notable que podeis hacer a ellos y a la industria agrícola de la provincia".[29]

Poucos dias depois, a Câmara da província, em uso da faculdade que lhe fôra concedida pela lei de 22 de junho de 1850, aprovou o projeto que havia sido enviado pelo governador. Todos os indígenas da província que já tivessem em posse de terrenos repartidos de resguardos poderiam deles dispor como os demais granadinos: poderiam vendê-los, trocá-los e passá-los a outrem sem mais nenhuma restrição, a não ser aquelas estabelecidas pelas leis para todos os contratos. Além disso, os resguardos que ainda não tivessem sido medidos e repartidos aos indígenas, seriam-no imediatamente após a publicação de tal ordenança.[30]

De fato, já em janeiro de 1852, foi celebrado um contrato entre a província e os senhores Manuel Ponce e Joaquin Solano Ricaurte, pelo qual estes últimos assumiam a tarefa de medir, repartir e adjudicar os terrenos de oito resguardos (Engativá, Suba, Fontibon, Cota, Usme, Tocancipo, Cucunuvá e Ubaté). A mesma tarefa seria assumida pelo Sr. Joaquin Barriga para os terrenos de Anolaima e Cipacon. Por meio de tais contratos esperava-se que em poucos meses não restasse na província um só indígena que não pudesse fazer uso do direito de dispor livremente de suas propriedades, em consonância com os princípios do sistema liberal.

Em outubro desse mesmo ano, Rafael Mendoza, sucessor de Cuellar no governo da província, celebrava o fato de a referida ordenança ter salvado a classe indígena da "odiosa pupilagem a que era submetida". O único inconveniente, porém, decorrente da execução da ordenança, era o fato de que os donos de terras adjacentes e colindantes com as dos índios apropriavam-se das mesmas com suma facilidade:

> Colocados los indíjenas en igual término que los demás Ciudadanos, com sus mismos derechos y correlativas obligaciones se vem forzados, o a vender la pequeña porcion de terreno que se les há adjudicado, por la décima parte de su valor, o a levantar cercas y cavar vallados cuyo costo es muchas veces y casi siempre mayor que el precio de sus posesiones.[31]

Por esse motivo, inúmeras eram as contendas e reclamações que já se acumulavam na governação. Uma análise dos procesos de venda dos terrenos de resguardos[32] permite comprovar que a apreensão do governador tinha razão de ser. Muitos dos compradores eram proprietários cujos terrenos faziam limite com o resguardo e, em muitos casos, poucos indivíduos adquiriam a totalidade dos lotes adjudicados aos indígenas. Era comum que os agrimensores e demais envolvidos no processo de medição e avaliação dos terrenos comprassem os lotes para depois revendê-los a melhor preço. Há um volume grande de terrenos que foi comprado dos indígenas a baixo preço e revendido poucos dias ou até mesmo poucas horas depois por preço bem maior.

As vendas deveriam ser feitas diante da autoridade local responsável. Não era raro, contudo, que o comprador combinasse previamente um preço e, após a realização da venda diante da autoridade, o indígena devolvesse o dinheiro que tivesse ultrapassado a quantia estipulada. Além disso, as inúmeras irregularidades no processo de mensura e divisão permitiam que grandes quantidades de terrenos da melhor qualidade fossem colocados no rol de terrenos que deveriam ser vendidos para o pagamento do agrimensor ou dos gastos da escola.

178 Cristiane Checchia

A rápida expropriação dos terrenos das comunidades indígenas em Cundinamarca fica patente em outro informe do governador, do ano de 1854. Segundo ele, desde que a província havia concedido a liberdade aos indígenas para vender seus terrenos, estes estavam caindo em mãos dos "homens acomodados" que usavam os terrenos com outros fins que não o da semeadura de legumes e outros produtos de abastecimento, que não convinham a seus interesses. A falta de alimentos favorecia a atividade de atravessadores que ficavam nos caminhos de entrada e saída da cidade comprando os ditos produtos para revendê-los com lucros exorbitantes no mercado central. Além disso, a demanda havia crescido muito, porque nos povoados da vizinha província de Mariquita os terrenos que antes produziam alimentos estavam agora reservados ao cultivo do tabaco: "Aumento de la demanda i diminuicion de la oferta, he aqui la verdadera causa de la carestia actual de los víveres y una de las del malestar espresado".[33]

Esse documento é precioso, pois mostra que as expectativas de bonança agrícola da província, expressas por Patrocinio Cuellar havia apenas pouco mais de dois anos, foram completamente frustradas: ao invés de a produção ter sido revitalizada pela iniciativa empreendedora dos particulares, como se esperava, os terrenos foram destinados à pecuária[34] ou reservados para efeitos de possível valorização. As queixas do governador tornam patente que o menosprezo que fôra manifestado pelas pequenas plantações indígenas era antes decorrente da necessidade de criar um argumento para justificar a divisão dos terrenos de resguardos do que apoiado em uma situação real.

Exemplo bem conhecido na historiografia, muito ilustrativo do processo de apropriação dos terrenos indígenas em Cundinamarca após 1850, é o da Fazenda Las Julias. Seu fundador foi José Maria Maldonado, chefe político (cargo que corresponderia ao de prefeito) e presidente da Câmara província de Chocontá, quem comprou as terras reservadas para a escola do antigo resguardo de Saució, em 15 de agosto de 1851. A partir desse lote inicial, durante os quinze anos seguintes, fez sucessivas compras de terrenos dos indígenas de Saució, até consolidar uma propriedade de cem fanegadas (640 ha.), pagando pelos terrenos sempre um valor menor do que o avaliado oficialmente. Desenvolveu nessas terras a criação de gado, apoiado na mão-de-obra dos indígenas e mestiços que desalojara (nesse caso, os resgistros guardaram o sobrenome dos trabalhadores da fazenda, deixando clara a relação dos trabalhadores com os antigos membros do resguardo local). A fazenda foi vendida pelo seu filho a um comerciante, alguns anos depois, o qual seguiu ampliando o perímetro dessas terras e consumindo a força de trabalho dos pequenos proprietários desalojados. Em 1896, a fazenda tinha cerca de 2.520 ha.[35]

Socorro

Em Socorro, o governador da província também mostrou-se ansioso em promover rapidamente a divisão dos resguardos da província, sobretudo os da região de Guane.[36] Houve dificuldades em fazer a dita divisão pois muitos indígenas já se encontravam vivendo fora dos resguardos e só souberam do andamento do processo de mensura e parcelamento quando as listas de inscrição já haviam sido concluídas. Seria preciso, portanto, retificar a distribuição dos terrenos conforme fosse possível e dá-los em propriedade aos indígenas. Segundo o governador, era também medida indispensável dar-lhes a livre autorização para a venda de suas terras a fim de impedir a ação dos especuladores. Muitas porções de terrenos indígenas já se encontravam em mãos de compradores que se haviam antecipado à liberação das mesmas e agora as vendiam como se fossem terras adquiridas por meio de títulos legais.

Tal como outros administradores de seu tempo, o governador considera a expropriação dos terrenos indígenas como mal já consumado e contra o qual nenhuma lei seria suficiente para impedir. Era preciso, portanto, adiantar-se àqueles que tiravam proveito dos indígenas e liberar a venda dos terrenos para que os especuladores

180   Cristiane Checchia

ficassem sujeitos, pelo menos, às formalidades dos processos legítimos de compra e venda.

A fim de remediar parte da situação já instaurada, o governador pensa em um procedimento que poderia trazer algum benefício aos indígenas. Sua idéia era que todos aqueles que adiquirissem por compra, arrendamento ou empenho um lote de terra que saísse do domínio de famílias indígenas, deveria pagar uma contribuição, a qual deveria ser destinada a fomentar o estabelecimento de famílias de indígenas às margens do novo caminho ao Magdalena: "Así se lograria poblar estos magníficos terrenos alojando en ellos familias desamparadas, que luego luego granjearian un acomodo y prestarian eficaz cooperacion a la magna empresa de apertura de esta via de comunicación". O governador procura, pois, matar dois coelhos com uma só cajadada, tirando os indígenas dos terrenos mais valorizados e já incorporados ao mercado e transferindo-os para locais despovoados onde deveriam trabalhar para a abertura de caminhos. Aos compradores, por sua vez, ficaria o benefício de realizarem a compra por contratos legais, pelos quais teriam assegurados seus títulos de propriedade.

Aparentemente, a idéia do governador não foi levada adiante, mas, de todo modo, ela expressa em simultâneo as grandes preocupações dos políticos da época: a questão da propriedade; a questão indígena; a necessidade de povoamento e a abertura de caminhos e estradas.

Mas se isso se passou nas províncias de Cundinamarca e Socorro que, como fornecedoras de produtos de abastecimento sofreram os efeitos da expansão das exportações de tabaco da região vizinha (como a valorização dos terrenos e a ampliação das fazendas pecuaristas) o que dizer da região que foi o epicentro do *boom* do tabaco?

Mariquita (onde ficava a cidade de Ambalema)

Medardo Rivas, em sua já citada memória de cundiboyacense que desceu as encostas da Cordilheira Oriental rumo às terras quentes das margens do Magdalena para investir seu capital em terrenos e plantações de tabaco em Ambalema, recorda ao final do século XIX, a fama alcançada pelos empreendedores Montoya e Sáenz.

> En todas partes de Colombia se oían entonces los nombres de Montoya Sáenz y Cía, como los hombres atrevidos y enprendedores, que a fuerza de constancia y de ingenio habían logrado formar una compañía tan poderosa como la de la India, a la cual pertenecían extensos territorios en donde se cultivaba el tabaco a gran escala, y que enviándole a Europa habían encontrado un mercado provechoso y obtenido fabulosas riquezas.[37]

À custa de quem se deu essa expansão tão impressionante das terras exploradas pela empresa na cidade de Ambalema? Em parte, isso se deu pela expropriação dos indígenas, que sofreram forte pressão dos fazendeiros da região e de outros tantos homens que chegavam às terras baixas naquele período. Uma recente pesquisa realizada por Elías Castro Blanco trouxe à luz os documentos referentes ao processo de repartimento dos resguardos indígenas em Colombaima e Paquiló. Esse estudo, ainda que bastante sintético, traz um importante anexo documental.[38]

Na área onde se localizavam esses resguardos, assim que foi votada a lei de 1850 e a lei provincial de 1851, muitos indígenas venderam os direitos dos terrenos que ocupavam, antes mesmo que se iniciasse o processo de mensura e repartição das terras, embora isso não fosse, a rigor, permitido. Nas escrituras que certificavam as vendas dos direitos sobre os lotes, os argumentos que mais freqüentemente apareciam para justificar a transação eram a extrema pobreza e a falta de recursos para sustentar a família.

Também foi comum que os indígenas vendessem os direitos de terrenos de seus filhos menores de idade. Um dos documentos citados como exemplo pelo autor dizia: "Telésfora Oca vende el vinte y un de abril, a Montoya Sáenz y Cía, los derechos de sus cinco hijos Víctor, Lúcia, Asención y Marcelino, todos ellos en la suma de 150 pesos".[39]

A medição dos terrenos de Colombaima e Paquiló deveria ser iniciada em 20 de abril de 1853. Contudo, nesse mesmo dia, Antonio Santos, advogado da Montoya Sáenz y Cía, solicita a suspensão da mensura e repartição dos terrenos, alegando que boa parte dos mesmos já estava em propriedade de seus representados, e apresenta um listado de 144 títulos de aquisições: "resta pues sólo una fracción insignificante de indígenas cuyos derechos no poseen mis constituyentes como lo verá Ud por los documentos adjuntos".[40] Solicitava ainda ao juiz paroquial que emitisse uma cópia certificada dos direitos vendidos pelos indígenas. O juiz aceita o alegado e ordena suspender a mensura:

> que desde el momento en que la mayoría de los participes han enajenado sus derechos, los resguardos son ya una propiedad de particulares, sujeta en su medición y distribución de los preceptos de las leyes comunes sobre los terrenos proindivisos, por lo cual debe cesar toda intervención de la actividad política; se resuelve lo siguiente: suspéndase y termínese la mensura y distribución de los resguardos de este distrito dándose por terminado este negocio y quedando en común los terrenos entre sus legítimos dueños (...).[41]

Antonio Santos apelou também à governança de Mariquita, reforçando o pedido de que não se incluísse na divisão que se pretendia fazer dos resguardos de Ambalema os terrenos de Colombaima e Paquiló. O governador declarou justa a petição, pois era extremamente difícil fixar os limites precisos dos terrenos dos resguardos com os de particulares, o que inviabilizava a mensura e divisão. Se os terrenos de Colombaima e Paquiló não tinham limites precisos, ou se estavam legitimamente em posse da Montoya Saénz y Cía, não podiam ser compreendidos na divisão, mas não cabia à governação tomar tais medidas e sim à autoridade judicial responsável. Contudo, ao mesmo tempo, a governação de Mariquita reconheceu o *personero* municipal de Ambalema como defensor público dos indígenas no litígio.

A carta emitida pelo *personero* municipal merece ser analisada com vagar. Embora assuma a tradicional postura paternalista e protetora para com seus tutelados,[42] põe em relevo a diferença entre os princípios liberais que pautavam a decisão do juiz e os princípios tradicionais da comunidade indígena que não estavam sendo levados em consideração e que, ainda assim, não deixavam de ser reconhecidos por "todas nuestras leyes y por los prácticos". Primeiramente, diz ele, se os indígenas venderam os direitos de suas terras, não venderam sua personalidade, quer dizer, o privilégio pessoal de viver em comunidade. Em segundo lugar, continua, o exercício de viver em comunidade não é entendido da mesma maneira pelos indígenas e pelos demais granadinos. Enquanto para os indígenas a vivência em comunidade constitui-se pela vontade expressa da maior parte dos pais de família, entre os demais granadinos essa vivência acaba por esfumar-se pela vontade de um só. Assim, os interesses da Montoya Sáenz estavam a prevalecer sobre o das famílias do resguardo que ainda pretendiam viver em comunidade. O *personero* municipal cita uma ordenança segundo a qual, se a maior parte da comunidade quisesse viver em comunidade, poderia fazê-lo, sem que esse direito impedisse que se cumprisse a mensura e divisão dos terrenos.

O objetivo original de tal ordenança era tornar mais ágeis os processos de mensura e divisão dos resguardos, mas, nesse caso, o *personero* a cita para tentar defender os indígenas da exclusão dos terrenos que pertenciam às terras do resguardo. Aparte da argumentação baseada na legislação, o *personero* apela a outras, de caráter moral e humanitário:

> ¿No es triste y doloroso para todo corazón, para toda alma libre y elevada, ver a los indios primitivos dueños de este gran continente, sus únicos y legítimos propietarios, señores de su independencia y de su libertad salvajes pero grandes, ser hoy de peor condición que en los más oscuros tiempos?[43]

184 Cristiane Checchia

Apesar do esforço do *personero*, pouca coisa poderia ser feita em defesa dos indígenas, pois de fato boa parte dos direitos sobre os terrenos em questão já havia sido vendida.

Em julho, Antonio Santos solicita que compareçam diante do juiz algumas testemunhas, as quais reconhecem que havia mais de cinco anos que os senhores Montoya Sáenz y Cía estavam em quieta e pacífica posse das terras denominadas Colombaima e Paquiló e que, havia muitíssimo tempo, os terrenos ali compreendidos haviam sido possuídos por pessoas não indígenas.

O juiz paroquial emite nota na qual afirma que os indígenas não teriam como provar que os terrenos de Colombaima e Paquiló pertenciam ou tenham pertencido a eles e, por outro lado, um representante da Montoya Sáenz y Cía havia apresentado provas peremptórias de propriedade. Sendo assim, ainda que parte interessada no assunto esteja a pedir a inclusão dos terrenos na mensura, ele, juiz, não podia cometer uma violação de propriedade, atropelando direitos adquiridos "los cuales deben respetarse estando comprobados". Ainda no caso de essa decisão não ser considerada justa, cabia aos interessados mover recurso. O juiz termina a nota tirando a legitimidade do *personero* municipal:

> En fin, que según consta de documentos, todos los indígenas empadronados han vendido sus derechos de tierras, por lo cual es tan claro como la luz del mediodía que ellos no tienen derechos en el asunto. Y por lo mismo el Sr. Personero carece de personería legítima. Por tales razones se declara no haber lugar a la revocatoria y apelación subsidiaria que se interponga.[44]

No mês de outubro de 1853, o processo de mensura foi reiniciado, mas os terrenos pertencentes aos títulos adquiridos pela Montoya Sáenz y Cía não foram incluídos. Também foram separados os terrenos de outros particulares. Dois meses depois, em dezembro, o processo de medição e fixação dos lindeiros havia sido concluído. Foram também excluídos da medição e repartição aos indígenas, com autorização judicial e a critério do agrimensor, algumas fanegadas a mais de terreno, "entendiendo que este pueblo de Ambalema debe progresar y que está llamado por el comercio a ser una población considerable".[45]

Os poucos terrenos que os indígenas conseguiram manter foram gradativamente comprados por somas irrisórias. A Montoya Sáenz continuou comprando direitos de terrenos de resguardos, muitos deles adquiridos de particulares que já os haviam comprado dos indígenas no ano anterior. Em pouco tempo, a empresa já era possuidora de 235 e meio direitos de terreno em resguardos indígenas.

No mês de abril de 1854, contudo, todos esses terrenos foram perdidos pela Montoya Sáenz por execução de hipoteca em benefício da firma britânica Fruhling and Goschen, a qual passou a ser proprietária dos célebres terrenos de Colombaima e Paquiló.

Cauca, Nariño e Chocó

No Sul colombiano, onde se localizam as províncias de Cauca, Nariño e Chocó, parte significativa dos resguardos sobreviveu às medidas liberalizantes de meados do século XIX. Isso não significa que nesses lugares a agrimensura e a divisão dos resguardos não tenham sido levada a cabo. Todavia, ao contrário do que ocorreu nas províncias analisadas nas páginas anteriores, os indígenas, em sua maioria, não venderam seus terrenos ou os direitos sobre seus terrenos. Assim, apesar de as terras de alguns resguardos terem sido repartidas em lotes adjudicados a cada indivíduo, estes continuaram unidos às suas comunidades.

Verifica-se ainda que no Sul colombiano a mensura dos terrenos serviu, em alguns casos, antes como forma de proteção aos indígenas do que como o primeiro passo de um processo de expropriação. Os governadores de Chocó e do Cauca, por exemplo, em 1849, solicitaram às suas respectivas Câmaras que apressassem o processo de medição dos resguardos, mas não pela necessidade de colocar as terras em circulação no mercado, e sim como forma de proteger as propriedades indígenas de alguns *vecinos* que se encontravam em posse ilegítima de terrenos.[46]

No Cauca, as terras de resguardo eram consideravelmente maiores, e foi onde mais oposição despertaram as medidas liberalizantes de meados do século. O historiador Antonio García levanta vários fatores para explicar essa política diferenciada:[47]

• o fato de os resguardos indígenas terem se mantido como base da economia agrária da região deu maior força e coesão social às comunidades;

• a forte resistência indígena, que inundou de petições e queixas as oficinas do governo e a legislatura;

• a manutenção da tradição jurídica colonial;

• a proporção de indígenas na região era bastante alta em comparação a outras regiões do país e o número de indígenas que ainda vivia em resguardos era também elevado.

Tais fatores são, sem dúvida, importantes, mas talvez seja preciso inverter os termos propostos por García e perguntar por que alguns desses mesmos fatores não foram suficientes para assegurar a sobrevivência das comunidades em outras regiões. Por exemplo, a economia agrária indígena era tão importante em Cundinamarca que a compra dos terrenos indígenas por fazendeiros gerou grave crise no comércio de alimentos em Bogotá, como vimos anteriormente, sem que isso tenha impedido o processo de dissolução das comunidades ou a superação da tradição jurídica colonial.

Além disso, em outras regiões do país, os indígenas também moveram inúmeros processos e queixas para tentar impedir a rápida expropriação de seus terrenos, tendo muito menos sucesso do que os conseguidos pelas comunidades no Sul colombiano. O que explicaria que no Cauca tais petições tenham repercutido de modo diferente?

É fato que no Sul colombiano a proporção da população indígena era maior do que em outras regiões do país. Em parte, isso se explica pela forma diferenciada de ocupação da região pelos espanhóis durante o período colonial, já que no Cauca as populações eram mais dispersas do que nas regiões de alta densidade do planalto cundiboyacense. A utilização da mão-de-obra de escravos negros para o trabalho nas minas também ajudou a perpetuar a sobrevivência das comunidades indígenas, às quais foi reservada a função de abastecimento. Mas cabe ainda a pergunta de por que as comunidades indígenas do sul conseguiam manter mais seguros os laços comunitários, enquanto em outras regiões consagrava-se justamente fenômeno contrário, isto é, da dissolução das coletividades.

Para isso pesou sobremaneira o fato de que, desde o final do século XVIII e durante boa parte do século XIX, a região manteve-se economicamente estagnada, quando não em franco declínio, e apartada do mercado capitalista mundial, a diferença do que ocorria com a região central a partir do final dos anos 1840. Assim, no Sul, não havia ainda pressões econômicas tão poderosas sobre as comunidades indígenas e suas terras. Nessa região, a política paternalista de proteção aos indígenas foi mantida, ainda que em desacordo à orientação liberal que predominava nas esferas mais amplas do governo do país. Não se trata de fazer apologia de tal política, e sim de ressaltar que em tais regiões os indígenas tiveram condições mais vantajosas para resistir coletivamente à expropriação de suas terras.

A diferença é tão marcante em relação ao restante do país que, já no contexto federalista dos anos 1860, a Câmara legislativa do Cauca recusava-se a tomar qualquer medida prática sobre os resguardos enquanto não fossem consultados os cabildos indígenas. Em 1869, quando se propôs que os indígenas de Supía e de Yumbo dispusessem livremente de seus resguardos, o presidente do estado contrapôs-se frontalmente: em sua argumentação usava o estado de Cundinamarca como exemplo que se queria evitar, posto que lá a liberdade de disporem de seus terrenos levou à degradação da condição social dos indígenas e a uma crise no mercado de alimentos, pois as terras de lavoura haviam convertido-se em pasto.[48]

Foi somente ao final do século XIX que a legislação indigenista do Cauca passou a ceder lugar às medidas liberalizantes. Ainda em 1890, contudo, no texto de uma lei, valorizava-se o fato de que, a diferença do que ocorrera na Cordilheira Oriental, no Cauca o resguardo resistira ao individualismo jurídico.[49] Não por acaso, o

188   Cristiane Checchia

Cauca adentra o século XX como a região onde as comunidades indígenas mantinham maior poder de resistência frente às pressões externas: 70% dos resguardos ainda hoje existentes na Colômbia encontram-se na região.

"Indígenas selvagens"

Nas regiões mais afastadas dos grandes centros populacionais e onde havia ainda tribos indígenas consideradas selvagens, isto é, que se encontravam ainda apartadas do contato catequisador e civilizatório do homem branco, as medidas adotadas pelos administradores assumiram orientação inversa em relação a que fôra adotada para os indígenas que já haviam sido integrados à sociedade ainda durante o período colonial (por meio da conquista e de sua redução em resguardos). Seria preciso provê-los de terras, para evitar sua dispersão e facilitar o trabalho evangelizador. Em 1º de maio de 1850, o jornal *La civilización* publicou artigo segundo o qual, "los partidos políticos por fin están de acuerdo en una cosa: reducir las tribus selvages a la vida social, y la única manera de hacerlo és bajo la bandera del cristianismo y el estandarte del misionero".[50]

Na província de Casanare e no território de San Martin, por exemplo, onde era significativa a população indígena considerada selvagem, um decreto de 29 de maio de 1849 ordenou que fossem destinadas uma ou duas léguas quadradas de terrenos baldios nas proximidades de cada distrito para recebê-la. O artigo 3º do decreto determina que tais terras seriam excetuadas do repartimento mandado fazer pelas leis vigentes sobre resguardos. O restante dos artigos trata das obrigações e benefícios que os curas dos ditos territórios teriam para servir nas escolas dos respectivos distritos: se computaria o dobro do tempo de serviço e cada cura do território de San Martín teria direito a 500 fanegadas (3.200 ha.) de terras baldias.[51] Segundo Villegas e Restrepo, o estabelecimento de resguar-

Terra e capitalismo   189

dos em Casanare e San Martin mostra as dificuldades encontradas pelo governo para estabelecer seu controle nessas regiões.[52]

A orientação básica da política oficial de redução dos indígenas era a de incorporação gradual dos povos à civilização. A imposição do cristianismo, do idioma castelhano e a fixação dos indígenas em povoados que estivessem em contato com outros povos já reduzidos, evitariam o surgimento de ameaças à soberania nacional. Além disso, a promoção do processo de mestiçagem contribuiria para eliminar gradualmente o elemento indígena.[53]

Talvez o documento mais expressivo da atenção que nessa época se voltava para a civilização dos indígenas seja o informe dado por Francisco Javier Zaldúa, quando Secretário de Governo, ao Congresso Constitucional no ano de 1850.[54] Publicado na *Gaceta Oficial*, quase três páginas do informe foram dedicadas à referida questão e à enumeração das vantagens que reúnem os territórios em que essas "hordas nómades ostentan su independencia de todo yugo social".

Segundo o secretário, a grande tarefa das sociedades atuais e de seus respectivos governos relacionava-se ao progresso e ao trabalho de civilização. Entre os países europeus, o esforço para o progresso social poderia limitar-se apenas a um aperfeiçoamento da condição moral, política e industrial do homem, enquanto entre os Governos da América a tarefa era mais penosa já que se tratava de criar essas condições. A isso se somava o dever peculiar de civilizar e de conquistar para a fé e para os gozos da civilização "millares de seres humanos que vagan por los montes, alternando en sus escursiones selvajes con los animales feroces, y disputándose con estos un lugar de reposo en qué descansar sus fatigados miembros".

Para ele, a tarefa executada pelos colonizadores espanhóis, por meio da qual se lograra civilizar uma parte bastante numerosa dos aborígenes americanos, não fora continuada após a proclamação da República devido às inúmeras tarefas que se faziam urgentes durante os primeiros anos de consolidação do novo regime. Por tal motivo, tinham os legisladores o dever de formular um pensamento que subsidiasse a urgente necessidade de difundir o Evangelho. Tratava-se de levantar a morada do homem civilizado no seio da barbárie. Os benefícios ao país seriam a conquista de uma numerosa população às artes da indústria e da paz e a incorporação de vastos territórios à riqueza pública. Ou seja, não apenas a incorporação dos indígenas como força de trabalho, mas também a integração efetiva das terras por eles ocupadas, a fim de garantir as fronteiras do território nacional nas zonas limítrofes com outros estados, sobretudo. A nacionalidade granadina, então, não seria ameaçada, pois "todo pueblo que marcha en prosperidad no se somete a un yugo estrangero". Embora Zaldúa não comente explicitamente no informe, Nova Granada enfrentava naquele período um sério entrevero com os britânicos, que estavam a comerciar diretamente com os indígenas não reduzidos da costa, o que era visto pelos neogranadinos como séria ameaça à soberania do país.

Em seguida, Zaldúa enumera cada um desses territórios indígenas limítrofes, aos quais se deveria prestar a devida atenção. O território de Bocas del Torono litoral do mar das Antilhas, próximo à Confederação Centro-Americana, habitada por cerca de oito mil indígenas, pode ser tomado como exemplo. As ilhas e terras continentais que constituíam esse território apresentavam terrenos férteis e abundantes para o cultivo; excelentes portos e abundância de madeiras para construção e fabricação de tinta, além de minas metalíferas. Seria fundamental criar vias de comunicação que facilitassem a integração dessas terras para impulsionar o progresso e reduzir as hordas de selvagens.

Outra população nômade bastante numerosa e aguerrida na defesa de seus terrenos de *inmensa lonjitud* é a dos Goajiro, no Darién. Em meados do século XVIII, havia-se empreendido o esforço de redução das parcialidades indígenas daquela região em alguns pueblos. Contudo, "hasta el presente no se há oido la voz de la civilizacion en aquel pais", mesmo nos lugares em que antes haviam se instalado missões. Era preciso vencer o índio Goajiro, inimigo da *raça dos espanhóis* e inclinado à pilhagem, com as armas da Religião e fazer dele um cidadão útil, tirando-o da vida errante. As terras Goajiras apresentavam inúmeras possibilidades de aproveitamento econômico. Por ser uma região litorânea, apresentava inúmeros portos e baías por onde se poderia escoar pau-brasil e gados. Era preciso garantir proteção ao homem civilizado que se dispusesse a levar o progresso àquelas paragens e levar aos indígenas o sentimento sociável "y todo esto nos dará por seguro resultado el fomento de la riqueza pública y la seguridad de nuestros lindes con la República de Venezuela por el Nordeste". Civilizado o país Goajiro, ele seria um dos mais ricos por suas relações comerciais com a República.

Para o secretário, não haveria outro meio para civilizar os temíveis selvagens, que não associar as missões católicas a projetos econômicos: "en esta feliz alianza del sentimiento relijioso con la protección i desarrollo mercantil, tendria que ceder el hábito voluntarioso del indio en su vida vagabunda a la presencia de tan poderosos incentivos". A instalação das Missões no Dárien, portanto, deveria ser apoiada pelo destacamento de tropas e pelo fomento à imigração de estrangeiros e de populações de outras províncias.

Em Caquetá, importante região ao sul de Nova Granada que tem fronteira com Equador, Brasil e Venezuela e importantes canais fluviais de ligação com esses países, a população indígena conhecida era bastante pacífica e o trabalho missioneiro daria certamente frutuosos resultados. O mesmo se daria no antigo território de Guanácas "las mismas riquezas, la misma posibilidad de reducción y la misma necesidad de atender a su suerte".

O território de San Martín e a província de Casanare, por sua vez, nos quais viviam milhares de índios, em breve deixariam de ser a morada de animais ferozes, "y a la pobreza, a la ignorancia y a los crímenes se sucederian las artes de la paz".

O secretário conclui dizendo que é unânime a opinião de que o estado atual da raça indígena "sustraída a las leyes de la República, es lamentable; que és un deber imperioso del Congreso ocurrir a terminar esse malestar; que la Nacion reportará inmensas ventajas materiales con la reduccion de los indígenas jentiles...". Essa obra grandiosa pertence ao influxo de sacerdotes católicos, mas deve ser uma empresa inteiramente nacional.

A expectativa era de que esse trabalho poderia ser feito com custos muito reduzidos. Na visão do governador de Tundama, por exemplo, com um ou dois bons missioneiros e com algumas quinquilharias para presentear, seria possível evangelizar os índios selvagens que habitavam os extremos da serra da província.[55]

Contudo, e apesar da adoção de algumas medidas isoladas, não houve, por parte do Estado, um plano sistemático de redução com apoio militar, como aconteceu na Argentina, no Chile e no Oeste norte-americano na segunda metade do século XIX. Isso se deve, talvez, pelo menosprezo das dificuldades e dos custos envolvidos na colonização das terras dos indígenas "selvagens", além do fato de que os ativos militares estavam freqüentemente envolvidos em uma das tantas guerras civis que pontilharam no país em todo o século.

Bens de mão-morta

Viu-se que foram três os processos em que os dirigentes políticos esforçaram-se para desenvolver um setor de exportação agrícola no país: a adjudicação de terrenos baldios a particulares; o parcelamento dos resguardos indígenas e a desamortização dos bens de mão-morta. Estes incluíam tanto as terras da Igreja quanto os *ejidos* municipais. Contudo, ao final dos anos 1840 e início dos 1850, as discussões sobre as reformas da legislação agrária voltaram-se sobretudo aos terrenos baldios e às terras dos resguardos indígenas. O debate sobre a extinção dos bens de mãos-mortas, foi tímido nesse momento, talvez porque outras medidas importantes já estivessem promovendo o enfrentamento explícito com os interesses da Igreja, e os ânimos já estavam bastante acirrados no cenário político. Como observou-se no capítulo anterior, havia já vários sinais de que a Igreja começava a perder as prerrogativas que tivera desde a Independência. Durante a administração de José Hilário López, foi abolido o fórum eclesiástico, os jesuítas foram novamente expulsos, bem como alguns representantes da alta hierarquia do clero, e propôs-se a separação entre Estado e Igreja. A descentralização do dízimo e a lei que permitia que as províncias abrissem mão desse imposto atingiam diretamente os interesses econômicos da Igreja. Além disso, o ataque aos censos e capelanias, pelos quais a Igreja conseguia vastas porções de terras ao prescreverem hipotecas, já causava outro grande prejuízo.

Boa parte do patrimônio da Igreja era composta principalmente por bens urbanos, sobretudo em Bogotá e, no século XIX, as propriedades agrárias eclesiásticas não tinham a dimensão que se pensava até há pouco tempo. Ainda assim, é indiscutível que havia algumas fazendas de grande porte em propriedade dos clérigos.[56] Os primeiros rumores sobre a possível desamortização dos bens da Igreja começaram ainda durante a administração de Mosquera, em 1847. Pretendia-se, nesse momento, conseguir recursos para pagar parte da dívida externa e cobrir o déficit interno. Após 1848, a esses objetivos econômicos somou-se o objetivo político de debilitar o mais forte aliado do Partido Conservador.

Em um curioso artigo de autoria desconhecida publicado no jornal *La América*, o autor discute o projeto de lei proposto pelo Ministro da Fazenda, para que se dispusesse livremente dos bens de mãos mortas. Diz ele que uma lei que atentasse contra a propriedade, destruiria esperanças, causaria descontentamento e aversão contra o governo. Sugere ele então uma outra medida, que seria a mais adequada para a liberação dos bens da Igreja sem que se destruísse os princípios de inviolabilidade da propriedade: proibir a entrada nos conventos e conceder a liberdade de secularização dos freis e monjas. Desse modo, seu número diminuiria constantemente (pela secularização dos que quisessem fazer uso da liberdade concedida e pela morte dos que ficassem, porque não são eternos) até sua completa extinção. Passado algum tempo, os pertences das irmandades não teriam mais dono e poderiam ser apropriados pelo governo "sin hacer sufrir los males que al presente son consiguientes".[57]

Apesar da nada sutil ironia do texto, o autor coloca um dos melindres com os quais os legisladores depararam-se ao tratar de uma lei que, conforme o ponto de vista, abalava o princípio da propriedade. Isso certamente contribuiu para o fato de ter sido somente em 1861 que o decreto do então novamente presidente Tomás Cipriano Mosquera desamortizou os bens de mão-morta. Nessa época, em virtude dos rumores que já corriam desde 1847 e do evidente clima anticlerical a partir de 1848, a Igreja já vendera grandes porções de seus bens.

Os bens de mão-morta incluíam também as terras adjudicadas, desde o período colonial, a povoados, vilas e cidades – os *ejidos* – os quais não podiam ser comercializados. Esses terrenos também estavam sob a mira dos novos legisladores e administradores, embora, aparentemente, não tenham despertado em demasia a atenção dos poderes públicos. Contudo, há indícios de que em alguns locais os *ejidos* tenham sido motivo de confronto entre grandes fazendeiros e população local. Veja-se, por exemplo, este informe do governador de Veráguas à Câmara da província, em 1848. Segundo ele, a não divisão e o uso livre desses terrenos,

> és un mal, porque los agricultores, mientras tal suceda, no pueden propender a la estabilidad de sus fincas, las producciones no excederan jamas a las mui precisas para el consumo interior y siempre obtenidas a costa de un trabajo abrumador que directamente se opone a las grandiosas empresas de este órden.[58]

Segundo o governador, ainda que os *vecinos* se negassem a renunciar a esse direito, seria preciso dividir o quanto antes tais terrenos e distribuí-los a cada particular o número de fanegadas que lhe pertencesse. Confirmam-se aqui as máximas liberais tão apregoadas desde as reformas de finais do século XVIII, e que perpassaram as discussões sobre as terras baldias e resguardos indígenas no decorrer de todo o século XIX.

Os *ejidos* também motivaram sérias agitações em Cali. Segundo afirmações coevas, os *ejidos* dessa cidade haviam sido ocupados por um pequeno grupo de famílias ricas desde meados do século XVII. Em fevereiro de 1848, essas terras foram cercadas pelos seus ocupantes, que expulsaram os numerosos pequenos pecuaristas que delas tiravam proveito e que se viram obrigados a vender seu gado por falta de pastagem. Em virtude disso, durante as noites de 20 e 21 de maio, grupos de homens, alguns armados, saíram pelas ruas aos gritos de "viva el pueblo y mueran los blancos", e destruíram as cercas que haviam sido erguidas pelos fazendeiros. O membro de uma das famílias mais importantes de Cali, escreveu ao presidente sobre os acontecimentos locais:

> En lo único que no transije este Pueblo es en la cuestión de Ejidos. Esta es la manzana de la discordia que se há arrojado entre nosotros, y mientras este negocio no se termine definitivamente, jamás se gozará de tranquilidad en este lugar. El pueblo se mantendrá siempre en guerra con los Propietarios y los Propietarios con el Pueblo, y al fin las personas docentes tendrán que abandonar este país.[59]

Análises locais mais detalhadas poderiam revelar outros conflitos de semelhante natureza em relação aos *ejidos* de Nova Granada, o que abre portas para futuros estudos.

Conclusão

Ao final dos anos 1840, uma nova geração de políticos, sucessora dos combatentes da Independência, assumia o protagonismo político em um Estado ainda bastante frágil sob todos os pontos de vista: de sua integração interna; de sua prevalência sobre o poder particular dos caciques locais; de sua sustentabilidade econômica; de seu aparelho administrativo; de sua vinculação ao mercado mundial. No diagnóstico de políticos e intelectuais da época, Nova Granada era formada ainda por uma sociedade instável, sem integração cultural, sem futuro internacional certo, sem economia sólida e sem classes dirigentes políticas e técnicas suficientes para as numerosas tarefas sociais que se apresentavam à recém-nascida República.[1]

Os violentos conflitos entre os dois partidos nacionais, então oficialmente formados, tornaram-se um torvelinho em torno do qual se consolidaram antigos antagonismos locais e aos quais foram incorporados novos grupos sociais à arena política, mascarando a luta de classes. A reafirmação dos vínculos com a Igreja por parte dos conservadores, e a aliança temporária com os artesãos urbanos por parte dos liberais, ilustram a ânsia das elites dirigentes em estreitar os laços com a *massa*.

Em meio a tantas preocupações, o sucesso do tabaco como primeiro produto agrícola de exportação para o mercado europeu trouxe enormes expectativas de mudança, pois parecia que o país estava finalmente entrando em consonância com o tão esperado destino de fornecedor de produtos primários no mercado mundial. Os ventos que varreram a Europa em 1848 deram força ao discurso dos prenunciadores das transformações que se esperavam para o país. Ainda que "a consciência de mudança, (...) fosse mais rica em conteúdos simbólicos que em transformações materiais",[2] os resultados desta pesquisa mostraram como o *boom* conjuntural do tabaco influenciou as discussões nas instâncias legislativas e na imprensa a respeito das reformas na legislação de terras em suas três vertentes: bens de mão-morta; terrenos baldios e resguardos indígenas.

Os fortes conflitos partidários que eclodiram em 1848 com a ascensão do Partido Liberal, ajudam a explicar a hesitação em atacar frontalmente as terras eclesiásticas nesse momento. A Igreja já estava, evidentemente, sofrendo grandes perdas políticas e econômicas, como a expulsão dos jesuítas, a municipalização e flexibilização dos dízimos, a abolição dos censos eclesiásticos. A desamortização de suas propriedades talvez fosse, nesse momento, matéria delicada, mas artigos na imprensa davam mostras de que suas propriedades já estavam sob a mira dos legisladores. A lei de desamortização dos bens da Igreja, contudo, só viria em 1861, nas mãos de um governante do Partido Conservador, quando boa parte de suas propriedades na área rural já havia sido vendida.

Em relação aos baldios, tal como se fizera desde os anos iniciais da República, continuava-se a insistir na necessidade de estimular a colonização e a imigração às áreas despovoadas do país, bem como de arrecadar fundos para os cofres públicos com a venda de terrenos aos particulares. Os sucessos verificados em Ambalema, contudo, trouxeram novo elemento ao debate, ao colocar em questão o papel do Estado diante das desigualdades geradas com a nova ordem econômica na região: posicionaram-se aqueles que acreditavam na necessidade de limites para a propriedade territorial de um lado, e de outro, aqueles que viam na liberdade econômica plena o remédio para toda sorte de problemas.

Tanto uns como outros apoiavam seu discurso no argumento de que seria possível (por meio do Estado ou por meio do estímulo à livre iniciativa) a formação de um forte campesinato nacional, de preferência composto de pequenos e ativos proprietários, apartados da herança africana e acrescidos da benéfica influência de imigrantes, tal como no tão aludido modelo norte-americano. Desse debate, os promotores do *laissez-faire* foram certamente vitoriosos.

Embora não haja condicionais em História, pode-se perguntar pelo efeito prático que teria uma lei de limitação da apropriação de terras, como o proposto projeto de lei de Murillo Toro. Provavelmente nenhum, pois dificilmente resistiria às pressões dos latifundiários e especuladores (a distribuição de grandes latifúndios verificada na época da presidência do próprio Murillo Toro reforça essa suposição). Ainda assim, a animada polêmica despertada pela apresentação do projeto mostrou como a questão da terra foi fundamental na disputa entre os vários e conflitantes projetos de Estado e sociedade apresentados pelos políticos liberais no período em foco.

Em relação à reforma da legislação sobre resguardos indígenas, houve múltiplos argumentos que se sobrepuseram para que fossem aprovadas as leis que ordenavam a mensura e o parcelamento dos resguardos, e para que estes fossem distribuídos em caráter de propriedade particular a cada família. Desde as primeiras leis e decretos promulgados após a proclamação da República, via-se grande empenho, pelo menos retórico, em acabar com as castas coloniais a fim de que todos os indivíduos fossem incorporados à sociedade na qualidade de cidadãos, com iguais direitos e deveres. Durante os primeiros governos republicanos, contudo, os indígenas continuaram pagando tributos e a escravidão continuou a existir. A partir do final dos anos 1840, os dirigentes políticos voltaram a enfrentar essa questão, encarando a escravidão dos negros e a manutenção dos resguardos indígenas como um pesado fardo herdado da Coroa espanhola, que nada tinha a ver com uma sociedade que se pretendia adequada aos novos tempos. Os textos da época revelam a intenção de diluir a "raça indígena" no campesinato nacional em formação, de preferência mesclando-a com a esperada (e nunca vinda) torrente de sangue imigrante. Por outro lado, ainda que a escravidão tenha sido abolida em 1850, algumas leis são claras em mostrar que se pretendia afastar ao máximo a influência dos ex-escravos sobre esse pretenso campesinato nacional.

Além disso, as leis de parcelamento dos resguardos indígenas são decorrentes da crença de que somente a iniciativa particular poderia tirar o país do marasmo: era preciso transformar a antiquada forma de usufruto coletivo das terras dos resguardos em propriedade privada. Colocadas no mercado, tais terras acabariam em mãos empreendedoras, que saberiam dar-lhes melhor aproveitamento e trazer maior riqueza ao país. A legislação reformista bourbônica de finais do século XVIII partia desse princípio, e as leis promulgadas nas primeiras décadas do século XIX apenas confirmaram uma tendência em curso. Contudo, dificuldades de diversas naturezas (como a resistência das comunidades indígenas e a ausência de pressões realmente fortes sobre a terra) fizeram com que inúmeros decretos fossem expedidos, a partir de meados da década de 1830, sustando a mensura e o parcelamento dos resguardos em quase todas as províncias. Esse quadro foi alterado ao final da década de 1840, como revelam as leis de 1848 e 1850: a primeira delas delegou às províncias a execução do parcelamento dos resguardos, enquanto a segunda liberou sem nenhum entrave a venda, pelos indígenas, de suas parcelas de terra como bem lhes aprouvesse.

A pesquisa mostrou como dinâmicas próprias de cada região do país e a forma diferenciada com que estavam sendo incorporadas pela nova fase de expansão capitalista européia, influenciaram profundamente o ritmo com que as reformas foram implementadas. Na região Sul-Ocidental (Cauca, Vale do Cauca e Chocó), que passava por um período de estagnação econômica, prevaleceu a política paternalista que remetia ainda à legislação colonial espanhola. Não foi possível pesquisar amiúde todas as implicações dessa política na região caucana: as relações imbricadas nesse traço de permanência ainda é campo aberto a investigações.

Já a região central (altiplano cundiboyacense) foi onde mais rapidamente os administradores procuraram liberar a terra da propriedade coletiva indígena: o sucesso do tabaco no mercado europeu e a conseqüente valorização das terras de todo o perímetro que sofreu os efeitos desse vínculo com o mercado mundial fizeram crescer os olhos sobre os terrenos indígenas. Aí, tanto na zona produtora do tabaco, quanto nas zonas circundantes de abastecimento, os resguardos foram parcelados e, a um ritmo maior ou menor, os terrenos foram incorporados por empresas exportadoras de tabaco ou por fazendeiros pecuaristas. Não se sabe ao certo se a mão-de-obra indígena liberada desse processo foi significativa para o setor exportador, mas indícios mostram que pelo menos em Cundina-marca os antigos habitantes dos resguardos (indígenas ou mestiços) acabaram engrossando as fileiras de trabalhadores das *haciendas*.

O fato de que a execução das medidas necessárias para o parcela-mento dos resguardos tenha sido legada às províncias tornou mais poderosa a influência dos administradores e legisladores locais, principais interessados nos terrenos, sobre os processos de parce-lamento: chefes políticos (prefeitos), parlamentares provinciais e agrimensores souberam tirar proveito dessa situação. Na documen-tação e na bibliografia disponível, foi possível perceber a presença dessa influência, mas certamente faltam estudos que a sinalizem com maior precisão (tal como no Brasil se mapeou a relação dos grandes fazendeiros fluminenses do café com os políticos saqüare-ma quando da aprovação da Lei de Terras de 1850).

De todo o estudo, há que se destacar a violência que atravessa todo o processo de expropriação de terras, sobretudo nas regiões em que ela foi mais acentuada. Aqui, pode-se concluir esta síntese retornando à perspectiva mais geral pela qual começamos, já que nesse aspecto as comunidades colombianas indígenas e a miríade de pequenos camponeses mestiços que viviam em seu entorno têm bastante em comum com a maior parte das populações do mun-do em meados do século XIX, cujos destinos "ainda dependiam do que acontecesse na e com a terra",[3] e que acabaram dela sendo ex-pulsos ou a ela sendo subjugados. Na formulação de Marx, este foi o processo em que a Terra-Mãe, elemento da vida social, passou a subsistir como Terra-Morte, sorvendo a força viva dos que nela trabalham.[4]

Numa perspectiva ampliada, as reformas nas legislações sobre terras revelam um movimento de grandes proporções: o do capital, em sua expansão definitiva por todo o globo. Sob o enfoque dos que viveram muito concretamente suas conseqüências, esse processo é revelado em seu aspecto trágico: o apetite por maiores porções de terra para uma produção alheia aos interesses dos que nela diretamente trabalham. Trata-se do afastamento de comunidades inteiras e de pequenos produtores, não só dos meios de produção que lhes eram próprios, mas também de seu próprio *modus vivendi*, daquilo sobre o qual se assentava sua cultura e sua identidade. Parafraseando José de Souza Martins, que analisou o impacto expansionista da colonização sobre zonas de fronteira indígenas, a comunidade que antes ali podia viver a partir de sua própria concepção de mundo e de vida, adaptada e atualizada desde tempos remotos, se vê repentinamente subjugada "por formas de poder e de justiça que se pautam por códigos e interesses completamente distanciados de sua realidade aparentemente simples, que mesclam diabolicamente o poder pessoal do latifundiário e as formas puramente rituais de justiça institucional".[5] A "forma comunitária", pela qual se estabelecia a relação do homem ao homem e a relação do homem à terra, é assim rompida por um processo de socialização liberado dos limites "naturais" ligados à comunidade. Conforme salienta Claude Lefort, para Marx, esse é um elemento fundamental de ruptura histórica introduzido pelo capitalismo.[6]

Assim, enquanto os dirigentes políticos mostravam em seus discursos a preocupação com a formação de uma sociedade nacional de pequenos camponeses, na prática, o que se verificou no decorrer da segunda metade do século XIX foi o alargamento do fosso que separava as classes altas do restante da população.

Entretanto, em paralelo a tudo isso, houve sempre um vigoroso processo de resistência, que se evidencia tanto nos registros dos infindáveis processos movidos pelas populações indígenas para defesa de seus interesses (que garantiu a sobrevivência de algumas comunidades durante várias décadas, algumas até hoje), quanto nos conflitos travados por pequenos camponeses contra grandes proprietários titulares, como se verificaria mais tarde nas serras de Antióquia – mas isso já está além dos limites propostos por esta pesquisa.

Por último, retome-se aqui a motivação inicial do trabalho. É evidente que o interesse despertado pelo tema decorre, em grande medida, de sua indiscutível atualidade. Em um mundo aparentemente guiado pela dependência de vagas inconstantes de capitais financeiros extremamente voláteis, que atravessam sem cerimônia as fronteiras nacionais e delas saem sem sequer pousar sobre os setores produtivos, os estudos sobre a questão agrária se mostram fundamentais para reafirmar o fato de que é ainda em torno da terra que continuam a defrontarem-se violentos antagonismos de classe nos países latino-americanos, frutos da absurda desigualdade decorrente da apropriação de territórios inteiros que permanecem à margem de uma destinação social conseqüente.

Anexo

População por quilômetro quadrado: países e regiões, 1846

EUROPA			
Bélgica	142	Sicília	63
Lombardia	119	Bavária	58
Inglaterra/Wales	107	Império Austríaco	56
Irlanda	97	Switzerland	56
Parma	94	Holstein	53
Netherlands	88	Prussia	48
Baden	86	Hannover	46
Württemberg	85	Portugal	40
Neuchâtel	85	Schleswig	38
Bohemia	82	Dinamarca	33
Saxonia	77	Escócia	33
Piemonte	77	Romênia	30
Toscana	72	Espanha	24
Nápoles	72	Sardenha	23
Luxemburgo	67	Grécia	21
Estados Papais	66	Suécia	7
França	63	Noruega	4
ÁSIA			
Japão	68	China	45
India (1881)	63	Siam	7
CARIBE e AMÉRICA CENTRAL			
Haiti	18	Honduras	1,8
El Salvador	12	Nicarágua	1,8
Guatemala	5	Costa Rica	1,6
Santo Domingo	3,3		
ORIENTE MÉDIO			
Império Otomano	6	Pérsia	1,4
RÚSSIA	3,5		
AMÉRICA DO NORTE			
Estados Unidos	3,2	México	2,2
ÁFRICA			
Libéria	2,7		
AMÉRICA DO SUL			
Chile	2,7	Bolívia	0,9
Equador	2,5	Brasil	0,8
Colômbia	1,9	Uruguai	0,8
Paraguai	1,9	Venezuela	0,8
Peru	1,5	Argentina	0,3

Fonte: Bowden, Karpovich, and Usher 1937, 3; Banks 1971, table 1; for India, Mulhall 1892, 55 In: Rogowski, Ronald. *Commerce and coalitoins – how trade affects domestic political alignments*. New Jersey, Princeton University Press, 1990

Notas

Introdução

[1] Silva, Lígia Osório. *Terras devolutas e latifúndios – efeitos da lei de 1850*. Campinas, Unicamp, 1996.

[2] Parafraseando Lígia Osório Silva, que fez essa afirmação para o caso brasileiro, op. cit., p. 13

[3] A questão das terras indígenas é um aspecto que acabou por ficar bastante negligenciado nos trabalhos historiográficos sobre a questão da terra no Brasil e, quando considerado, aparece apenas de forma complementar. Maria Hilda Baqueiro Paraíso lembra o fato de que a questão indígena no Brasil é ainda bastante marginalizada pela historiografia e acaba ficando a cargo dos estudos antropológicos. *O tempo da dor e do trabalho: a conquista dos territórios indígenas nos sertões do Leste*. Tese de Doutoramento – FFLCH, USP, p. 19.

[4] Medardo Rivas, *Los trabajadores de Tierras Calientes*. Bogotá, Incunables, 1983, p. 256.

[5] Colmenares, Germán. *Partidos políticos y clases sociales en Colombia*. Bogotá, Ediciones Los comuneros, 1984, p. 46.

[6] Bejarano, J.A. *Balanço historiográfico*, p. 259.

[7] Os microfilmes de todos esses jornais estão disponíveis na hemeroteca da Biblioteca Luis Angel Arango, em Bogotá.

[8] Em realidade, houve dúvidas sobre a pertinência de manter ou não a primeira parte deste trabalho, pois havia o risco de sugerir a ilusória idéia de uma busca às origens. Contudo, e não obstante o desequilíbrio formal que poderia trazer ao resultado final do texto, considerou-se que o balanço historiográfico do período colonial colombiano presente nesta primeira parte poderia ser útil ao pesquisador brasileiro.

[9] Uribe de H., Maria Teresa & Alvarez, Jestis Maria. Regiones, economía y espacio nacional en Colombia 1820-1850. In *Lecturas de Economia*, nº 3, abril, 1984, Universidade de Antioquia, p. 156-222.

[10] Friede, Juan. *El indio en Ia lucha por Ia tierra*. Bogotá, Punta de Lanza, 1976, p. 280.

Parte I – A situação das terras em Nova Granada durante o período colonial e nas primeiras décadas da República

1. A situação das terras em Nova Granada durante o período colonial

[1] Evidentemente tendo-se o cuidado de não diluir a especificidade dos períodos históricos numa única e linear história de 500 anos de latifúndio, que pouca contribuição poderia trazer à compreensão da história agrária da América Latina.

[2] Cardoso, Ciro Flamarion. *América pré-colombiana*. São Paulo, Brasiliense, 1984, p. 112.

[3] Sabana de Bogotá: "considerada como uma das regiões mais férteis do país, está localizada

208   Cristiane Checchia

aproximadamente no centro do país, sobre a Cordilheira Oriental e com uma altura que oscila entre os 2.500 e 2.600 m. A Savana bogotana compreende duas partes: uma parte montanhosa e outra plana. (...) a parte plana (...) corresponde à Savana propriamente dita e compreende todas as áreas circunvizinhas à zona urbana de Bogotá (aproximadamente 2.500 Km²". Parra de Avellaneda & Muñoz Patiño. *Aspectos da agricultura e desamortização da Sabana de Bogotá: 1860-1870.* Tesis de grado. Universidad Nacional de Colombia, 1984, rodapé, capítulo 1.

[4] Citado por Cardoso, op. cit. p. 46.

[5] Orlando Mello, Jorge. *Historia de Colombia – el estabelecimeiento de la dominación española.* Bogotá, Banco de la República, 1996, cap. 3.

[6] Orlando Mello, op. cit., cap. 3.

[7] Bohórquez, Carmen. *El resguardo indígena en la Nueva Granada – ¿Protecionismo o despojo?* Bogotá, Nueva América, 1997, p. 54.

[8] Idem, ibidem, p. 54.

[9] Carmagnani & Romano (coords.). Componentes económicos. In *Para una Historia de America. I. Las estructuras.* México, Fondo de Cultura Económica / El Colegio de México, 1999, p. 176-7.

[10] Pietschmann, Horst. *El Estado y su evolución al principio de la colonización española de América.* México, Fondo de Cultura Económica, 1989, p. 66.

[11] Orlando Mello, op. cit., cap. 1.

[12] Ocampo López, *Historia básica de Colombia.* Bogotá, Plaza & Jones, 1987, p. 74.

[13] Pietschmann, op. cit., p. 69.

[14] Orlando Mello, op. cit., cap. 1.

[15] Para uma análise mais profunda desses debates, ver Pagden, *La caída del hombre natural.* Madrid, Alianza ed., 1988.

[16] Orlando Mello, op. cit., cap. 1.

[17] Pagden, Anthony. *Lacaída del hombre natural.* México; Madrid, Alianza editorial, 1988, p. 158-9.

[18] Ots Capdequí, J.M. *El Estado español en las Indias.* México, Fondo de Cultura Económica, 1993, p. 142.

[19] Citado por Ots Capdequí, op. cit., p. 148.

[20] Ao que já se fez alusão anteriormente.

[21] Gibson, Charles. "As sociedades indígenas sob o domínio espanhol" In Bethell, Leslie. *História da América Latina: a América Latina colonial*, volume II, São Paulo: Edusp, Brasília: Fundação Alexandre de Gusmão, 1999, p. 296.

[22] Ots Capdequí, op. cit., p. 146.

[23] "o termo *vecino* referia-se, nos primeiros tempos da época colonial, única e exclusivamente aos povoadores brancos; ao final da mesma época, o termo designava já a brancos e mestiços". González, Margarita. *El resguardo en el Nuevo Reino de Granada.* Bogotá, La Carreta, 1979, p. 115.

[24] Juntamente com a formação do Novo Reino de Granada.

[25] Como era conhecida toda a área correspondente à Colômbia e à Venezuela antes da criação do Novo Reino de Granada.

[26] Citado por Carmagnani, & Romano. *Componentes sociales.* Op. cit., p. 319.

Terra e capitalismo   209

[27] Colmenares, Germán. La economía y la sociedad coloniales, 1550-1800. In Jaramillo Uribe, J. (dir.). *Nueva Historia de Colombia*. Bogotá, Planeta colombiana editorial, 1989, p. 132. Para mais detalhes sobre a relação entre cabildos e outorgamentos de terras, ver também outras obras de Colmenares: *História económica y social de Colombia. Tomo I (1537-1719)*. Bogotá, Tercer Mundo, 1999, p. 214; *Historia económica y social de Colombia. Tomo II – Popayan: una sociedad esclavista (1680-1800)*. Bogotá, Tercer Mundo, 1999, p. 186 e também *Cali – terratenientes, mineros y comerciantes, siglo XVIII*. Bogotá, Tercer Mundo, Universidad del Valles, Banco de la República, Cociencias, 1997, p. 186.

[28] Villamarin, Juan A. Haciendas en la sabana de Bogotá, Colombia, en la época colonial: 1539-1810. In Florescano, Enrique (coord.). *Haciendas, latifúndios y plantaciones en América Latina*, p. 330.

[29] Orlando Mello, op. cit, cap. 11.

[30] González, Margarita. *Ensayos de historia colonial colombiana*. Bogotá, El Áncora Editores, 1984, p. 305.

[31] Gibson, op.cit., p. 296.

[32] Friede, Juan. Op. cit., p. 41.

[33] Gibson, op. cit., p.296.

[34] A bibliografia relativa ao tema é bastante vasta. Para citar apenas alguns autores: Gruzinski, Serge. *La colonización del imaginario*. México, Fondo de Cultura Económica, 1995; Lafaye, J. *Quetzalcóatl y Guadalupe*. México, Fondo de Cultura Económica, 1992; Ricard, Robert. *La conquista espiritual de México*. México, Fondo de Cultura Económica, 1993; Silverblat, Irene. *Moon, sun and witches – gender ideologies and class in Inca and colonial Peru*. New Jersey, Princeton University Press; Souza, Laura de Mello e. *O diabo e a Terra de Santa Cruz*. São Paulo, Companhia das Letras, 1994; Ceballo Gómez, Diana Luz. *Hechecería, brujería e Inquizición en el Nuevo Reino de Granada – un duelo de imaginarios*. Bogotá, Editorial Universidad Nacional de Colombia, 1994.

[35] Carmagnani & Romano, *Componentes sociales*, p. 314.

[36] Com respeito aos jesuítas há o trabalho já clássico de Germán Colmenares, *Haciendas de los jesuitas en el Nuevo Reino de Granada siglo XVIII*. Bogotá, Tercer Mundo, Universidad del Valle, Banco de la República, Colciencias, 1998.

[37] Ocampo López, op. cit., p. 109; Carmagnani & Romano. *Componentes sociales*, p. 323; Mörner, Magnus. La hacienda hispano-americana: examen de las investigaciones y debates recientes. In Florescano, Enrique (coord.). *Haciendas, latifúndios y plantaciones en América Latina*. 2ª ed., México, Siglo Veintiuno, 1978, p. 24.

[38] Citado por Carmagnani & Romano, op. cit., p. 324. Inevitável a lembrança das palavras de Antonil para o caso da América portuguesa, em relação aos escravos negros: "Os escravos são as mãos e os pés do senhor do engenho, porque sem eles no Brasil não é possível fazer, conservar e aumentar fazenda, nem ter engenho corrente".

[39] Ver em Pagden, op. cit. e Ots Capdequí, op. cit.

[40] Macleod, Magnus J. Aspectos da economia interna da América espanhola colonial: mão-de-obra; tributação; distribuição e troca. In Bethell, Leslie (org.). *História da América Latina: a América Latina colonial,* vol. II, São Paulo: Edusp, Brasília: Fundação Alexandre de Gusmão, 1999, p. 221; e Ocampo Lopez, op. cit., p. 100.

[41] A *encomienda* é uma instituição cujos primeiros indícios podem ser encontrados no mundo antigo. No contexto do Império Romano um indivíduo poderia confiar-se a outro por meio da fórmula "ego me comendo tibi" (encomendo-me a ti), em troca de proteção ou como pagamento a algum favor. Na Alta Idade Média a *encomienda* passa a ser um ato coletivo e aldeias inteiras podiam encomendar-se a um senhor em troca de proteção. Diferentemente da *encomienda* individual, a coletiva implicava em hereditariedade, e o pedido voluntário de proteção transformava-se em proteção imposta. Em Castela, durante a Reconquista, a instituição ganha novos contornos. Os reis dividiam as terras e os povos conquistados como recompensa aos indivíduos que se destacavam na liderança das tropas. Essa recompensa também foi mais tarde chamada *encomienda*. No contexto americano, a *encomienda* adquiriu traços específicos e assumiu várias formas. Carmagnani, op. cit., p. 180; Macleod, op. cit., p. 222.

[42] Wachtel, Nathan. Os índios e a conquista espanhola. In: Bethel, Leslie. *História da América Latina: a América Latina colonial.* vol. 1, São Paulo: Edusp, Brasília: Fundação Alexandre de Gusmão, 1998, p. 200.

[43] Orlando Mello, op. cit., cap. 3.

[44] Caramagnani & Romano, *Componentes económicos*, op. cit., p.175.

[45] Lockhart, James. Encomienda and hacienda: the evolution of the great estate in the Spanish Indies. In *Hispanic American Historian Review*, Duke University Press, vol. 49 (3), August, 1969, p. 411-429; e Keith, Robert. Encomienda, hacienda and corregimiento in Spanish America: a structural analysis. In *Hispanic American Historican Review*, Duke University Press, vol. 51 (3), August, 1971, p. 431-446. Especificamente para o caso colombiano ver Friede, Juan. De la encomienda indiana a la propiedad territorial y su influencia sobre el mestizaje. In *Anuario Colombiano de Historia Social y de la Cultura*, Bogotá, nº 4, 1969; Colmenares, G. *Cali...*, p. 7.

[46] Macleod, op. cit., p. 225.

[47] Gibson, op. cit., p. 297.

[48] Villamarín, op. cit, p. 331.

[49] A verdadeira catástrofe demográfica da população indígena na América é observável no decorrer de todo o século XVI e ainda durante o século XVII. Inúmeros grupos culturais desapareceram por completo, enquanto outros deixaram remanescentes. No Novo Reino de Granada calcula-se que os 3 milhões iniciais de habitantes indígenas não eram mais que 800 mil em 1570. Até 1650, não eram mais que 600 mil. Os quimbayas e as sociedades de Cueva e de Darién desapareceram quase totalmente. As populações da costa do Caribe foram dizimadas. As grandes chefaturas de Serra Nevada sofreram constantes expedições de punição e foram submetidas a guerras de extermínio ao final do século XVI. Os motivos para esse espantoso decréscimo populacional são vários: as guerras de extermínio aos grupos que se negavam a aceitar o julgo espanhol; os translados de populações de terras quentes para zonas frias e vice-versa; a crescente carga de trabalho, muitas vezes em condições infra-humanas; a mudança nos ritmos de trabalho; a desestruturação dos laços que uniam as comunidades; as epidemias. Sobre esse último ponto, é possível fazer uma idéia da dimensão que podiam alcançar os surtos de algumas doenças. Dados levantados em duas visitas feitas à região de Pamplona mostram que em apenas nove meses 35% da população nativa havia sido vítima de uma epidemia de varíola. Além da queda demográfica, muitas comunidades abandonaram seus terraços de cultivo e se refugiaram Por outro lado, o abastecimento das primeiras vilas e cidades dependia fundamentalmente dos tributos pagos pelos indígenas em outras regiões.

Terra e capitalismo   211

[50] Gonzalez, Margarita. *Ensayos de historial colonial*, p. 314.

[51] Em 1591, a Coroa espanhola expediu as Cédulas de *El Pardo*, promulgadas especialmente para serem aplicadas no Novo Reino de Granada, com a intenção de criar novas fontes de ingressos fiscais. Dentre as medidas adotadas incluem-se as relativas ao regime de ocupação de terras e validação dos títulos de propriedade. Para mais detalhes ver Ots Capdequi, J.M. *El régimen de la tierra en la América española durante el período colonial*. Ciudad Trujillo, Universidad de Santo Domingo, s.d.;   Friede, Juan. De la encomienda indiana..., p.53-4; Colmenares, G. *Historia economica y social Tomo I*, p. 199-217; Bohórquez, C., op. cit., p. 88; Gonzalez, Margarita, *El resguardo...*, p.74.

[52] "O Novo Reino de Granada foi o único lugar das Índias em que se deu a particularidade de denominar resguardos as terras dos índios." Luna, Lola. *Resguardos coloniales de Santa Marta y Cartagena y resistencia indigena*. Bogotá, Biblioteca Banco Popular, 1993, p. 22.

[53] Bohóquez, C., op.cit., p. 75.

[54] Idem, ibidem, p. 76.

[55] Colmenares, *La economia y la sociedad...*, p. 134.

[56] Bohórquez, C., op. cit., p. 72.

[57] Colmenares, G. *Historia económica y social. Tomo I*, p. 221.

[58] Kalmanovitz, Salomon. El régimen agrario durante la colonia. In *Revista ideologia y sociedad*, Bogotá, nº 13, p. 5-57, abril/jun., 1975.

[59] Möner, M. A economia e a sociedade rural da América do Sul espanhola no período colonial. In Bethell, Leslie (org.). *América Latina Colonial*, vol. II, p. 198. Inúmeros exemplos podem ser colhidos em Colmenares, G. *Cali...*, p.14 e 15 e, do mesmo autor, *História económica e social... Tomo I*, p. 219-220, 224 e 231.

2. A passagem para o século XVIII e as primeiras décadas da República

[1] Jaramillo Uribe, J. *El pensamiento colombiano en el siglo XIX*. Bogotá, Planeta, 1997, p. 30.

[2] Rodríguez, Pablo & Castro Carvajal, Beatriz. La vida cotidiana en las haciendas coloniales. In Carvajal Castro (ed.). *História de la vida cotidiana en Colombia*. Bogotá, Norma, 1996, p. 99.

[3] Colmenares, G. *Cali...*, p. XVI.

[4] Jaramillo Uribe, J. La economía del Virreynato (1740-1810). In Ocampo, José Antonio (comp.). *Historia Económica de Colombia*. 4ª ed., Bogotá, Biblioteca Familiar Colombiana, Presidencia de La República de Colombia, 1997.

[5] É inegável a importância do ouro na economia neogranadina. Desde a Conquista até o final do período colonial, o ouro representou o primeiro e quase exclusivo produto de exportação. Quase a totalidade do valor das exportações neogranadinas provinha da extração aurífera. No século XVII, o Novo Reino de Granada tornara-se o maior exportador de ouro do mundo (40% da produção mundial), lugar que só perderia para a América portuguesa no século seguinte. Jaramillo Uribe, J. Etapas y sentido de la historia de Colombia. In Melo, J.O. (coord.) *Colombia hoy – perspectivas hacia el siglo XXI*. Bogotá, Tercer Mundo, 1997, p. 29.

212   Cristiane Checchia

[6] Kalmanovitz, op. cit., p. 54.

[7] Bejarano, Jesus. Antonio. Campesinado, luchas agrarias e Historia social: notas para un balance historiografico. In *Anuario Colombiano de Historia Social y de la Cultura*. nº 11, 1983, p. 258.

[8] González, M. *El resguardo*, p. 81.

[9] Cartagena foi uma das mais importantes cidades litorâneas do Império espanhol na América do Sul. Devido às suas qualidades de porto natural e seguro, tornou-se pivô das operações comerciais marítimas do Caribe. Além disso, por estar próxima ao sistema hidrográfico do Rio Magdalena, foi a principal porta de entrada dos espanhóis para o interior do território neogranadino. Em torno das atividades comerciais do porto, erigiram-se *haciendas* de lavoura, de pecuária e engenhos de cana. No início, tais *haciendas* eram supridas sobretudo com mão-obra-escrava, mas ao longo dos séculos XVII e XVIII, os escravos africanos foram substituídos gradualmente por mão-de-obra mestiça arrendatária.

[10] Jaramillo Uribe, J. In *Colombia Hoy*, p. 197.

[11] Tovar Pinzón, Hermes. Orígenes y características de los sistemas de terraje y arrenda-miento en la sociedad colonial durante el Siglo XVIII: el caso neogranadino. In *Revista Desarrollo y Sociedad*. Bogotá, nº 8, mayo, 1982, p. 16-33.

[12] Kalmanovitz, op. cit., p.53.

[13] Ots Capdequí, *El régimen de la tierra*, p. 104.

[14] Apud González, Margarita. La política económica virreinal en el Nuevo Reino de Granada: 1750-1810. In *Anuário Colombiano de Historia Social y de la Cultura*. Bogotá, Nº 11, 1983, p. 131.

[15] Jaramillo Uribe, J. *El pensamiento colombiano en el siglo XIX*. Bogotá, Planeta, 1997, p. 30 e 38.

[16] Apud Fride, J. "De la encomienda indiana..." p. 57. Pouco mais tarde, veriam-se os mesmos princípios inscritos no pensamento de ilustrados *criollos* que viriam a constituir as *Sociedades de amigos do país*, que surgiram na península e nas colônias em América, ao final do século XVIII. No Novo Reino de Granada, Pedro Fermím de Vargas escreveu nesta época: "El cuerpo político (...) puede compararse a un arbol, cuyas raíces son la agricultura, el tronco la población, y las ramas, hojas y frutos, la industria y el comercio. Esta hermosa comparación manifiesta de un golpe el arte de engrandecer un Estado, y la necessidad que hay de mantener en él una agricultura floresciente, como principio y origen de la robustez del árbol", apud König, Hans-Joachim. *En el camino hacia la nacion: nacionalismo en el proceso de formación del Estado y de la nación de la Nueva Granada, 1750-1856*, p. 110.

[17] González, M. *La política económica...*, p. 144.

[18] Zambrano, Fabio. Aspectos de la agricultura colombiana a comienzos del siglo XIX. In *Anuario Colombiano de Historia Social y de la Cultura*. Bogotá, nº 10, p. 141, 1982.

[19] Villamarin, op. cit., p. 334 e Mörner, M. op. cit., p. 193.

[20] Samudio, Edda. La transformación de la propriedad comunal en Venezuela y Colombia através del proceso de desvinculación de bienes. In *El proceso desvinculador de bienes eclesiásticos y comunales en la América española, siglos XVIII y XIX. Cuadernos de Historia Latinoamericana*, AHILA, 1999, p. 167.

Terra e capitalismo 213

[21] Colmenares, G. Antecedentes sociales..., p. 125-6.

[22] Ots Capidequi, *El régimen de la tierra...*, p. 123.

[23] Orlando Melo, Jorge. ¿Cuanta tierra necessita el indio para sobrevivir? In *Gaceta Colcultura*, Bogotá, n. 12 y 13, p. 28 e ss, 1977.

[24] Zambrano, op. cit., p. 142.

[25] Samudio Edda, op. cit., p. 158.

[26] Mais detalhes em Colmenares, G. Antecedentes sociales..., p. 128-133; e González, M. *El resguardo...*, p. 130.

[27] Resumidamente, o movimento *comunero* neogranadino de 1781 foi uma das muitas revoltas que em toda América hispânica eclodiram ao final do século XVIII, no contexto que se seguiu às tentativas de implementação das reformas bourbônicas. Embora muito celebrado pela historiografia colombiana tradicional como uma rebelião precursora da Independência, o movimento *comunero* representou uma revolta dos plantadores de Socorro, contrariados com a reorganização da tributação sobre o tabaco. O movimento logo se expandiu para regiões vizinhas e ganhou uma amplitude social não imaginada pelos próprios iniciadores da revolta, ganhando adesão inclusive das comunidades indígenas locais, que muitos motivos tinham para insatisfação. Os líderes *criollos* que iniciaram o movimento decidiram abortá-lo assim que se viram sem as rédeas da situação. Discorro mais longamente essa questão em "As terras indígenas e o Movimento Comunero: apontamentos – Novo Reino de Granada, 1781", publicado nos Anais eletrônicos do IV encontro da ANPHLAC.

[28] Colmenares, G. Antecedentes sociales de la história de la tierra en Colombia. In *Revista de la dirección de divulgación cultural*. Universidadd Nacional de Colombia, Bogotá, nº 4, set.-dez., 1969.

[29] Fals Borda, Orlando. *Historia de la cuestion agraria en Colombia*. Bogotá, Punta de Lanza, 1979, p. 46.

[30] Ocampo, José Antonio. *Colombia y la economia mundial (1830-1910)*. Bogotá, Siglo XXI/Fedesarrollo, 1984, p. 25.

[31] Colmenares, G. La economía y la sociedad..., p. 149.

[32] Os trabalhos da historiadora Margarita Garrido, que se dedicou a investigar a formação de identidades políticas regionais e locais no período que vai do final do século XVIII às guerras de Independência, mostraram como essas tensões puderam ganhar novos contornos no contexto das guerras de Independência, mais apropriadamente denominadas guerras civis. *Vecinos* que concorriam para ganhar a influência sobre uma determinada área, freqüentemente acabaram aderindo a lados diversos na guerra que opôs patriotas e realistas. Garrido, Margarita. *Reclamos y representaciones – variaciones sobre la política en el Nuevo Reino de Granada 1770-1815*. Bogotá, Banco de la República, 1993.

[33] Zambrano, F., op. cit., p. 164.

[34] Ocampo, J. A. Comerciantes, artesanos y política económica en Colombia, 1830-1880. In *Boletin cultural y bibliográfico*, vol. 27, nº 22, p. 20-45, p. 34-35, 1990.

[35] Halperín Donghi, *Reforma y Disolución de los Impérios Ibéricos: 1750-1850*. Madrid, Alianza, 1985, p.187.

[36] Bushnell & Macaulay, *El nascimiento de los países latinoamericanos*. Madrid, Nerea, 1989, p. 28.

214   Cristiane Checchia

[37] Bejarano, Jesus Antonio. Campesinado, luchas agrarias e historia social: notas para un balance historiografico. In *Anuario Colombiano de Historia Social y de la Cultura*. nº 11, 1983, Bogotá, p. 263.

[38] Kalmanovitz, S. El régimen agrário durante el siglo XIX. In Tirado Mejía, A. (dir.). *Nueva Historia de Colombia*. vol. 2. Bogotá, Planeta, 1989, p. 101.

[39] LeGrand, Catherine. *Colonización y protesta campesina en Colombia (1850-1950)*. Bogotá, Universidad Nacional de Colombia, s.d, p. 32.

[40] Ver capítulo 3.

[41] LeGrand, op. cit., p. 40-1.

[42] Fals Borda, op.cit., p. 47.

[43] Friede, J. Los chibchas..., p. 100.

[44] Os critérios de Bolívar a esse respeito ficam bem claros no decreto de Trujillo (8 de abril de 1824), expedido por ele na condição de encarregado do poder ditatorial da República do Peru. Em seu parecer, "a decadência da agricultura nestas terras" devia-se ao fato de a maioria delas achar-se em posse precária ou arrendada. As terras de comunidade deveriam ser repartidas e dadas em propriedade aos índios, vendendo-se os terrenos restantes. Hernandez Rodriguez, G. Op. cit., p. 310.

[45] Villegas, Jorge & Restrepo, Antonio. *Resguardos de indígenas, 1820-1890*. Medellín, Centro de investigaciones económicas – Facultad de Economía – Universidad de Antióquia, p. 7.

[46] Voltar-se-á a esse ponto no capítulo 3.

[47] Como bem salientou Curry, Glenn Thomas. *The disappearence of the resguardos indigenas of Cundinamarca, Colombia, 1800-1863*. Vanderbilt University, University Microfilms International, 1991.

[48] Villegas & Restrepo, op. cit., p. 9.

[49] Piel, Juan. Problemática de las desamortizaiones. In *El proceso desvinculador de bienes eclesiásticos y comunales en la América española, siglos XVIII y XIX. Cuadernos de Historia Latinoamericana*, AHILA, 1999, p. 110.

[50] As citações seguintes foram tiradas do texto reproduzido em Rodriguez, Hernandez. *De los chibchas a la colonia y a la república – del clan a la encomienda y el latifundio en Colombia*. Bogotá, Ediciones Internacionales, 1978, p. 311-12. Grifos meus.

[51] Sobretudo à região correspondente ao Equador, incluída na Gran Colômbia, esse tributo era ainda muito significativo economicamente.

[52] "Contribuição pessoal" foi o novo nome dado ao "tributo" indígena, em 1827. Friede, J. *El indio en la lucha por la tierra*, 1976.

[53] Lê-se no artigo 7º: "Ningún indígena podrá vender la porción de tierra que se le haya adjudicado antes de 10 años, sino en el caso de que haya de variar domicilio, y com previa licencia del jefe político del cantón, la cual sólo será válida en el caso de que así se verifique; sin embargo, el poder ejecutivo podrá conceder la facultad de enajenar sus tierras a los indígenas de alguna o algunas provincias, con las precauciones que estime convenientes, siempre que el gobernador de la provincia, con previo acuerdo de la Cámara respectiva, informe que es necesario o conveniente que así se practique; en todo caso, la enajenación se hará en pública almoneda." Apud Salazar, Mardonio. *Proceso historico de la propriedad en Colombia*. Bogotá, ABC, 1948, p. 339.

[54] Salazar, Mardonio, op. cit., p. 340.

[55] Kalmanovitz, S. El régimen agrário durante el siglo XIX, op. cit., p. 106.

[56] Friede, J. Los chibchas bajo la dominación espanhola, op. cit., p. 115.

[57] Halperín Donghi, op. cit., p. 198.

[58] Juan Friede acredita que tal proibição tenha sido incorporada à legislação com a finalidade de impedir a dispersão da mão-de-obra indígena, ainda importante em determinadas regiões. Friede, J., op.cit., p. 104.

Parte II – Nova Granada na década de 1840: pessimismo e grandes expectativas

3. A expansão do capitalismo industrial

[1] Bushnell & Macaulay, *El nascimiento de los países latinoamericanos*, p. 185.

[2] Kemp, Tom, La Revolución Industrial en la Europa del siglo XIX, cap. 1; Hobsbawm, Eric. El impacto de la Revolución Industrial. In Chaunu, Hobsbawm e Vilar. *La independencia de América Latina*, p. 86 e ss.

[3] Rogolski, Ronald. *Commerce and coalitions – how trade affects domestic political alignments*. New Jersey, Princeton University Press, 1990, p. 34.

[4] Ocampo, J.A. *Colombia y la economia mundial*, 1830-1910. Bogotá, Siglo XXI/Fedesarrollo, 1984, p. 51.

[5] Hobsbawm, Eric. *A era do capital*. 1848-1875, p. 244-5

[6] Cardoso de Mello, J.M. *O capitalismo tardio*, p. 44-45.

[7] Costa, Emília Viotti da. Política de terras no Brasil e nos Estados Unidos. In *Da Monarquia à República*, p. 139-40. Vale lembrar que na Europa densamente povoada, este espaço de expansão de cultivo era bastante estrito, o que tornava mais importante a incorporação das áreas despovoadas do restante do planeta. Ver anexo ao final do trabalho. Rogowski, R., op. cit.

[8] Viotti da Costa, op. cit.; Kemp, op. cit., p. 27 e Hobsbawm, *A era do capital*, cap. 10.

[9] Como questionou José Murilo de Carvalho para o caso brasileiro em *Teatro de sombras: a política imperial*. Rio de Janeiro, IUPERG/Vértice, 1988, p.103.

[10] Halperín Donghi. *Reforma y Disolución de los Impérios Ibéricos: 1750-1850*, p. 198.

[11] Cardoso, Ciro Flamarion & Pérez Brignoli, *História econômica da América Latina*, p. 138.

[12] Linhares & Silva, op. cit., p. 60 e ss. Cardoso e Pérez Brignoli, op. cit., p. 165 e ss.

[13] Piel, J. op. cit., p. 116.

[14] Viotti da Costa, op.cit., p. 140.

[15] Soares, Gláucio A. D. *A questão agrária na América Latina*, p. 38.

[16] Hobsbawm, Eric. *A era do capital*, p. 244.

[17] Sobretudo José Murilo de Carvalho, op. cit e Ilmar Mattos, op. cit.

[18] Ver em Silva, Ligia Osório, op. cit.

[19] Esse aspecto foi levantado por Martins, José de Souza em *O cativeiro da terra*. São Paulo, Hucitec, 1990, 4ª ed., p. 31-2. Comentado por Silva, Ligia Osório, op. cit., p. 137.

[20] Safford, Frank. In Vários. *Aspectos polémicos de la historia colombiana del siglo XIX – memoria de un seminario*. Bogotá, Fondo Cultural Cafetero, 1983, p. 13.

216   Cristiane Checchia

[21] Ainda permanece viva a polêmica entre os historiadores sobre o quanto o conflito entre Bolívar e Santander e seus respectivos seguidores teria sido determinante para a posterior divisão entre os partidos políticos. Interessante síntese dessa discussão encontra-se no trabalho de Josinei Lopes Silva, que faz uma análise das teses de Safford, Bushnell; Tirado Mejía e Leal Buitrago. Silva, J. L. *Partidos, imprensa e violência política na Colômbia: história e historiografia*. Dissertação (Mestrado em História) – Faculdade de Ciências e Letras de Assis, Unesp, 2000.

[22] A Guerra dos Supremos estalou nas províncias do Sul, quando o gal. Obando junto com outros revolucionários, que se chamaram "chefes supremos", tentaram depor o presidente Marquez, que ganhara de Obando as eleições presidenciais de 1837. Marquez, liberal moderado, obteve apoio de antigos bolivarianos e dos generais Pedro Alcántara Herrán e Tomás Cipriano Mosquera, derrotando as tropas de Obando. A agremiação vencedora constituiu o Partido Ministerial, núcleo do futuro Partido Conservador. Após a guerra foi aprovada a Constituição de 1843, marcadamente conservadora.

[23] Tirado Mejía, A. Colombia: siglo y medio de bipartidismo. In Melo, Jorge Orlando (coord.). *Colombia hoy*. Bogotá, Tercer Mundo, 1997.

[24] Zambrano, F. La formation des partis politiques, 1830-1854. In *Amerique Latine*, nº 23, p. 39, jul.-set., 1985.

[25] Izard, Miguel. *Tierra Firme. História de Venezuela y Colombia*. Madrid, Alianza America, 1987, p. 162. Ao falar da violência da década de 1850, o autor refere-se a alguns de seus conflitos mais conhecidos, que envolveram porções significativas da população. Em 1851, houve o levante promovido pelos conservadores das províncias do Sul, contra a lei que punha fim à escravidão. Em 1854, o gal. Obando e outros militares da facção liberal draconiana juntaram-se aos insatisfeitos artesãos das Sociedades Democráticas e depuseram o presidente Melo. Obando ocupou o poder por nove meses, até ser derrubado por liberais e conservadores que se uniram para tal fim.

[26] Nieto Arteta, V. Luis E. *Economia y cultura en la Historia de Colombia*. Bogotá. Tercer Mundo, 1962.

[27] Colmenares, German. *Partidos políticos y clases sociales*. Bogotá, Universidad de los Andes, 1968.

[28] Safford, Frank. Acerca de las interpretaciones socioeconomicas de la politica en la Colombia del siglo XIX: variaciones sobre un tema. In *Anuario Colombiano de Historia Social y de la Cultura*. nº 13-14, p. 91, 1985.

[29] O próprio Colmenares, em vários outros trabalhos posteriores, matizou as posições defendidas em seu primeiro trabalho.

[30] As primeiras Sociedades Democráticas surgiram logo após a Independência, sob o vice-governo de Santander, como uma dentre outras estratégias para difundir a política moderna: "a maçonaria para a elite, a Sociedade Filantrópica para difundir a educação popular, a Sociedade Democrática para politizar aos artesãos, os colégios e universidades para educar a juventude e as escolas noturnas para difundir os princípios republicanos mediante os catecismos republicanos". Após o atentado contra Bolívar, em 1828, este proibiu as reuniões em sociedades e confrarias secretas. Contudo, novos espaços de sociabilidade política continuaram aparecendo e converteram-se em locais privilegiados para mobilizar o "povo urbano" (constituído predominantemente de artesãos), sobretudo

em Bogotá. Em 1838, surge a Sociedad Democrática-Republicana de Artesanos y Labradores Progresistas de la provincia de Bogotá, fundada por Santander com o intuito de angariar apoio para a candidatura de José Maria Obando à presidência. Zambrano, Fabio. Las sociabilidades modernas en la Nueva Granada, 1820-1848. In *Cahiers des Amériques Latines*, nº 10, IHEAL, 1990, p. 197.

[31] Zambrano, F. La formation des partis politiques, p. 40-1

[32] Ocampo, José Antonio. Comerciantes, artesanos y política económica en Colombia, 1830-1880. In *Boletim cultural y bibliográfico*, vol. 27, nº 22, 1990, p. 24.

[33] Zambrano, F., op. cit.

[34] Josinei Lopes, citando Leonel Bitrago. Ver também Palacios, Marco. Apuntaciones históricas sobre ciudadania y guvernabilidade. In *Parábola del Liberalismo*. p. 245

[35] Días Castro, E. *Manuela*. Bogotá, Panamericana, s. d.

[36] Zambrano, F., op. cit., p. 40.

[37] Palacios, M. Parábola do Liberalismo, p.230, citando estudo de R. Stoller

[38] Escorcia, Jose. *Sociedad y economia en el Valle del Cauca. T. III – desarrollo politico social y económico, 1800-1854*. Bogotá, Biblioteca Banco Popular/Universidad del Valle, 1983.

[39] Ocampo López, José. *Historia básica de Colombia*. Bogotá, Plaza & Jones, 1987, p. 249

[40] Bushnell & Macaulay. *El nascimiento de los países latinoamericanos*. Madrid, Nerea, 1989, p. 40 e ss.

[41] *Neogranadino*, nº 37, 14 de abril de 1849, p. 113.

[42] Fonte insuspeita. José Maria Samper, do Partido Liberal, compartilha das críticas de Ancízar. Em artigo do *Neogranadino* critica a posição conservadora de muitos de seus partidários nos assuntos referentes aos ideais de liberdade individual e de pensamento, liberdade de indústria, de instrução e de consciência."El pasado, el presente i el porvenir del partido liberal" – Agudelo, Honda, 1º de maio de 1849. *Neogranadino*, nº 43, 19/05/1849, p. 161-163.

[43] Ainda nas páginas do *Neogranadino*, do dia 12/10/1849: "Cuestión de princípios desde luego que no és. Todo los periódicos, todo los membros de uno y otro partido,han publicado sus princípios (...); pués en ámbos partidos hai defensores y amigos más o menos fuertes, mas o menos declarados de la libertad de conciencia, de comercio, de industria, de profession, etc., etc. En fin, ámbos partidos cuentan amigos o defensores de todo lo que existe o puede existir; de todo que es y puede llegar a ser objeto de discusion y controversia entre los hombres (...)". *Neogranadino*, nº 69 12/10/1849, p. 359-60.

[44] *Neogranadino*, nº 69, 12/10/1849, p. 359-60.

[45] *La Civilizacion*, nº 3, 23 de agosto de 1849, p. 1 (conservador) "Los partidos políticos en la Nueva Granada".

[46] Edição 642 do *El Dia*, jornal dos conservadores, publicado no dia 15 de agosto de 1849.

[47] *Neogranadino*, nº 69, 12/10/1849, p. 359-60 "Los Partidos II – La cuestion personal – los hechos".

[48] Tirado Mejía, Alvaro. *Colombia: siglo y medio de bipartidismo*, p. 116. O mesmo poderia ser afirmado quando considerado apenas o aspecto econômico pois, como mostrou Frank Safford, até a década de 1890, os principais líderes comerciais eram quase todos provenientes de famílias cuja posição de classe alta já se havia estabelecido antes do término do período colonial e reconhecidos em toda Nova Granada.

[49] Citado por Colmenares, G. Partidos políticos y clases sociales en Colombia, p.113

218 Cristiane Checchia

[50] Uma evidência de que, a não ser por manifestações isoladas, os liberais não assumiram abertamente o discurso anti-religioso é o fato de terem buscado substituir o vazio deixado pelos jesuítas expulsos com representantes da comunidade franciscana.

[51] Jaramillo Uribe, J. Etapas en la historia de Colombia. In Melo, Jorge Orlando. *Colombia Hoy*. Bogotá, Tercer Mundo, 1997, p. 46.

4. As reformas de meados do século XIX em Nova Granada

[1] Nieto Arteta, L.E. *Economia y cultura en la historia de Colombia*. Bogotá, Ediciones Libreria Siglo XX, 1941. Para o balanço historiográfico que se segue, ver também Rodríguez Salazar, Óscar & Arévalo Hernandez, Decsi. La historiografia económica colombiana del siglo XIX. In Tovar Zambrano, Bernardo (comp.) *La historia al final del milenio – ensayos de historiografia colombiana y latinoamericana*. Bogotá, editorial Universidad Nacional, 1994, p. 187-250. Não serão trabalhados aqui todos os historiadores que lidaram com a questão das reformas de 1850, mas aqueles que julgamos mais representativos.

[2] Ospina Vazques, Luis. *Industria y proteccion en Colombia 1810-1930*. Medellin, Editorial La Oveja Negra, 1955, 2ª ed. 1974.

[3] Colmenares, G. *Partidos políticos y clases sociales en Colombia*. Bogotá, ed. Los Comuneros, 1984, p. 36, 61, 65.

[4] Exemplo de estudo que destacou a abolição da escravidão como fruto das mudanças econômicas desse período é o de Stanley S. Stein, citado por Germán Colmenares. Segundo Stein, em Nova Granada teria sido necessária a abolição da escravidão a fim de deslocar a mão-de-obra dos velhos latifúndios às novas empresas. Colmenares, G. *Partidos políticos y clases sociales*, op.cit., p. 57.

[5] Melo, Jorge Orlando. La evolución económica de Colombia 1830-1900, p. 166.

[6] Devido a todas as dificuldades de transporte, os preços dos produtos que vinham da costa adquiriam valores extremamente altos.

[7] Melo, J.O. La evolución econômica de Colombia, 1830-1900, p. 162.

[8] Bejarano, Jesus Antonio. Campesinado, luchas agrarias e historia social: notas para un balance historiografico. In *Anuario Colombiano de Historia Social y de la cultura*. nº 11, 1983, p.260.

[9] Idem, ibidem.

[10] Ocampo, José Antonio. Comerciantes, artesanos y política económica en Colombia, 1830-1880. In *Boletim cultural y bibliográfico*, vol. 27, nº22, 1990, p. 21-23.

[11] Kalmanovitz, S. El régimen agrario durante el siglo XIX en Colombia. In Tirado Mejía, Alvaro (dir.). *Nueva Historia de Colombia*. Bogotá, Planeta colombiana editorial, 1989, p. 108.

[12] Segundo o autor, o regime de acumulação burguesa "se origina sobre base de uma exploração mais científica da força de trabalho livre e não requer todo o aparato de repressão violenta, externo ao trabalhador, e sim interioriza-se em cada produtor direto como liberdade para morrer de fome se não aluga sua força de trabalho livre ao capitalista". Idem, ibidem, p. 121.

[13] Hobsbawm, Eric. *A era do capital, 1848-1875*. 5ª ed. Rio de Janeiro, Paz e Terra, 1997 p. 65.

[14] Apud Colmenares, G. *Partidos políticos y clases sociales en Colombia*. Bogotá, ed. Los Comuneros, 1984.

[15] Colmenares, G., *Partidos políticos y clases sociales en Colombia*. p. 42.

[16] Galvis Noyes, Antonio Jose. Las doctrinas de Bentham en la Nueva Granada (1835-1840). In *Universitas Humanistica*, nº 2, dez. 1971. Facultad de Filosofia y Letras, Pontificia Universidad Javeriana, p. 281-298.

[17] Jaramillo Uribe, J. *El pensamiento colombiano en el siglo XIX*. Bogotá, Planeta, 1997, p. 165-6.

[18] Idem, ibidem, p.190.

[19] Bejarano, Jesus Antonio. Prólogo. In *Salvador Camacho Roldán, Escritos sobre economia y poltica*. Bogotá, Instituto Colombiano de Cultura, 1991, p. 11.

[20] Medardo Rivas. *Los trabajadores de tierra caliente*. Bogotá, Editorial Incunables, 4ª ed. 1983, p. 256.

[21] "Agricultura". In *Neogranadino*, nº 246, 15/04/1853, p. 128.

[22] González, M. Aspectos economicos de la administración pública en Colombia: 1820-1886. In *Anuario Colombiano de Historia Social y de la Cultura*, nº 13-14, 1985-6, p. 65

[23] Bejarano, Jesus Antonio. Prologo, op. cit.

[24] Safford, F. Empresarios nacionales y extranjeros en Colombia durante el siglo XIX. In *Anuario Colombiano de Historia Social y de la Cultura*, nº 4, 1969, p. 88-9.

[25] Ocampo, J. A. Op. cit., p. 52.

[26] *Neogranadino*, nº 131, 24 de novembro de 1850, p. 406.

[27] *El Aviso*, nº 43, 29 de outubro de 1848, p. 2.

[28] Melo, Jorge Orlando. La evolución económica de Colombia, op. cit., p. 73.

[29] Ocampo, J.A. Op.cit., p. 136.

[30] Safford, F. Empresários nacionales..., op. cit., p. 89.

[31] Divididas pelo clássico estudo de Ospina Vazques, conforme critérios geográficos, econômicos e demográficos. Ospina Vazques, Luis. Op. cit.

[32] Melo, Jorge Orlando. La economia neogranadina en la cuarta década del siglo XIX. In *Sobre historia y política*. Bogotá, La Carreta, 1979, p. 104.

[33] Bejarano, Jesus Antonio. Campesinado, luchas agrarias e historia social: notas de un balance historiografico. In *Anuario Colombiano de Historia Social y de la Cultura*. nº 11, 1983, p. 263.

[34] Melo, Jorge Orlando. La evolución económica de Colombia, 1830-1900. In Tirardo Mejía, Alvaro. *Manual de Historia de Colombia*. T. II. Bogotá, Tercer Mundo, 1999, p. 150-1.

[35] Idem, ibidem, p. 151.

[36] Lisboa, Miguel Maria. *Relación de un viaje a Venezuela, Nueva Granada y Ecuador*. Bogotá, Fondo Cultural Cafetero, 1984. Como não foi encontrada edição em português, as citações foram traduzidas da edição colombiana.

[37] Citado no prefácio de Araújo, João Hermes Pereira de.

[38] Trata-se de uma embarcação de 12 a 15 braços de comprimento, armada de um toldo no centro do barco feito de folhas de junco, de 12 pés de altura, que deixava descobertas a proa e a popa. Um *champan* médio tinha uma tripulação formada por vinte bogas, um patrão e um auxiliar. Os bogas eram os responsáveis por colocar o barco em movimento com compridas estacas de madeira que empurravam contra o

220   Cristiane Checchia

leito do rio. Antes do início do sistema de vapor, era com esse tipo de embarcação que se fazia todo o trajeto.

[39] Holton, Isaac. *La Nueva Granada: veinte meses en los Andes.* Bogotá, Banco de la República. Disponível no site da Internet: http://www.banrep.gov.co/blaavirtual/letra_n/ nveint/cap21a.htm. O relato de Holton é uma fonte importante de informações sobre os caminhos neogranadinos em meados do século XIX, não apenas porque confirma as impressões deixadas pela leitura de Miguel Maria Lisboa, mas também porque Holton conheceu outros caminhos importantes, e não menos complicados, além do que vai da costa Atlântica a Bogotá.

[40] Irresistível aqui a comparação, por contraste, com *Facundo* (1845). Neste trecho, Sarmiento remete às imensas planícies dos pampas argentinos, onde o horizonte distante torna difícil assinalar o ponto em que o mundo acaba e se inicia o firmamento. Aí, ao sul, os pampas ostentam "su lisa y velluda frente, infinita, sin límite conocido, sin accidente notable: es la imagen del mar em la tierra (...)" (p. 24). Do sul ao restante do território, ainda que houvesse obstáculos naturais, Sarmiento via a prevalência da feição uniforme e constante, plana e unida do território, o que conferiria um elemento importante para a unidade da nação que viesse a povoar as grandes extenções despovoadas do país. Em outro trecho, Sarmiento acentua como uma das características mais notáveis da geografia argentina a aglomeração de rios navegáveis: "que al este se dan cita, de todos los rumbos del horizonte, para reunirse em el Plata y prsentar dignamente su etupendo tributo al oceano, que lo recibe em sus flancos sin notas visibles de turbación y de respecto" (p. 25). Sarmiento, Domingo Faustino. *Facundo.* Buenos Aires, Losada, 1963.

[41] Holton, Isaac, op. cit., capítulo 1.

[42] Holton, op.cit., introdução.

[43] Holton, op.cit., introdução.

[44] Melo, Jorge Orlando. *La economia neogranadina en la cuarta década del siglo XIX*, p. 104.

[45] Melo, Jorge Orlando. La evolución económica de Colombia, 1830-1900, p. 75.

[46] Idem, ibidem., p. 3.

[47] Melo, Jorge Orlando, op.cit., p. 144.

[48] *Gaceta Oficial*, nº 1365 de 14 de maio de 1852, p. 364.

[49] De fato, a grande massa da população preferia concentrar-se nas áreas de clima frio, acima dos mil metros de altitude. Ver mapa p. 88 b.

[50] Damon. In *El Aviso*, nº 43, 29 de outubro de 1848, p. 2.

[51] *Gaceta Oficial*, nº 1295, 10 de dezembro de 1851, p. 837-8

[52] *Gaceta Oficial*, nº 1295, 10 de dezembro de 1851, p. 837-8. Nos primeiros anos da República, além da idealização racial, o sonho imigracionista também estava associado a um verdadeiro temor de tensões raciais, tal como ocorrera nos estalos de violência nos *llanos* venezuelanos. Pretendia-se por isso tomar medidas efetivas para reforçar a minoria racial, e isso foi matéria de seções secretas no Congresso de 1823. É difícil dizer o quanto desse temor continuava a existir em meados do século.

[53] Jaramillo Uribe, J. Etapas en la historia de Colombia, p. 28. Os poucos estrangeiros que buscaram fortuna na Colômbia não eram camponeses e sim comerciantes e técnicos. LeGrand, Catherine. *Colonización y protesta campesina en Colombia (1850-1950).* Bogotá,

Universidad Nacional de Colombia. s.d. p. 34. "Em meados do século XIX havia menos de 850 europeus e norte-americanos na Colômbia. Quase a metade deles residia no Panamá, e o resto agrupava-se em Bogotá, no porto fluvial de Honda, nas minas próximas a essa cidade e nos portos do mar do Caribe". Safford, F. Empresários nacionales..., op. cit., p. 93.

[54] Martínez, Fréderic. Apogeo y decadencia del ideal de la inmigración europea en colombia, siglo XIX. In *Boletim cultural y bibliografico*, vol. 34, n° 44, 1997, p. 3.

[55] No censo de população de 1843, aparece o número de 26.778 escravos. Em 1851, esse número já havia caído para 16.468 (em virtude da proibição do tráfico, da aprovação da Lei de ventre-livre na década de 1820 e das constantes fugas e alforrias), o que correspondia a 0,7 % do total da população. Desse total, 14% encontrava-se na região da Costa Atlântica e outro tanto na região central (que incluía Cundinamarca e Antióquia). Mais de 64% concentrava-se na região sul-ocidental (que incluía o vale caucano e a costa do Pacífico). Galvis Noyes, A.J. La esclavitud en Colombia durante el periodo republicano (1825-1851). In *Universitas Humanistica*, n°s 5 e 6, Pontificia Universidad Javeriana, dez., 1973.

[56] Significativo é o artigo publicado no jornal liberal *El Siglo*, de 24 de agosto de 1848, que trata da chegada no Porto de Santa Marta de 18 pessoas vindas do Haiti, para estabelecerem-se em Nova Granada. O autor da notícia diz que, em virtude do estado de insegurança nas Antilhas, esperava-se que muitos outros colonos viessem a Nova Granada. Esse estado de insegurança decorria dos modos com que as populações brancas oprimiam a população de escravos africanos. Estes, em breve, haveriam de revoltar-se, levando os ex-senhores a procurar nova morada: "no hai salud para los blancos en las Antillas, ni puede haberla, y no les queda outro asilo que la Europa ó el continente americano". Pensava o autor que "ningun país en que subsista la esclavitud tiene asegurado un porvenir pacífico" e, portanto, o futuro do Império do Brasil era também, no mínimo, bastante instável e "de alli pueden, pues, venir creces à nuestra poblacion". O curioso é que na época em que foi escrito esse artigo, Nova Granada ainda não havia abolido a escravidão em suas fronteiras, embora o autor escreva como se ela nunca tivesse existido. A grande empolgação com que o autor recebe a notícia da chegada dos haitianos em Santa Marta devia-se ao fato de que esses imigrantes, bem como os que viriam do Império brasileiro a fugir de uma revolta escrava, seriam senhores brancos e com grande capital para investir no país. *El siglo*, n° 11, 24 agosto de 1848, p. 3-4.

[57] *Gaceta Oficial*, n° 1039, 26 de abril de 1849, p. 149. Informe constitucional del secretario de relaciones exteriores a las Camaras Legislativas Cerbeleon Pinzon, Bogotá, 1° marzo de 1849.

[58] *El Aviso*, n° 43, 29 de outubro de 1848, p. 2.

[59] Jaramillo Uribe, Jaime. *El pensamiento colombiano en el siglo XIX*. Bogotá, Planeta, 1997, p. 96-7.

[60] Mesmo os raros estrangeiros que vieram a Nova Granada com recursos próprios para projetos de exploração agrícola, depararam-se com inúmeros obstáculos. É o caso, por exemplo, do geógrafo francês Elisé Reclus, que veio a Nova Granada, em 1955, com o objetivo de realizar um empreendimento agrícola em Santa Marta. Note-se que, por ter optado por uma região do litoral Atlântico, Reclus eliminou boa parte dos problemas que teria com transporte. Ainda assim, uma vez instalado, deu-se conta que não poderia realizar seu projeto. As planícies ao redor da cidade já estavam todas divididas em

222 Cristiane Checchia

pequenas explorações e as zonas mais férteis da vertente da Serra Nevada já haviam todas sido compradas por capitalistas que não as cultivavam. O geógrafo então inicia uma exploração nos altos vales da Serra, onde havia ainda terras por colonizar, habitadas por indígenas arhuacos. A experiência será concluída finalmente em fracasso, e o francês desiste de novos empreendimentos. Martínez, Fréderic. Op. cit., p. 24.

[61] *Gaceta Oficial*, nº 1288, 15 de novembro de 1851, p. 785-6 (artigo do *Neogranadino* republicado, que responde às críticas feitas ao governo pelo jornal *La Oposicion*).

[62] Murillo Toro foi aparentemente um dos poucos dirigentes liberais que acreditavam que a República não carecia de braços. Acreditava que as áreas despovoadas e ribeiras dos rios poderiam ser colonizadas pela numerosa população instalada nas terras altas, sobretudo nas provícias de Bogotá, Tunja e Vélez. In *Gaceta Mercantil*, Santa Marta, 1847, citado por Fréderic Martínez, p. 3-45.

[63] *Gaceta Oficial*, nº 1105 de 10 de março de 1850; *Gaceta Oficial*, nº 1217 de 26 de abril de 1851; *Gaceta Oficial*, nº 1365 de 14 de maio de 1852 e *Gaceta Oficial*, nº 1606 de 05 de outubro de 1853.

[64] Melo, J.O. La evolución económica de Colombia, 1830-1900, p. 180-183. In Tirado Mejía, A. (org.). *Manual de Historia de Colombia*. T. II, Bogotá, Tercer Mundo, 1999.

[65] *Neogranadino*, 3 de março de 1849, nº 41, p 5-6, "Libertad Industrial – de su ausencia provienen las locuras comunistas".

[66] *El Neogranadino* "fomento industrial", nº 7, de 16 de setembro de 1848, p. 49, citado por Colmenares, G. Op. cit, p. 150-1.

[67] Kalmanovitz, op. cit., p. 120.

[68] Rivas, Medardo. *Los trabajadores de tierra caliente*. Bogotá, Editorial Incunables, 4ª ed. 1983, p. 131.

[69] As terras mais apropriadas para a produção do café, ao contrário, encontram-se em áreas mais isoladas do interior do país, o que tornou inviável a sua comercialização em grande escala antes que se estabelecesse um sistema de transporte que alcançasse essas regiões. Urrutia Montoya, Miguel. El sector externo y la distribución de ingresos en Colombia en el siglo XIX. In *Revista del Banco de la República*, nov. de 1972, Tomo XLV, II. p. 1976. Ver também Bejarano, Jesus Antonio. Campesinado, luchas agrarias e historia social, p. 261.

[70] Além de Ambalema, em Nova Granada, outras novas regiões produtoras foram beneficiadas pelo incremento do consumo europeu pela queda dos tradicionais produtores de Virginia e Maryland. São elas: outras áreas norte-americanas (circunscritas, no início, ao mercado interno); Cuba (embora com queda de qualidade e quantidade após crise dos anos 1840); Java, então colônia holandesa. Ocampo, José Antonio. Comerciantes, artesanos y política económica en Colombia, 1830-1880. In *Boletim cultural y bibliográfico*, vol. 27, nº 22, 1990, p. 25.

[71] Harrison, John P. La evolución de la comercialización del tabaco colombiano hasta 1875. In Bejarano, J.A. *El siglo XIX colombiano visto por historiadores norte-americanos*. Bogotá, La Carreta, 1977, p. 69-70.

[72] Idem, ibidem, p. 70.

[73] González, M. Aspectos economicos..., op.cit., p. 79-80.

[74] Harrison, John P., op. cit., p. 63-4.

[75] Ocampo López, op.cit., p. 228.

[76] Até então, a quantidade e o valor das cargas não era grande o suficiente para justificar o risco financeiro da operação. Os primeiros esforços de instauração de embarcações a vapor no Magdalena deram, literalmente, em água. Durante 25 anos, o tabaco representou aproximadamente 75% da carga de todas as embarcações que cruzavam o rio.

[77] Bejarano, J.A. Campesinado, luchas agrarias e historia social..., op. cit., p. 262.

[78] Harrison, J. op. cit., p. 74.

[79] "El pasado, el presente i el porvenir del partido liberal" – Agudelo, Honda, 1º de maio de 1849. *Neogranadino*, nº 43 19/05/1849 p. 161-163, já citado.

[80] Sierra, Luis F. *El tabaco en la economia colombiana del siglo XIX*. Bogotá. Dirección de divulgación cultural / Universidad Nacional de Colombia, 1971, p. 87.

[81] *Gaceta Oficial* nº1156 26, set, 1850 p.492

[82] ao que parece, o texto foi escrito por um liberal gólgota.

[83] Harrison, John P. op.cit. p.69-70

Parte III – As leis de terras

5. Terrenos baldios – a grande polêmica

[1] *Gaceta Oficial*, nº 1105, 10 de março de 1850. Proyecto de Lei proposto a la Cámara del Senado por el infrascrito Secretario de Hacienda, Bogotá 6 de março de 1850 – Manuel Murillo.

[2] *Gaceta Oficial*, nº 1217, 26/04/1851, p. 258.

[3] Colmenares, G. *Partidos políticos y clases sociales en Colombia*. Bogotá, ed. Los Comuneros, 1984, p. 172.

[4] Colmenares, G. op. cit., p. 173.

[5] *Gaceta Oficial*, nº 1219, 03/05/1851 – Debates do Senado 28/04/1851.

[6] Atas del Congreso. *Gaceta Oficial*, nº 1320 6/03/1852.

[7] Atas del Congreso. *Gaceta Oficial*, nº 1321, 10 de março de 1852, p. 154.

[8] *Gaceta Oficial*, nº 1336, 7/04/1852, Diario de los trabajos de las Cámaras legislativas, 5/04/1852, p. 243.

[9] *Gaceta Oficial*, nº 1351, 26 de abril de 1852, p. 307 – Atas de la Camara del Senado 21/04/1852. Valeria a pena uma pesquisa mais detalhada sobre os trabalhos desse dia na Senado. Tal estudo poderia revelar mais claramente os políticos que adotaram uma postura mais conciliatória com relação à objeção do presidente López.

[10] *Gaceta Oficial*, nº 1365, 14 de maio de 1852, p. 364-366.

[11] *Gaceta Oficial* nº 1521 14/05/1853, p. 390 Proyecto de lei sobre enajenacion de tierras baldias.

[12] Outra lei, esta de 20 de julho de 1853, mostra que uma das maiores preocupações do governo continuava sendo a de viabilizar a amortização da dívida externa. O poder executivo poderia destinar a esse fim as minas de metais e pedras preciosas, os bens de raízes e os créditos da República no exterior. Contudo, para os detentores de bonos da dívida externa, sobretudo ingleses, não atraía em nada a possibilidade de serem pagos com terrenos que para eles não tinham nenhum valor.

224   Cristiane Checchia

[13] "Adjudicación de tierras baldias 1827-1881" apud Villegas J. & Restrepo, A. *Baldios 1820-1936*. Medellín, Centro de Investigaciones Econpomicas, Universidade de Antióquia.

[14] "Ambalema" In *Neogranadino*, nº 212, 27 de agosto de 1852, p. 186-187.

[15] Ver-se-á a seguir como esse processo de aquisição barata de terras se deu em grande parte às custas da população indígena que vivia na região.

[16] Colmenares, op.cit., p.173.

[17] *Neogranadino* nº 246, 15/04/1853, p. 126-128.

[18] Segundo a leitura de Bastiat feita por Murillo Toro, ao fim de um sistema de apropriação, logra-se que, o que em cada produto pertence à ação natural da terra ponha-se gratuitamente à disposição dos consumidores. E assim pode acontecer se a apropriação for limitada, porque então, não há monopólio na produção, e sim concorrência de vendedores; mas esta gratuidade será desfeita quando, por virtude da liberdade ilimitada de adquirir, alguém se faça dono de todo o terreno próprio para o cultivo imediato dos consumidores.

[19] Jaramillo Uribe, Jaime. *El pensamiento colombiano en el siglo XIX*. Bogotá, Palneta, 1997, p.163-164.

[20] idem, ibidem.

[21] *Neogranadino* nº 251, 20 de mayo de 1853 p. 170-172.

[22] *Gaceta Oficial*, nº 1313, de 11 de fevereiro de 1852.

[23] *Neogranadino*, nº 253, 3 de junho de 1853, p. 182-183.

[24] *Neogranadino*, nº 257 24 de junho de 1853, p. 219-220.

[25] *Neogranadino*, nº 258, 1º julho de 1853, p. 227-228.

[26] *Neogranadino*, nº 289, de 22 de dezembro de 1853, p. 474-5.

[27] LeGrand, C. *Colonización y protesta campesina en Colombia (1850-1950)*. Bogotá, Unniversidad Nacional de Colombia, s.d., p. 21.

[28] *Gaceta Oficial*, nº 1534, 27 de maio de 1853, p. 443. "Circular de la Gobernacion de Santander sobre irregularidades que se observan no tocante ao cumprimento das leis sobre terras".

[29] "Resumen de las adjudicaciones de tierras baldias 1827-1881" apud Villegas, J. & Restrepo, A. *Baldios 1820-1936*. Medellín, Centro de Investigaciones Económicas, Universidade de Antióquia, p. 51.

[30] Villegas, J. & Restrepo, A., op. cit., p.35.

[31] Ainda em 1849, as leis continuavam a ser ditadas para favorecer, com doações de terras baldias, os oficiais que combateram nas guerras de independência. Entre 1849 e 1850 foram adjudicadas mais de cem mil fanegadas de terras a militares, e outro tanto ao Monte Pio militar. Villegas, J. & Restrepo, A., op.cit., p. 16.

[32] LeGrand, Catherine. Op. cit.

[33] Villegas & Restrepo, op. cit., p. 45.

6. O parcelamento dos resguardos indígenas e os terrenos de mão-morta

[1] *Gaceta Oficial*, nº 979, 14 de maio de 1848, p. 302. Informe del Secretário de Relações exteriores e mejoras internas, 1º de maio de 1848, Manuel M. Mallarino.

Terra e capitalismo   225

[2] "Resolución sobre protectores de indígenas". *Gaceta Oficial*, nº 1070, 02 de julho de 1849, p. 398.

[3] *Gaceta Oficial*, nº 1111 04/04/1850, p. 140 Informe del secretário de gobierno al Congreso Constitucional de la Nueva Granada en sus sesiones de 1850 (Francisco Javier Zaldúa, 02/03/1850).

[4] *Gaceta Oficial*, nº 1132, 23 de junho de 1850, p. 297. Lei (de 22 de junho de 1850) – Adicionando i reformando las de 3 de junio de 1848 i de 30 de mayo de 1849, orgánicas de la administración i réjimen municipal.

[5] Ocampo, José Antonio. "Comerciantes, artesanos y política económica en Colombia, 1830-1880". In *Boletim cultural y bibliográfico*, vol. 27, nº 22, 1990, p. 20-45.

[6] Bejarano, J.A. op.cit., p. 261.

[7] Voltar-se-á a seguir a esse ponto.

[8] *Gaceta Oficial*, nº 1435, 18/10/1852, p. 701-2. Informe del Gobernador a la Camara províncial (Bogotá 15 de setembro de 1852, Rafael Mendoza). *Gaceta Oficial*, nº 1438 23/10/1852, p. 718. Informe del Gobernador de Taquedama a la Cámara Províncial. (La Mesa 15 de setembro de 1852 Rafael Gutierrez).

[9] *Gaceta Oficial*, nº 1284, 1º de novembro de 1851. Informe que el Gobernador de la Província del Socorro presenta a la Cámara províncial en 1851.

[10] Ancizar, Manuel. *Peregrinacion de alpha por las provincias del Norte de la Nueva Granada, en 1850-51*. Bogotá, Incunables, 1983, p. 116.

[11] Safford, Frank. *Aspectos polémicos de la historia colombiana del siglo XIX*. p. 162.

[12] Villegas J. & Restrepo, A., op. cit., p. 28.

[13] Ver, por exemplo, *Gaceta Oficial*, nº 969 6/04/1848, p. 221. Informe del gobernador de Tuqueres a la camara províncial (Miguel Quijano, 15 de setembro 1847): "Las familias que reciben parte de los resguardos segun la distribucion que les hacen los pequeños cabildos, creen y han creido desde tiempo atras, que se les dá, y con esta persuacion se enajenan mutuamente esos terrenos, testan de ellos para sus descendientes o ascendientes, o en fin los legan y hacen donaciones sin advertir que conforme a las leyes no son más que simples usufructuarios, y esta práctica há sido tan tolerada desde tiempo atras que aun las auteridades judiciales han conocido y fallado en pleitos entre los mismos indíjenas sobre reclamos, ya de herencias o ya de ventas, permuta legados o donaciones".

[14] *Gaceta Oficial*, nº 1033, 25/03/1849, p. 95. Informe constitucional del H. Sr. Secretario de Gobierno a las cámaras legislativas (Bogotá, 1º de março de 1849, Ramon M. Arjona).

[15] *Neogranadino*, nº 251, 20 de maio de 1853, p. 170-172.

[16] Rappaport, Joanne. "Historia, mito y dinamica de conservacion territorial en tierradentro, Colombia". In *Informes antropológicos*, nº 3, 1989. Instituto Colombiano de Antropologia, p. 47-62. Neste artigo, sobre os indígenas Páez de Jambaló, a autora expõe como as "tradições territoriais surgidas a partir de finais do século XVIII em diante emprestam um caráter sobrenatural a todas as atividades vinculadas à defesa da terra". Os habitantes de Vitoncó e Jambaló, por essa razão, "crêem fervorosamente que para preservar suas terras é indispensável recuperar os títulos originais que nasceram com seu chefe mítico".

[17] Citado por Piraneque T., Overlando Fabio. *Los resguardos indígenas en la República*. Monografia de grado. Universidad Nacional de Colombia, 1981, p.171.

226   Cristiane Checchia

[18] Hernandez Rodriguez, Guilhermo. Op. cit., p. 313.

[19] Jaramillo Uribe, J. *El pensamiento colombiano en el siglo XIX*, p. 65 e p. 75, nota 6.

[20] Nieto Arteta, Luis Eduardo. *Economia y cultura en la historia de Colombia*. Bogotá, Ediciones Libreria Siglo XX, 1941; Ospina Vazques, Luis. *Industria y protección en Colombia, 1810-1930*. Medellín, Editorial La Oveja Negra, 1ª ed. 1955, 2ª ed. 1974; Kalmanovitz, Salomon. "El régimen agrário durante el siglo XIX" In Tirado Mejía, A. (dir.). *Nueva Historia de Colombia* vol.2. Bogotá, Planeta, 1989. Villegas, J. & Restrepo, A. *Resguardos de Indígenas 1820-1890*. Medellín, Centro de Investigaciones Económicas, Universidade de Antióquia, 1977.

[21] Friede. J. *El indio en la lucha por la tierra*. Bogotá, Punta de Lanza, 1976, p. 282.

[22] Curry, Glenn Thomaz. *The disappearence of the resguardos indigenas of Cundinamarca, Colombia, 1800-1863*. Vanderbilt University, University Microfilms International, 1991. McGreevey, William Paul. *Historia economica de Colombia, 1845-1930*. Bogotá, Tercer Mundo, 1975.

[23] Curry, G.T., op. cit. p. 180.

[24] *Gaceta Oficial*, nº 1284, 1º de novembro de 1851. Informe que el Gobernador de la Província del Socorro presenta a la Cámara província en 1851.

[25] Palacios, Marco. "El (des)encuentro de los colombianos con el liberalismo". In *Parábola del liberalismo*. Bogotá, Norma, 1999, p. 222.

[26] "Es muy posible que sea cierto lo que afirmaba Marco Palacios en su libro sobre el café, de que la abolición de los resguardos afectó a una parte pequeña de las tierras explotadas en Colombia, pero al menos en ciertas regiones limitadas y sobre todo en la parte del país que más conozco que es esta región, el impacto sí fue notable; por ejemplo en la sabana de Bogotá y en otras regiones de tierras fría. Con la division de los resguardos y la parcial venta de los lotes de tierra que recibieron los indígenas, la tierra que ellos perdieron en su mayor parte fue convertida de la agricultura a la exportación ganadera". Safford, F. *Aspectos polémicos de la história colombiana del siglo XIX*. Op. cit., p. 154-5.

[27] *Gaceta Oficial*, nº 1081, 28/10/1849, p. 486. Informe del gobernador de Bogotá a la Cámara de província en su reunion ordinaria de 1849.

[28] *Gaceta Oficial*, nº 1277, 8 outubro de 1851. Informe que el Gobernador de Bogotá dirije a la Cámara de Província en sus sesiones ordinarias de 1851 (Patrocinio Cuéllar).

[29] Idem. ibidem.

[30] *Gaceta Oficial*, nº 1279, 15 de outubro de 1851, p. 711. Ordenanza sobre libre enajenacion i repartimiento de los resguardos de indíjenas.

[31] *Gaceta Oficial*, nº 1435, 18.10.1852, p. 701-2. Informe del Gobernador a la Camara província (Bogotá 15 de setembro de 1852, Rafael Mendoza).

[32] Curry, G.T., op. cit.

[33] *Gaceta Oficial*, nº 1726, 12 de abril de 1854, p. 339-340. Informe del Gobernador de la prvincia de Bogotá ao Secretário de Gobierno.

[34] O estudo de Ospina Vazques, op. cit., foi um dos primeiros a mostrar o grande impacto econômico exercido pela introdução dos pastos guinea no país.

[35] Fals Borda, op. cit., p. 111.

[36] *Gaceta Oficial*, nº 1284, 1º de novembro de 1851 Informe que el Gobernador de la Província del Socorro presenta a la Cámara província en 1851.

[37] Rivas, Medardo. Op.cit., p. 132-3.

Terra e capitalismo   227

[38] Castro Blanco, Elías. *La extinción de los resguardos indígenas de Colombaima y Paquiló en Ambalema en el siglo XIX*. Bogotá, Consejo Regional Indígena del Tolima, 1999.

[39] Idem, ibidem, p. 20.

[40] Idem, ibidem, p. 20.

[41] Idem, ibidem, anexo documental, p. 40.

[42] "Es preciso apresurarnos a ser justos y a probar con hechos, que son nuestros hermanos, que son seres desvalidos e inocentes que tienen derecho a nuestra protección siquiera, a nuestra justicia, procurando conservarles esa sombra de propiedad, esa ruina de personalidad a que los redujeron nuestros padres y de cuyo triste estado no há intentado siquiera sacarlos nuestra humana indolencia". Anexo documental, p. 47.

[43] Idem, ibidem, anexo documental, p. 46-7.

[44] Idem, ibidem, anexo documental, p. 53.

[45] Idem, ibidem, p. 33.

[46] *Gaceta Oficial*, nº 1024, 26/01/1849, p. 28. Extrato de la exposición que el Gobernador del Chocó presenta a la Cámara províncial en su ultima reunión; *Gaceta Oficial*, nº 1087, 18/11/1849. Informe del Gobernador de Cauca a la Cámara províncial en sus seciones de este año.

[47] Garcia, Antonio. *Reforma agraria y economía empresarial en America Latina*. Editorial Universitaria, Santiago de Chile, 1967. Citado por Piraneque T., O. F. op. cit., p.155.

[48] Idem, ibidem, p. 158.

[49] Palacios, Marco. "El (des)encuentro de los colombianos con el liberalismo". In: *Parábola del liberalismo*. Bogotá, Norma, 1999, p. 217.

[50] Citado por Villegas & Restrepo. *Resguardos de indígenas 1820-1890*. Medellín, Centro de investigaciones económicas – Universidad de Antioquia, 1977, p. 66.

[51] *Gaceta Oficial*, nº 1051 07/06/1849, p. 243 Decreto (29 de maio de 1849) sobre resguardos indígenas, ejidos i escuelas en la província de Casanare i en el territorio de San Martin.

[52] Villegas & Restrepo, op.cit. p. 65.

[53] Villegas & Restrepo, op.cit, p. 64.

[54] *Gaceta Oficial*, nº 1113, 11/04/1850, p. 156-8. Informe del Secretariado de Gobierno al Congreso Constitucional de la Nueva Granada en sus sesiones de 1850. Francisco Javier Zaldúa.

[55] Exposição del Gobernador de Tundama a la Cámara províncial en sus sesiones ordinarias del año de 1851. p. 736 (Antonio Pietro, Sta Rosa de Viterbo, 15 setembro, 1851).

[56] Diaz Diaz, Fernando. "La desamortización de bienes de la Iglesia". In *Gaceta Colcultura*, Bogotá, vol. 1, nº 12/13, jul.-ago., 1977, p. 15-18 e Villegas, J. Enfrentamiento Iglesia-Estado, 1819-1887. In: *Gaceta Colcultura*, Bogotá, nº 12-13, jul.-ago., 1977, p. 19-22.

[57] *La América*. 16 de julho de 1848, nº18, p. 81.

[58] *Gaceta Oficial*, nº 966 26/03/1848, p. 194.

[59] Leon Helguera, J. Antecedentes sociales de la revolucion de 1851 en el sur de Colombia (1848-1849). In. *Anuario Colombiano de Historia Social y de la Cultura*, 1970, p. 55.

228 Cristiane Checchia

Conclusão

[1] Jaramillo Uribe, J. *El pensamiento colombiano en el siglo XIX*. Bogotá, Planeta, 1997, p. 88.

[2] Bejarano, Jesus Antonio. Prologo. In Camacho Roldán, Salvador. *Escritos sobre economia y política*. Bogotá, Instituto colombiano de Cultura, 1991.

[3] Hobsbawm, Eric. *A era do capital*, p. 243.

[4] Lefort, Claude. "Marx: de uma visão de história à outra". In: *As formas da história* p. 236.

[5] Martins, José de Souza. *Fronteira: a degradação do Outro nos confins do humano*, p. 16.

[6] Lefort, Claude. Op. cit., p. 236.

Fontes Documentais

Gaceta Oficial:

n. 954, 13 fev. 1848, p. 104 – *Hai sintomas de progreso?*

n. 966, 26 mar. 1848, p. 194 – *Informe que el gobernador de Veraguas presenta a la Cámara provincial*

n. 969, 06 abr. 1848, p. 221 – *Informe del gobernador de Tuqueres a la Cámara provincial*

n. 974, 27 abr. 1848, p. 258 – *Cuadro de los productos en especie que han tenido las factorias de tabaco de la República en los cinco años económicos contados de 1º de setiembre de 1842 a 21 de agosto de 1847, y de las proporciones en que se há producido este tabaco en el quinquenio*

n. 979, 14 mai. 1848, p. 300-302 – *Informe del secretario de relaciones exteriores y mejorias internas, parte segunda*

n. 1012, 12 nov. 1848, p. 570 – *Decreto sobre adjudicacion de tierras baldías a las provincias*

n. 1024, 26 jan. 1849, p. 28 – *Informe que el gobernador del Chocó presenta a la Cámara provincial en su ultima reunion*

n. 1027, 16 fev. 1849, p. 50 – *Informe del gobernador de Neiva a la Cámara provincial en su última secion*

n. 1029, 04 mar. 1849, p. 67 – *Mensaje del Presidente de la Republica al Congreso de 1849*

n. 1033, 25 mar. 1849, p. 95 – *Informe constitucional del H. Sr. Secretario de gobierno a las Cámaras legislativas*

n. 1039, 26 abr. 1849, p. 149 – *Informe constitucional del secretario de relaciones exteriores a las Cámaras legislativas*

n. 1040, 29 abr. 1849, p. 154 – *Mensaje del Presidente de la Republica a las Cámaras legislativas*

n. 1041, 03 maio 1849, p. 165 – *Informe del secretario de relaciones exteriores al congreso constitucional de 1849*

n. 1048, 27 maio 1849, p. 219 – *Proyecto de lei adicional a la de 23 de mayo de 1848, sobre libertad del cultivo y comercio del tabaco*

n. 1051, 07 jun. 1849, p. 243 – *Decreto (de 29 de maio de 1849) sobre resguardos*

230 Cristiane Checchia

de indígenas, ejidos y escuelas en la provincia de Casanare y en el territorio de San Martin

n. 1052, 10 jun. 1849, p. 252-3 – *Factoria de tabacos de Purificacion*

n. 1070, 02 jul. 1849, p. 398 – *Resolucion sobre protectores de indígenas (30 de agosto de 1849)*

n. 1081, 28 out. 1849, p. 485-6 – *Resolucion sobre intervencion de los Personeros comunales en los contratos de arrendamientos de resguardos de indígenas*

n. 1081, 28 out. 1849, p. 486 – *Informe del gobernador de Bogotá a la Cámara de provincia en su reunion ordinaria de 1849*

n.1087, 18 nov. 1849, p. 535 – *Informe del gobernador del Cauca a la Cámara provincial en sus sesiones de este año*

n. 1093, 30 dez. 1849, p. 584 – *Informe del gobernador de Ocaña a la Cámara provincial en sus sesiones de 1849*

Suplemento de la *Gaceta Oficial*, 06 jan. 1850 – *Venta de tabaco em Ambalema*

n. 1095, 13 jan. 1850, p. 12 – *Manifestacion de algunos indigenas de Chita, cediendo el terreno por donde debe pasar el camino de la salina de Chita*

n. 1105, 10 mar. 1850, p. 93-94 – *Proyecto de lei sobre enajenacion de tierras baldias (Murilo Toro)*

n. 1111, 04 abr. 1850, p.140 – *Informe del Secretario de gobierno al congreso constitucional de la Nueva Granada en sus sesiones de 1850*

n. 1113, 11 abr. 1850, p. 156-8 – *Informe del Secretario de gobierno al congreso constitucional de la Nueva Granada en sus sesiones de 1850*

n. 1132, 23 jun. 1850, p. 297 – *Lei (de 22 de junio de 1850) adicionando y reformando las de 3 de junio de 1848 y de mayo de 1849, orgánicas de la administración y régimen municipal*

n. 1136, 11 jul. 1850, p. 334 – *Instruccion popular: Agricultura*

n. 1139, 25 jul. 1850, p. 359 – *Agricultura: elementos para un estabelecimento rural*

n. 1141, 1º ago. 1850, p. 373 – *Calendario Rural para la Nueva Granada (Francisco José de Caldas, 1801)*

n. 1151, 05 set. 1850, p. 449-50 – *Inmigracion de estranjeros*

n. 1156, 26 set. 1850, p. 492 – *Aniversario de la libertad del tabaco*

n. 1172, 21 nov. 1850, p. 618 – *Informe del gobernador de Mariquita a la Cámara provincial*

n. 1173, 24 nov. 1850, p. 625 – *Informe del gobernador de Barbacoas a la Cámara provincial*

n. 1174, 28 nov. 1850, p. 639 – *Democracia y propiedad*

n. 1177, 08 de dez. 1850, p. 658 – *Informe del gobernador de Vélez a la Cámar provincial*

n. 1178, 12 dez. 1850, p. 665 – *Informe del gobernador de la provincia de Santa Marta a la Cámara provincial*

n. 1184, 02 jan. 1851, p. 2 – *Informe del gobernador de la provincia de Socorro a la Cámara provincial*

n. 1184, 02 jan. 1851, p. 4 – *El año de 1850 i el de 1851*

n. 1194, 06 jan. 1851, p. 85-7 – *Analisis: de los derechos y garantias que se llaman Libertad, Igualdad, Propiedad y Seguridad*

n. 1217, 26 abr. 1851, p. 258-60 – *Proyecto de lei sobre enajenación de tierras baldías*

n. 1219, 03 maio 1851, s.p. – *Debates del Senado, 28 abril 1851*

n. 1228, 24 maio 1851, p. 329 – *Lei (de 20 de mayo de 1851) autorizando al Poder Ejecutivo para que promueva el establecimimiento de una colonia en el territorio guajiro*

n. 1261, 13 ago. 1851, s.p. – *Informe de la gobernación de Riohacha*

n. 1277, 08 out. 1851, p. 696 – *Informe del gobernador de Bogota a la Cámara de provincia, en sus seciones ordinarias de 1851*

n. 1279, 15 out. 1851, p. 711 – *Ordenanza sobre libre enajenacion y repartimiento de los resguardos de indijenas (Cámara provincial de Bogotá)*

n. 1280, 18 out. 1851, p. 720 – *Informe del gobernador de Velez a la Cámara provincial*

n. 1282, 25 out. 1851, p. 736 – *Informe del gobernador de Tundama a la Cámara provincial en sus sesiones ordinarias del año de 1851*

n. 1283, 29 out. 1851, p.744 – *Progreso en la Nueva Granada* (editorial do *Neogranadino*)

n. 1284, 1º nov. 1851, p. 748-9 – *Informe del gobernador de Socorro a la Cámara provincial*

n.1288, 15 nov. 1851, p. 785-786 – *La verdadera cuestion* (artigo do *Neogranadino*)

n. 1295, 10 dez. 1851, p. 837-8 – *Inmigracion*

n. 1296, 14 dez. 1851, p. 403-4 – *La lejislatura de 1851*

n. 1298, 20 dez. 1851, p. 861-2 – *Agricultura*

n. 1311, 04 fev. 1852, p. 74-75 – *Resumen del censo general de la población de la República de la Nueva Granada*

n. 1312, 07 fev. 1852, p. 83 – *Informe del gobernador de Ocaña a la Cámara provincial*

232   Cristiane Checchia

n. 1313, 11 fev. 1852, p. 94-5 – *Agricultura (continuacion de la* Gaceta *n.1298)*

n. 1314, 14 fev.1852, p. 99 – *Informe del gobernador de Ocaña a la cámara de la provincia en sus seciones ordinarias de este año*

n. 1316, 21 fev. 1852, p. 114 – *Cuadro de los estrangeros residentes en la República al tiempo de levantar el censo de poblacion de 1851*

n. 1318, 28 fev. 1852, p. 135 – *Incorporacion de 75 gentiles al gremio de la Iglesia por misionero militar*

n. 1320, 6 mar. 1852, s.p. – *Cámara del Senado. Acta del dia 4 de marzo de 1852*

n. 1321, 10 mar. 1852, p. 154 – *Cámara del Senado. Acta del dia 6 de marzo de 1852*

n. 1336, 07 abr. 1852, p. 243 – *Cámara del Senado. Acta del dia 5 de abril de 1852*

n. 1338, 10 abr. 1852, p. 251 – *Cámara del Senado. Resoluciones de la comision terecera de division territorial sobre solicitus del Cabildo de indígenas y vecinos de la parroquia de Silvia en la provincia de Popayan*

n. 1351, 26 abr. de 1852, p. 307 – *Cámara del Senado. Acta del dia 21 de abril de 1852*

n. 1365, 14 maio de 1852, p. 363-366 – *Proyecto de lei objetado, sobre enajenación de tierras baldías*

n. 1379, 02 jun. 1852, p. 422 – *Metodo facil y sencillo con el cual los anglo-americanos miden los terrenos nacionales para ponerlos a la venta pública; modo como se verifican su venta, se establecen los primeros colonos y se fabrican sus casas, se hacen los primeros rompimientos y cercan los campos.*

n. 1419, 1º set. 1852, s.p. – *Circular pidiendo informes sobre las tieras baldías y demas bienes nacionales que en cada provincia se hayan enajenado*

n. 1430, 1º out. 1852, p. 676 – *Tierras baldías en el distrito de Chipasaque*

n. 1434, 14 out. 1852, p. 697-698 – *Informe del gobernador de Ibagué a la Cámara provincial*

n. 1435, 18 out. 1852, p. 701 – *Informe del gobernador de Bogotá a la Cámara provincial*

n. 1435, 18 out. 1852, p. 703 – *Informe del gobernador de Cipaquirá a la Cámara provincial*

n. 1438, 23 out. 1852, p. 722 – *Informe del gobernador de Santa Marta a las Cámaras provinciais*

n. 1438, 23 out. 1852, p. 718 – *Informe del gobernador de Taquedama a la Cámara provincial*

n. 1442, 02 nov. 1852, p. 744 – *Informe del gobernador de Ocaña a la Cámara provincial*

n. 1444, 09 nov. 1852, p. 763 – *Tierras baldías del distrito paroquial de Chipasaque*

n. 1445, 11 nov. 1852, p. 767 – *Informe del gobernador de Cartagena a la Cámara provincial*

n. 1447, 16 nov. 1852, p. 784 – *Informe del gobernador de Tundama a la Cámara provincial*

n. 1459, 19 dez. 1852, p. 879-880 e n.1460, 22 nov. 1852, p.896 – *Opinion de la prensa estranjera sobre nuestra situacion*

n. 1452, 30 nov. 1852, p. 818-9 – *Informe del gobernador de Medellín a la Cámara provincial*

n. 1453, 02 dez. 1852, p. 836 – *Ordenanza promoviendo la inmigración de trabajadores nacionales y estranjeros en la provincia de Sabanilla.*

n. 1463, 27 dez. 1852, p. 914 – *Informe del gobernador de Socorro a la Cámara provincial*

n. 1468, 15 jan. 1853, p. 33-34 – *Informe del gobernador de Azuero a la Cámara provincial*

n. 1470, 20 jan. 1853, p. 54 – *Informe del gobernador de Barbacoas a la Cámara provincial*

n. 1493, 26 mar. 1853, p. 22-3 – *Proyectos de lei presentados al Congreso por el Secretario de Hacienda*

n. 1496, 02 abr. 1853, p. 244-7 – *Alocucion del presidente de la Republica a los granadinos*

n. 1498, 08 abr. 1853, p. 261-2 – *Circular haciendo varias recomendaciones a los gobernadores*

n. 1501, 15 abr. 1853, p. 286 e n. 1503, 26 abr. 1853, p. 321 – *Informe constitucional del secretario de hacienda al Congreso de la Nueva Granada*

n. 1521, 14 maio 1853, p. 390 – *Proyecto de lei sobre enajenacion de tierras baldías*

n. 1523, 16 maio 1853, p. 397 – *Lei (de 13 de mayo de 1853) sobre concesion de tierras baldías a los pobladores de la aldea de "Obaldia"*

n. 1527, 20 maio 1853, p. 415 – *Cámara del Senado. Actas del dia 12 de mayo de 1853*

n. 1534, 27 maio 1853, p. 443 – *Circular de la gobernacion de Santander*

n. 1536, 30 maio 1853, p. 451 – *Cámara del Senado. Actas del dia 24 de mayo de 1853*

n. 1542, 8 jun. 1853, p. 477 – *Lei (de 1º de junio de 1853) declarando que corresponden a cada provincia hasta veinticinco mil fanegadas de tierras baldías*

n. 1543, 10 jun. 1853, p. 485 – *Lei (de 2 de junio de 1853) adicional de la 7ª, parte 2ª, tratado 2º, de la recopilacion granadina, por la cual se estinguieron los mayorasgos, vinculaciones y substituciones, y derogando la que esteblece condiciones para la enajenacion de fincas regulares*

234 Cristiane Checchia

n. 1571, 22 jul. 1853, p. 606 – *Tierras baldías para las provincias*

n. 1606, 05 out. 1853, p. 791 – *Decreto sobre enajenacion y arrendamiento de tierras baldías*

n. 1613, 18 out. 1853, p. 821-2 – *Sucesos de Choconta*

n. 1726, 12 abr. 1854, p. 339-340 – *Informe del gobernador de la provincia de Bogotá al Señor Secretario de Gobierno*

El Neogranadino

n. 31, 03 mar. 1849, p. 65-6 – *Libertad industrial, de su ausencia provienen las locuras comunistas*

n. 37, 14 abr. 1849, p. 113-4 – *Partidos politicos, su caracter y naturaleza en la Nueva Granada*

n. 39, 28 abr. 1849, p. 133-4 – *Sobre la propiedad*

n. 43, 19 maio 1849, p. 161-3 – *El pasado, el presente y el porvernir del partido liberal*

n. 65, 14 set. 1849, p. 323-4 – *La moral i el partido conservador*

n. 66, 21 set. 1849, p. 329 – *Los principios liberales i el partido conservador*

n. 67, 28 set. 1849, p. 343-4 e n.69, 12 out. 1849, p. 359-60 – *Los partidos*

n. 115, 23 ago. 1850, p. 273-4 – *Los dos partidos y sus sistemas*

n. 116, 30 ago. 1850, p. 283-5 – *Raza hispano-americana*

n. 124, 11 out. 1850, p. 345 – *Inmigracion*

n. 131, 24 nov. 1850, p. 406-7 – *Una cuestion grave*

n. 136, 03 jan. 1851, s.p. – *Opinion del estranjero*

n. 150, 04 abr. 1851, p. 109 e n. 151, 11 abr. 1851, p. 118 – *Los partidos políticos en la Nueva Granada*

n. 201, 19 mar. 1852, p. 103 – *Terrenos baldíos de Ocaña*

n. 205, 08 de julho de 1852, p. 130-2 – *Propiedad territorial*

n. 212, 27 ago. 1852, p. 186-7 – *Ambalema*

n. 213, 03 set. 1852, p. 195 – *Diario de un viajero*

n. 226, 03 dez. 1852, p. 303 – *Nueva era para la agricultura*

n. 236, 11 fev. 1853, p. 46-7 – *Carta de Florentino Gonzalez al Sr. Redactor de la Gaceta Oficial*

n. 246, 15 abr. 1853, p. 126-8; n. 251, 20 maio 1853, p. 170-2; n. 253, 03 jun. 1853, p. 182-3; n. 257, 24 jun 1853, p. 219-20 e n. 258, 1ª jul. 1853, p. 227-8 – *Debate entre Miguel Samper e Murillo Toro sobre propiedad territorial*

n. 283, 24 nov. 1853, p. 432; n. 284, 26 nov. 1853, p. 439-40; n. 285, 1º dez. 1853, p. 447-8; n. 286, 08 dez. 1853, p. 456-7; n. 287, 15 dez. 1853, p. 464; n. 288, 17 dez. 1853, p. 469-72 – *Armonias económicas, por federico Bastiat, traducidas por R. M. LL. – Propiedad territorial*

n. 289, 22 dez.1853, p. 475 – *Crítica a la obra de José Maria Samper* "Apuntamientos para la historia política y social de Nueva Granada".

El Nacional

n. 20, 14 out. 1848, p. 2 – *Inmigración*

n. 53, 13 jan. 1849, p. 2-3 – *La propiedad*

La America

n. 18, 16 jul. 1848, p. 81 – *Manos muertas*

n. 53, 31 mar. 1849, p. 2-3 – *Inmigración*

n. 55, 14 abr. 1849, p. 4 – *Inmigración*

El Siglo

n. 11, 24 ago. 1848, p. 3-4 – *Inmigración*

La Civilizacion

n. 2, 16 ago. de 1849, p. 4 – *Goajira*

n. 8, 23 ago. 1849, p. 1 – *Los partidos politicos en la Nueva Granada*

n. 93, 06 de jun. de 1851, p. 3 – *La patria, la familia, la propiedad*

El Día

n. 591, 21 fev. 1849, p. 3 – "*Ensayo sobre la jeografia, produciones, industria y poblacion de la provincia de Antioquia en el Nuevo Reino de Granada, por el doctor Don Jose Manuel Restrepo, abogado de la Real Audiencia de Santa Fe de Bogota"*

n. 615, 16 maio 1849, p. 1 - *Inmigración*

n. 642, 15 ago. 1849, p. 1 – *Partidos políticos*

El Aviso

n. 43, 29 out. 1848, p. 2 – *Inmigración*

Manuscritos encontrados no Archivo General de la Nacion

Resguardo de Natagaima. Expediente sobre la venta de terrenos de los resguardos indígenas en remate para los gastos de mensura y escuelas – 1848. Archivo General de la Nacion, Seccion Colecciones, Fondo Enrique Ortega Ricaurte, caja 192, carpeta 709, folios 14-76.

Carta de familia indígena de Zipaquirá ao Governador de Bogotá, 12 de janeiro de 1851. Resguardo de Zipaquirá, Fondo República, Rolo único.

Documentos publicados

Aspectos de la politica sobre tierras de indigenas en el Nuevo reino de Granada en la segunda mitad del siglo XVIII. "Informe del protector de Indígenas, José Francisco Mozo, sobre el resguardo y los indígenas del pueblo de Guasca – 1758". In *Anuario Colombiano de Historia Social y de la Cultura*, nº 4, 1969, p. 139-158.

Capitulaciones de Zipaquirá. In PEREZ AYALA, José Manuel. *Antonio Caballero y Gongora – virrey y arzobispo de Santa Fe, 1723-1796*, Bogotá, Imprenta Municipal, 1951.

Carta de los indios al Virrey, 20 de junho e 1795. In FRIEDE, Juan. *Los Andaki, 1538-1947*. México, FCE, 1953.

Ordenamento judicial da paróquia de Ambalema, 25 de abril de 1853; Carta do secretário da governação de Mariquita ao chefe político de Ambalema, 09 de maio de 1853; Consideração do juizo paroquial de Ambalema, 30 de julho de 1853. In CASTRO BLANCO, Elias. *La extincion de los resguardos indígenas de Colombaima y Paquiló en Ambalema en el siglo XIX*. Bogotá, Consejo Regional Indígena del Tolima, 1999.

Los resguardos indígenas en el sur: un aporte documental del año de 1834 (transcripcion y presentación de J. León Helguera). In *Anuario Colombiano de Historia Social y de la Cultura*, nº 11, 1983, p. 342-349.

Real Cedula de Tierras de 1780 (2 de agosto). In *Anuario Colombiano de Historia Social y de la Cultura*, nº 10, 1982, p. 231-244.

Relaciones de Mando de los virreyes de la Nueva Granada (edicion preparada por Gabriel Giraldo Jaramillo). Bogotá, Imprenta del Banco de la República, 1954.

ANCIZAR, Manuel. *Peregrinacion de alpha por las provincias del Norte de la Nueva Granada, en 1850-51*. Bogotá, Incunables, 1983.

CAMACHO ROLDAN, S. *Escritos sobre economia y politica (seleccion, notas y prologo de Jesus Antonio Bejarano)*. Bogotá, Instituto Colombiano de Cultura, s.d.

DIAZ CASTRO, Eugenio. *Manuela*. Bogotá, Panamericana, s.d.

DÍAZ GRANADOS, José Luis (comp.). *Viajeros extranjeros por Colombia*. Bogotá, Imprenta Nacional de Colombia, 1997.

LÓPEZ, José Hilario. *Memorias*. Medellín, Bedout, 1969.

MARIA LISBOA, Miguel. *Relacion de un viaje a Venzuela, Nueva Granada y Ecuador*. Bogotá, Fondo Cultural Cafetero, 1984.

POMBO, Manuel Antonio & GUERRA, José Joaquin (comps.). *Constituciones de Colombia*. Bogotá, Biblioteca Banco Popular, 1986.

POMBO, Manuel. *De Medellín a Bogotá*. Bogotá, Colcultura, 1992.

RIVAS, Medardo. *Los trabajadores de Tierra Caliente*. Bogotá, Incunables, 1983.

SARMIENTO, Domingo Faustino. *Facundo*. Buenos Aires, Losada, 1963.

TRIANA ANTORVEZA, Adolfo. (comp.). *Legislación Indígena Nacional. Leyes, decretos, jurispudencia y doctrina*. Bogotá, América Latina, 1980.

ZAMBRANO, F. (comp.) Documentos sobre sociabilidad en la Nueva Granada a mediados del siglo XIX. In *Anuario Colombiano de Historia Social y de la Cultura*, nº 15, 1987, p. 323-342.

Bibliografia

ACEVEDO CARMONA, Dario. Consideraciones criticas sobre la historiografia de los artesanos del siglo XIX. In *Anuario Colombiano de Historia Social y de la Cultura*, nᵒˢ 18-19, 1990-1991, p. 125-144.

ANDERSON, Benedict. *Nação e consciência nacional*. São Paulo, Ática, 1989.

AROCHA, Jaime. Antropologia en la Historia de Colombia: una visión. In AROCHA, Jaime & FRIEDMAM, Nina S. de (eds.). *Un siglo de investigación social – antropologia en Colombia*. Bogotá, Etno, 1984.

BEJARANO, Jesus Antonio. Campesinado, luchas agrarias e Historia social: notas para un balance historiografico. In *Anuário Colombiano de História Social y de la Cultura*, nᵒ 11, 1983, Bogotá, Universidad Nacional de Colombia.

_____. Prologo. In CAMACHO ROLDÁN, Salvador. *Escritos sobre economia y política*. Bogotá, Instituto colombiano de Cultura, 1991.

BETHELL, Leslie (org.). *História da América Latina: a América Latina colonial*. vols. I, II, III e IV. São Paulo: Edusp, Brasília: Fundação Alexandre de Gusmão, 1998, 1999, 2000 e 2001.

BOHÓRQUEZ, Carmen. *El resguardo indígena en la Nueva Granada – ¿Protecionismo o despojo?*. Bogotá, Nueva América, 1997.

BOTERO VILLA, Juan José. *Adjudicación, explotación y comercialización de baldíos y bosques nacionales – evolución histórico-legislativa, 1830-1930*. Bogotá, Banco de la República, 1994.

BUSHNELL & MACAULAY. *El nascimiento de los países latinoamericanos*. Madrid, Nerea, 1989.

BUSHNELL, David. *Colombia – una nación apesar de si misma – de los tiempos precolombianos a nuestros dias*. Bogotá, Planeta, 1996.

_____. Participación electoral en 1856. In MEJÍA PAVONY, German Rodrigo; LAROSA, Michael & NIETO OLARTE, Mauricio (orgs.). *Colombia en el siglo XIX*. Bogotá, Planeta, 1999, p. 251-263.

CANABRAVA, Alice. A grande lavoura. In HOLANDA, S. B. (org.) *História Geral da Civilização Brasileira*. 2ª ed., São Paulo, Difel, 1974, T. II, v. 4, p. 85-137.

CARMAGNANI; HERNÁNDEZ CHÁVEZ & ROMANO (coords.). *Para una Historia de America. I. Las estructuras*. México, Fondo de Cultura Económica/El Colegio de México, 1999.

240 Cristiane Checchia

CARVAJAL, Beatriz Castro (org.). *Historia de la vida cotidiana en Colombia*. Bogotá, editorial Norma, 1996.

CARDOSO, Ciro Flamarion. *América Pré-Colombiana*. São Paulo, Brasiliense, 1984.

CARDOSO, C. F. & PÉREZ BRIGNOLI, H. *História econômica da América Latina*. Rio de Janeiro, Graal, 1983.

CARVALHO, José Murilo de. *Teatro de sombras: a política imperial*. Rio de Janeiro, IUPERG/Vértice, 1988.

CHAUNU, P.; HOBSBAWM, E. & VILAR, P. *La independencia de América Latina*. Buenos Aires, ediciones Nueva Visión, 1973.

CHECCHIA, Cristiane. As terras indígenas e o Movimento Comunero: apontamentos – Novo Reino de Granada, 1781. ANPHLAC. *Anais eletrônicos do IV encontro da ANPHLAC*. Vitória, 2001. ISBN 85-903587-2-0

CHEVALIER, François. Origenes de un polo de desarrollo – Para un estudio del caso de Medellín, Colombia. In SOLANO, Francisco de (coord.). *Estudios sobre la ciudad iberoamericana*. Madrid, Consejo Superior de Investigaciones Científicas/Instituto Gonzalo Fernandez de Oviedo, 1983.

CHONCHOL, Jacques. *Sistemas agrarios en America Latina – de la etapa prehispánica a la modernización conservadora*. México, Fondo de Cultura Económica, 1994.

CLAVERO, Bartolomé. *Derecho indígena y cultura constitucional en América*. México D.F./Madrid, Siglo XXI, 1994.

COLMENARES, Germán. Antecedentes sociales de la historia de la tierra en Colombia – los resguardos en la provincia de Tunja y su extinción. In *Revista UN*, Universidad Nacional de Colombia, nº 4, sep.-dic., 1969.

_____. *Cali – terratenientes, mineros y comerciantes, siglo XVIII*. Bogotá, Tercer Mundo, Universidad del Valles, Banco de la República, Colciencias, 1997.

_____. La economía y la sociedad coloniales, 1550-1800. In Jaramillo Uribe, J. (dir.). *Nueva Historia de Colombia*. Bogotá, Planeta colombiana editorial, 1989.

_____. *Haciendas de los jesuitas en el Nuevo Reino de Granada siglo XVIII*. Bogotá, Tercer Mundo, Universidad del Valle, Banco de la República, Colciencias, 1998.

_____. *História económica y social de Colombia. Tomo I (1537-1719)*. Bogotá, Tercer Mundo, 1999.

_____. *Historia económica y social de Colombia. Tomo II – Popayan: una sociedad esclavista (1680-1800)*. Bogotá, Tercer Mundo, 1999.

COLMENARES, Germán. La ley y el orden social: fundamento profano y fundamento divino. In *Boletim cultural y bibliográfico*, vol. 27, nº 22, 1990, p. 3-19.

_____. *Partidos políticos y clases sociales en Colombia*. Bogotá, ed. Los Comuneros, 1984.

COSTA, Emília Viotti da. Política de Terras no Brasil e nos Estados Unidos. In *Da Monarquia à República: momentos decisivos*. 6ª ed. São Paulo, Brasiliense, 1994.

CURRY, Glenn Thomaz. *The disappearence of the resguardos indigenas of Cundinamarca, Colombia, 1800-1863*. Vanderbilt University, University Microfilms International, 1991.

DEAN, Warren. Latifundio and land policy in nineteenth-century Brazil. *The Hispanic American Historical Review*, Duke University Press, vol. 51, nº 4, p. 606-25, 1971.

DIAZ DIAZ, Fernando. La desamortización de bienes de la Iglesia. In *Gaceta Colcultura*, Bogotá, vol. 1, nᵒˢ 12/13, jul.-ago., 1977, p. 15-18.

ESCORCIA, Jose. Haciendas y estrutura agraria en el Valle del Cauca, 1810-1850. In *Anuario Colombiano de Historia Social y de la Cultura*, nº 10, 1982, p. 119-137.

_____. *Sociedad y economia en el Valle del Cauca – desarrollo politico social y económico, 1800-1854*. Bogotá, Biblioteca Banco Popular, 1983.

FALS BORDA, Orlando. *Historia de la cuestion agraria en Colombia*. Bogotá, Punta de Lanza, 1979.

FLORESCANO, Enrique (coord.). *Haciendas, latifúndios y plantaciones en América Latina*. 2ª ed., México, Siglo Veintiuno, 1978.

FRIEDE, Juán. *Los quimbayas bajo la dominación española: 1539-1810*. Bogotá, Carlos Valencia editores, 1978.

_____. De la encomienda indiana a la propiedad territorial y su influencia sobre el mestizaje. In *Anuario Colombiano de Historia Social y de la Cultura*, nº 4, 1969, Bogotá, Universidad Nacional de Colombia.

GALVIS NOYES. Antonio Jose. La esclavitus en Colombia durante el periodo republicano (1825-1851). In *Universitas Humanistica* nᵒˢ 5 e 6, dez., 1973. Facultad de Filosofia y Letras, Pontificia Universidad Javeriana, p. 227-237.

_____. Las doctrinas de Bentham en la Nueva Granada (1835-1840). In *Universitas Humanistica*, nº 2, dez., 1971. Facultad de Filosofia y Letras, Pontificia Universidad Javeriana, p. 281-298.

GARRIDO, Margarita. *Reclamos y representaciones – variaciones sobre la política en el Nuevo Reino de Granada 1770-1815*. Bogotá, Banco de la República, 1993.

242 Cristiane Checchia

GAVIRIA LONDOÑO. Consuelo. El reajuste de resguardos dentro de la politica borbonica. Un modelo: Onzaga. In *Universitas Humanistica* nº 4, dez., 1972. Facultad de Filosofia y Letras, Pontificia Universidad Javeriana, p. 89-119.

GÓMEZ L., Augusto J. La guerra de exterminio contra los grupos indigenas cazadores-recolectores de los llanos orientales (siglos XIX y XX). In *Anuario Colombiano de Historia Social y de la Cultura*, nº 25, 1998, p. 351-376.

GONZALEZ, Fernan E. El mito antijacobino como clave de lectura de la Revolucion Francesa. In *Anuario Colombiano de Historia Social y de la Cultura*, nºs 16-17, 1988-1989, p. 95-103.

GONZÁLEZ, Margarita. Aspectos económicos de la administración publica en Colombia: 1820-1886. In: *Anuario colombiano de historia social y de la cultura*, nº 13-14, 1985-1986, p. 63-89

_____. *El resguardo en el Nuevo Reino de Granada*. Bogotá, La Carreta, 1979.

_____. *Ensayos de historia colonial colombiana*. Bogotá, El Áncora Editores, 1984.

_____. La política económica virreinal en el Nuevo Reino de Granada: 1750-1810. In *Anuário Colombiano de Historia Social y de la Cultura*. Bogotá, nº 11, 1983.

GUERRA VILABOY, Sergio. Valoración de la revolucion del medio siglo (1848-1854) en Colombia. In *Casa de las Américas*, ano XXVI, nº 153, nov.-dez. 1985, p. 55-62.

GUTIÉRREZ RAMOS, Jairo. Instituciones indigenistas en el siglo XIX – el proyecto republicano de integración de los indios. In *Revista Credencial Historia*, nº 146, Bogotá, feb., 2002.

HALPERÍN DONGHI. *Reforma y Disolución de los Impérios Ibéricos: 1750-1850*. Madrid, Alianza, 1985.

HARRISON, John P. La evolución de la comercialización del tabaco colombiano hasta 1875. In BEJARANO, Jesus Antonio. *El siglo XIX en Colombia visto por historiadores norteamenricanos*. Bogotá, La Carreta, 1977.

HOBSBAWM, Eric J. *A era das revoluções. 1789-1848*. 9ª ed., Rio de Janeiro, Paz e Terra, 1994.

_____. *A era do capital. 1848-1875*. 5ª ed., Rio de Janeiro, Paz e Terra, 1997.

_____. *Nações e nacionalismo desde 1780: programa, mito e realidade*. Rio de Janeiro, Paz e Terra, 1991.

HYLAND, Richard F. A fragile prosperity: Credity and agrarian structure in the Cauca Valley, Colombia, 1851-87. In *Hispanic American Historical Review*, Duke University Press, vol. 62, nº 3, p. 369-406, 1982.

Terra e capitalismo   243

IZARD, Miguel. *Tierra Firme. História de Venezuela y Colombia*. Madrid, Alianza America, 1987.

JANCSÓ, István. A construção dos estados nacionais na América Latina – apontamentos para o estudo do Império como projeto. In SZMRECSÁNYI, T. & LAPA, J. R. A. (orgs.). *História econômica da independência e do império*. São Paulo, Hucitec/Fapesp, 1996, p. 3-26.

_____. Nós e nossas ambigüidades. In *Boletim da ANPHLAC*. Vitória, ANPHLAC, nº 9, p. 1-2, 2000.

JARA, Alvaro (org.). *Tierras Nuevas – expansión territorial y ocupación del suelo en América (siglos XVI-XIX)*. México, El Colegio de Mexico, 1973.

JARAMILLO URIBE, Jaime (org.). *Nueva Historia de Colombia*. Bogotá, Planeta Colombiana editorial, 1989.

_____. La Economía del Virreinato (1740-1810). In OCAMPO, José Antonio (comp.). *Historia Económica de Colombia*. 4ª ed., Bogotá, Biblioteca Familiar Colombiana, Presidencia de La República de Colombia, 1997.

_____. *Ensayos de historia social*. T. I. e T. II. Bogotá, Tercer Mundo, 1994.

_____. Etapas y sentido de la Historia de Colombia. In MELO, Jorge Orlando (coord.). *Colombia hoy*. Bogotá, Tercer Mundo, 1997.

_____. *De la sociología a la historia*. Bogotá, Uniandes, 1994.

_____. Las sociedades democraticas de artesanos y la conyuntura politica y social colombiana de 1848. In *Anuario Colombiano de Historia Social y de la Cultura*. nº 8, 1976, p. 5-18.

KALMANOVITZ, Salomon. El régimen agrario durante la colonia. In *Revista ideologia y sociedad*, nº 13, Bogotá, abr.-jun., 1975.

_____. El régimen agrário durante el siglo XIX. In Tirado Mejía, A. (dir.). *Nueva Historia de Colombia*, vol. 2. Bogotá, Planeta, 1989.

KEITH, Robert. Encomienda, hacienda and corregimiento in Spanish America: a structural analysis. In *Hispanic American Historican Review*, Duke University Press, vol. 51 (3), august, 1971, p. 431-446.

KEMP, Tom. *La Revolución Industrial en la Europa del siglo XIX*. Barcelona, Martínez Roca, 1987.

KONETZKE, Richard. *América Latina. 2. La época colonial*. Madrid/México, Siglo XXI, 1995.

KÖNIG, Hans-Joachim. *En el camino hacia la nacion – nacionalismo en el proceso de formación del Estado y de la nación de la Nueva Granada, 1750-1856*. Bogotá, Banco de la República, 1996.

244   Cristiane Checchia

LEFORT, Claude. Marx: de uma visão de história a outra. In *As formas da história*. São Paulo, Brasiliense, 1979, p. 211-249.

LeGRAND, Catherine. *Colonización y protesta campesina en Colombia (1850-1950)*. Bogotá, Universidad Nacional de Colombia, s.d.

LEON HELGUERA, J. Antecedentes sociales de la revolucion de 1851 en el sur de Colombia (1848-1849). In *Anuario Colombiano de Historia Social y de la Cultura*, 1970.

_____. Coconuco: datos y documentos para la historia de una gran hacienda caucana 1823, 1842 y 1876. In *Anuario Colombiano de Historia Social y de la Cultura*, 1970.

LIMA, Edvaldo Pereira. *Colômbia espelho América: dos piratas a García Marquez, viagem pelo sonho da integração latino-americana*. São Paulo: Perspectiva, Edusp, 1989. (Debates; v. 222)

LINHARES, M. Y. & SILVA, F. C. T. *História da agricultura Brasileira – combates e controvérsias*. São Paulo, Brasiliense, 1981.

_____. *Terra Prometida – uma história da questão agrária no Brasil*. Rio de Janeiro, Campus, 1999.

LOBO, Eulália Maria Lahmeyer. *América Latina Contemporânea*. Rio de Janeiro, Zahar, 1970.

LOCKHART, James. Encomienda and hacienda: the evolution of the great estate in the Spanish Indies. In *Hispanic American Historian Review*, Duke University Press, vol. 49 (3), august, 1969, p. 411-429.

LOY, Jane M. Forgotten Comuneros: the 1781 revolt in the Llanos of Casanare. In *Hispanic American Historical Review*, Duke University Press, vol. 61, nº 2, p. 235-257, 1981.

LUELMO, Julio. *Historia de la agricultura en Europa y América*. Madrid, Ediciones Istmo, 1975.

LUNA, Lola. *Resguardos coloniales de Santa Marta y Cartagena y resistencia indigena*. Bogotá, Biblioteca Banco Popular, 1993.

MARTÍNEZ, Fréderic. Apogeo y decadencia del ideal de la inmigración europea en Colombia, siglo XIX. In *Boletim cultural y bibliografico*, vol.34, nº 44,1997, p. 3-45.

MARTÍNEZ GARNICA, Armando. *Legitimidad y proyectos políticos en los orígenes del Nuevo Reino de Granada*. Bogotá, Banco de la República, 1992.

MARTINS, José de Souza. *O cativeiro da terra*. São Paulo, Hucitec, 4ª ed., 1990.

_____. *Fronteira – a degradação do Outro nos confins do humano*. São Paulo, Hucitec, 1997.

MATTOS, Ilmar Rolhoff de. *O tempo saquarema*. São Paulo, Hucitec, 1987.

McGREEVEY, William Paul. *Historia economica de Colombia, 1845-1930*. Bogotá, Tercer Mundo, 1975.

MEJÍA PAVONY, German Rodrigo; LAROSA, Michael & NIETO OLARTE, Mauricio (orgs.). *Colombia en el siglo XIX*. Bogotá, Planeta, 1999.

MELLO, João Manuel Cardoso. *O capitalismo tardio*. 4ª ed. São Paulo, Brasiliense, 1986.

MELO, Jorge Orlando. *Historia de Colombia – el estabelecimeiento de la dominación española*. Bogotá, Banco de la República, 1996.

_____. *Historiografia colombiana: realidades y perspectivas*. Bogotá, Banco de la República, 1981.

_____. La evolución económica de Colombia, 1830-1900. In Tirado Mejía, A. (dir.). *Manual de História de Colombia*. Bogotá, Tercer Mundo, 1999, p. 135-207.

_____. ¿Cuanta tierra necessita el indio para sobrevivir? In *Gaceta Colcultura*, nos 12 e 13, Bogotá, 1977.

MOLINA, Gerardo. *Las ideas liberales en Colombia, 1849-1914*. Bogotá, Tercer Mundo, 1979.

MONTAÑA CUELLAR, Diego. *Colombia Social*. Bogotá, Facultad de Derecho, Ciencias Políticas y Sociales, Universidad Nacional de Colombia, 1998.

NIETO ARTETA, Luis Eduardo. *Economia y cultura en la historia de Colombia*. Bogotá, Ediciones Libreria Siglo XX, 1941.

NOVAIS, Fernando. *Portugal e Brasil na crise do Antigo Sistema Colonial*. São Paulo, Hucitec, 1996.

OCAMPO LÓPEZ, Javier. *Historia básica de Colombia*. Bogotá, Plaza & Jones, 1987.

_____. *Breve Historia de Colombia*. Caracas, Academia Nacional de la Historia, 1989. (coleção Libro menor), nº 155, 1989.

_____. *El proceso ideológico de la emancipación en Colombia*. Bogotá, Ediciones Tercer Mundo, 1983.

OCAMPO, José Antonio. Comerciantes, artesanos y política económica en Colombia, 1830-1880. In *Boletim cultural y bibliográfico*, vol. 27, nº 22, 1990, p. 20-45.

_____. *Colombia y la economia mundial 1830-1910*. Bogotá, Siglo XXI, 1984.

OSPINA VAZQUES, Luis. *Industria y protección en Colombia, 1810-1930*. Medellín, Editorial La Oveja Negra, 1955, 2ª ed., 1974.

246   Cristiane Checchia

OTS CAPDEQUÍ, J.M. La administración de justicia en el Nuevo Reino de Granada al tiempo de la Independencia. In *Boletim de Historia y Antiguidades*, vol. 39, nº 455-6, p. 475-487, set.-out., 1952.

_____. *El Estado español en las Indias*. México, Fondo de Cultura Económica, 1993.

_____. *El régimen de la tierra en la América española durante el período colonial*. Ciudad Trujillo, Universidad de Santo Domingo, s.d.

PACHECO, Margarita. *La fiesta liberal en Cali*. Cali, Ediciones Universidad del Valle, 1992.

PAEZ COURVEL, Luis E. *Historia de las medidas agrarias antiguas – legislación colonial y republicana y el proceso de su aplicacón en las titulaciones de tierras*. Bogotá, Libreria Voluntad, 1940.

PAGDEN, Anthony. *La caída del hombre natural*. México; Madrid, Alianza editorial, 1988.

PALACIOS, Marco. *Parábola del Liberalismo*. Bogotá, Norma, 1999.

PARAISO, Maria Hilda Baqueiro. Imigrantes europeus e índios: duas soluções para a questão da substituição da mão-de-obra escrava africana no Brasil na década de 1850, artigo mimeo.

_____. *O tempo da dor e do trabalho – A conquista dos territórios indígenas nos sertões do Leste*. São Paulo, 1998. Tese de Doutorado – Faculdade de Filosofia Letras e Ciências Humanas, Universidade de São Paulo.

PARRA de AVELLANEDA, Prospera & MUÑOZ PATIÑO, Luis Fernando. *Aspectos de la agricultura y la desamortizacion en la Sabana de Bogota: 1860-1870*. Tesis de grado. Bogotá, Universidad Nacional de Colombia – Departamento de Historia, 1984.

PEÑUELA URICOECHEA, Magdalena. *La produción de sal y el resguardo indigena de Zipaquira durante el siglo XIX*. Tesis de grado. Bogotá, Universidad de los Andes. Departamento de Antropologia, 1994.

PÉREZ SALAZAR, Honorio. *Derecho agrario colombiano*. Bogotá, Temis, 1975.

PIEL, Juan. Problemática de las desamortizaiones. In *El proceso desvinculador de bienes eclesiásticos y comunales en la América española, siglos XVIII y XIX. Cuadernos de Historia Latinoamericana*, AHILA, 1999, p. 97-127.

PIETSCHMANN, Horst. *El Estado y su evolución al principio de la colonización española de América*. México. Fondo de Cultura Económica, 1989.

PINEDA CAMACHO, Roberto. Indigenous peoples of Colombia: na outline of their history, economy and society. In ONIC, CECOIN, GhK. *Desecrated Land. Large projects and their impact on indigenous territories and the environment in Colombia*. Bogotá, Colombia, Disloue editores; Germany, University of Kassel, 1996.

PIRANEQUE T., Overlando Fabio. *Los resguardos indígenas en la República*. Tesis de grado. Bogotá, Universidad Nacional de Colombia, Departamento de Historia, 1981.

PRADO, Maria Lígia Coelho. *A formação das nações latino-americanas*. São Paulo, Atual; Campinas, Unicamp, 1990.

_____. *América Latina no século XIX – tramas, telas e textos*. São Paulo, Edusp; Bauru, Edusc, 1999.

QUINTERO LATORRE, Julio Cesar. *¿Que paso com la tierra prometida?*. s.l., s.e., s.d.

RAPPAPORT, Joanne. Historia, mito y dinamica de conservacion territorial en tierradentro, Colombia. In *Informes Antropógicos*, nº 3, Bogotá, Instituto Colombiano de Antropologia, 1989.

RODRIGUEZ, Hernandez. *De los chibchas a la colonia y a la república – del clan a la encomienda y el latifundio en Colombia*. Bogotá, Ediciones Internacionales, 1978.

RODRIGUEZ CORDOBA, Ines Clara & MORENO CORONADO, Aydee Esmeralda. *Desintegración del resguardo y consolidación de la propiedad privada en Natagaima – siglo XIX*. Tesis de grado. Bogotá, Universidad Nacional de Colombia. Departamento de Historia, 1984.

RODRIGUEZ O, Jaime. *La Independencia de la América española*. México, El Colegio de México/Fondo de Cultura Económica, 1996.

RODRÍGUEZ SALAZAR, Óscar & ARÉVALO HERNANDEZ, Decsi. La historiografia económica colombiana del siglo XIX. In TOVAR ZAMBRANO, Bernardo (comp.) *La historia al final del milenio – ensayos de historiografia colombiana y latinoamericana*. Bogotá, editorial Universidad Nacional, 1994, p. 187-250.

SAFFORD, Frank R. Acerca de las interpretaciones socioeconomicas de la política en la Colombia del siglo XIX: variaciones sobre un tema. In *Anuario Colombiano de Historia Social y de la Cultura*, nºs 13-14, 1985-6, p. 91-151.

_____. Aspectos sociales de la politica en la Nueva Granada. In *Aspectos del siglo XIX en Colombia*. Bogotá, Ediciones Hombre Nuevo, 1977, p. 153-199.

_____. Empresarios nacionales y extranjeros en Colombia durante el siglo XIX. In: *Anuario colombiano de historia social y de la cultura*, nº 4, 1969, p. 87-111.

_____. Race, integration and progress: elite attitudes and the indian in Colombia, 1750-1870. In *Hispanic American Historical Review*, Duke University Press, vol. 71, nº 1, 1991, p. 1-33.

248   Cristiane Checchia

SALAZAR, Mardonio. *Proceso historico de la propriedad en Colombia*. Bogotá, Editorial ABC, 1948.

SAMUDIO, Edda O. La transformación de la propriedad comunal en Venezuela y Colombia através del proceso de desvinculación de bienes. In *El proceso desvinculador de bienes eclesiásticos y comunales en la América española, siglos XVIII y XIX. Cuadernos de Historia Latinoamericana*, AHILA, 1999.

SANDOVAL, Helda Y. & SANDOVAL, ALBA L. *Comercializacion de tierras en el canton del cocuy 1860-1870*. Tesis de grado. Bogotá, Universidad Nacional de Colombia, Departamento de Historia, 1983.

SILVA, Josinei L. *Partidos, imprensa e violência política na Colômbia: história e historiografia*. Dissertação de Mestrado em História – Faculdade de Ciências e Letras de Assis, Unesp, 2000.

SILVA, Lígia Osório. *Terras devolutas e latifúndio – efeitos da lei de 1850*. Campinas, Unicamp, 1996.

SIERRA, Luis F. *El tabaco en la economía colombiana del siglo XIX*. Bogotá, Universidad Nacional de Colombia, 1971.

SOARES, Gláucio Ary Dillon. *A questão agrária na América Latina*. Rio de Janeiro, Zahar, 1976.

SOARES, G. P. & Colombo, S. *Reforma liberal e lutas camponesas na América Latina: México e Perú nas últimas décadas do séc. XIX e princípios do XX*. São Paulo, Humanitas, 1999.

SVEN-ERIK, Isacson. Embera: territorio y regimen agrario de una tribu selvatica bajo la dominación española. In FRIEDERMAN, N.S. (org.). *Tierra, tradición y poder en Colombia*. Biblioteca básica colombiana, 1974.

TIRADO MEJÍA, Alvaro. Colombia: siglo y medio de bipartidismo. In MELO, Jorge Orlando (coord.). *Colombia hoy*. Bogotá, Tercer Mundo, 1997.

_____. *Introduccion a la historia economica de Colombia*. Bogotá, El alcora editores, 1985.

_____. (dir.) *Nueva Historia de Colombia*. Bogotá, Planeta Colombiana editorial, 1989.

TOVAR PINZÓN, Hermes. Orígenes y características de los sistemas de terraje y arrendamiento en la sociedad colonial durante el Siglo XVIII: el caso neogranadino. In *Revista Desarrollo y Sociedad*. Bogotá, nº 8, mayo, 1982.

TASCON, Tulo Enrique. *Historia del derecho constitucional colombiano*. Bogotá, s.e., 1980.

URIBE de H., Maria Teresa & ALVAREZ, Jesús Maria. Regiones, economía y espacio nacional en Colombia 1820-1850. In *Lecturas de Economia*, nº 13, abril, 1984, Universidad de Antioquia, p. 156-222.

URRUTIA MONTOYA, Miguel. El sector externo y la distribuición de ingresos en Colombia en el siglo XIX. In *Revista del banco de la Republica*, Tomo XLV, II, p. 1974-1987, nov., 1972.

VARIOS. *Aspectos polémicos de la historia colombiana del siglo XIX – memoria de un seminario*. Bogotá, Fondo Cultural Cafetero, 1983.

VILLEGAS, Jorge. Enfrentamiento Iglesia-Estado, 1819-1887. In *Gaceta Colcultura*, Bogotá, nºˢ 12-13, jul.-ago., 1977, p. 19-22.

VILLEGAS, Jorge & RESTREPO, Antonio. *Baldios 1820-1936*. Medellín, Centro de Investigaciones Económicas, Universidade de Antióquia.

_____. *Resguardos de Indígenas 1820-1890*. Medellín, Centro de Investigaciones Económicas, Universidade de Antióquia, 1977.

WIESNER GRACIA, Luis Eduardo. *Historia y produccion del resguardo indigena de Cota (Cundinamarca), 1538-1876*. Tesis de grado. Bogotá, Universidad de los Andes, Departamento de Antropologia, 1981.

ZAMBRANO, Fabio. Aspectos de la agricultura colombiana a comienzos del siglo XIX. In *Anuario Colombiano de Historia Social y de la Cultura*. Bogotá, nº 10, 1982, p. 139-190.

_____. La formation des partis politiques,1830-1854. In *Amérique Latine*, nº 23, jul.-set. 1985, p. 37-45.

_____. Las sociabilidades modernas en la Nueva Granada, 1820-1848. In: *Cahiers des Amériques Latines*, nº 10, 1990, p. 197-203.

ZAMBRANO, Fabio & BERNARD, Olivier. *Ciudad y territorio – el proceso de poblamiento en Colombia*. Bogotá, Instituto francês de estudios andinos, 1993.

Agradecimentos

Foram tantos os que me ajudaram a realizar este trabalho, que seria impossível citá-los todos neste espaço. Começo por agradecer o apoio da Fapesp, que durante dois anos concedeu bolsa para que eu pudesse me dedicar ao projeto. Os livros adquiridos na Colômbia e no Brasil com a reserva técnica encontram-se hoje na Biblioteca de História e Geografia da FFLCH-USP.

Foi fundamental o incentivo que tive do Prof. István Jancsó, orientador atencioso e sempre presente, com quem tive o privilégio de compartilhar as incertezas e alegrias do ofício de historiador, desde os tempos da graduação. Sua orientação paciente e rigorosa deu-me segurança para concretizar a pesquisa. Agradeço muito especialmente à Profª Maria Lígia Coelho Prado, a quem recorri inúmeras vezes. O profundo conhecimento e sua paixão pela América Latina foram fontes inesgotáveis de estímulo para mim, e sua leitura atenta trouxe nova luz ao trabalho. A Profª Wilma Peres Costa, com sua argüição minuciosa e interessada, ajudou-me a reler o trabalho para esta publicação. A Profª Márcia Berbel também forneceu pistas importantes em seus comentários na banca de qualificação. Outros professores deram ajudas pontuais, mas que eu gostaria de citar, como a Profª Laura de Mello e Souza e o Prof. Fernando Londoño. Não poderia deixar de lembrar a Profª Ilana Blaj, com quem pude trocar as primeiras idéias para a realização deste projeto, ainda nos tempos do PET.

Como um dos raros especialistas brasileiros em história da Colômbia, o Prof. Jaime de Almeida, da UnB, foi responsável por comentários preciosos, sobretudo nas ocasiões em que pudemos nos encontrar pessoalmente. Josinei Lopes, outro estudioso de Colômbia, cedeu-me muito gentilmente seu trabalho de mestrado.

Sentirei gratidão eterna pela acolhida tão calorosa que tive dos colombianos que pude conhecer em Bogotá, graças à Majoí, quem me "emprestou" sua família. Liliana, em especial, me recebeu em sua casa como a uma filha, e Juan Paulo me ajudou em vários momentos. Graças a eles e às pessoas que me apresentaram, minha experiência na Colômbia transcendeu o âmbito estritamente acadêmico. Por meio de Beatriz, pude conhecer a Profª Margarita González em sua deliciosa casa na Candelária, onde me recebeu durante uma tarde inteira de conversa. Agradeço também ao historiador Jorge Orlando Melo, pela entrevista e pelo trabalho que desenvolve na Biblioteca Luis Angel Arango.

Minha pesquisa foi muito facilitada pela atenção que obtive dos funcionários da Luis Angel, do Archivo General de la Nación, da Biblioteca Nacional e da Biblioteca da Universidad Nacional. No Brasil, também pude contar com a atenção dos funcionários do departamento de História.

André Mota, Andréa Slemian e João Garrido Pimenta, amigos queridos, tornaram-se parceiros intelectuais de todas as horas: leram, fizeram críticas, deram sugestões e comemoram comigo a finalização das várias etapas do trabalho. Ariane (apesar da distância), e Patrícia também estiveram presentes nestes momentos.

A convivência diária com Lilian, Pablo, Helena Freire e com todo o pessoal da Lumiar foi especial, porque pensar Educação com vocês me tornou uma historiadora mais consciente.

Agradeço aos amigos da Associação Nossa América, porque tê-los como interlocutores trouxe uma perspectiva completamente nova a este trabalho.

Agradeço à Inaê, que pôde acompanhar e fazer comentários a alguns de meus textos e à Cila (Cecília Mattos de Brito Pereira) que fez a revisão ortográfica com muito carinho. Mônika esteve presente em momentos difíceis: ajudando a fazer o relatório financeiro e a diagramação.

À Adela, gracias por todo, porque seu trabalho, de alguma e de muitas maneiras, está presente neste.

Finalmente, agradeço à minha família, por ter me apoiado de tantas maneiras: aos meus avós ; ao meu pai, Sergio, à Dóris e ao

Gui; à minha mãe, Sonia e ao Eli; que deram suporte, carinho e que compreenderam meus sumiços. Marcelo, Aninha e Agda (que agora é minha irmã também), estiveram do meu lado, zelosos, e me confortaram durante o fazer diário deste trabalho. Agradeço ao Gil, que não conhecia quando realizei esta pesquisa, mas que está ao meu lado agora compartilhando a felicidade de vê-lo publicado e dividindo as dificuldades e alegrias de projetos futuros.

ESTE LIVRO FOI IMPRESSO EM SÃO PAULO PELA PROL GRÁFICA NO VERÃO DE 2007. NO TEXTO DA OBRA, FOI UTILIZADA A FONTE MINION, EM CORPO 10,5, COM ENTRELINHA DE 14,5 PONTOS.